Czesław Miłosz

and

Joseph Brodsky

FELLOWSHIP OF POETS

更具体地生长

All This Wild Hope

他们不会在沉默和失语中度过一生，
他们是无法被打败的人。

通过死亡，我们的诗人将他们嘱托给了我们——
他们的读者。
这本书即是纪念工作的一部分。

左：约瑟夫·布罗茨基（1940—1996）
右：切斯瓦夫·米沃什（1911—2004）

米沃什与布罗茨基

诗人的友谊

Irena Grudzinska Gross

Czesław Miłosz and Joseph Brodsky

[美] 伊雷娜·格鲁津斯卡·格罗斯 著   李以亮 译   辽宁人民出版社

图书在版编目(CIP)数据

米沃什与布罗茨基：诗人的友谊 / (美) 伊雷娜·
格鲁津斯卡·格罗斯著；李以亮译. — 沈阳：辽宁人
民出版社，2024.8
书名原文：Czeslaw Milosz and Joseph Brodsky:
Fellowship of Poets
ISBN 978-7-205-11185-4

Ⅰ.①米… Ⅱ.①伊…②李… Ⅲ.①米沃什－生平
事迹②布罗茨基－生平事迹 Ⅳ.①K837.125.6

中国国家版本馆CIP数据核字(2024)第103315号

© 2009 by Irena Grudzinska Gross
Originally published by Yale University Press

版权合同登记号06－2024年第45号

出版发行：辽宁人民出版社
    地址：沈阳市和平区十一纬路 25 号 邮编：110003
    电话：024-23284325（邮 购） 024-23284300（发行部）
    http://www.lnpph.com.cn
印 刷：北京启航东方印刷有限公司
幅面尺寸：130mm×185mm
印 张：12.375
字 数：260 千字
出版时间：2024 年 8 月第 1 版
印刷时间：2024 年 8 月第 1 次印刷
责任编辑：盖新亮
特约编辑：任建辉 夏明浩 王一婷
版权编辑：吴攀君
封面设计：高 熹
内文制作：常 亭
责任校对：冯 莹
书 号：ISBN 978-7-205-11185-4

定 价：78.00 元

满怀友谊，
献给安娜和斯坦尼斯瓦夫·巴兰恰克

只有精神事务是真正有趣的。

但它们如薄纱般透明，几乎不可谈论。

我们仅仅能谈论人和物：他们投下影子。

—— 亚当·扎加耶夫斯基

序　言

托马斯·温茨洛瓦 [1]

　　眼前这本书多少使我想起普鲁塔克 [2]。它由两个杰出人物平行的生活构成，二者命运相似，又迥然不同。正如作者所说，切斯瓦夫·米沃什和约瑟夫·布罗茨基是 20 世纪下半叶所有移民作家的守护神。他们成就了看似不可能，或者至少不太可能的一切：他们不仅没有停止在异国写作诗歌（事实上这是一个惯例，而非个例，这可以从尤利乌什·斯沃瓦茨基 [3]、齐普里安·诺维德 [4]、玛丽娜·茨维塔耶娃、弗

---

[1]　托马斯·温茨洛瓦（Tomas Venclova，1937—　），立陶宛著名诗人、学者和翻译家。——本书脚注均为译者注，以下不再标注

[2]　普鲁塔克（Plutarch，约 46—120），罗马帝国时代的希腊作家、哲学家、历史学家，以《希腊罗马名人传》闻名于世。

[3]　尤利乌什·斯沃瓦茨基（Juliusz Slowacki，1809—1849），波兰大诗人、剧作家。与密茨凯维奇和克拉辛斯基共同领导了波兰的浪漫主义运动。

[4]　齐普里安·诺维德（Cyprian Norwid，1821—1883），波兰浪漫主义时期的主要诗人、戏剧家和艺术家，生前曾长期旅居巴黎。诺维德直到 19 世纪晚期才得到重新认识，被公认为波兰四大诗人之一。

拉季斯拉夫·霍达谢维奇[1]以及其他数十人那里得到证明），而且最后都成为祖国诗歌的重要缔造者，并一直坚持母语写作。同时，在他们的第二祖国，诗歌艺术的爱好者也都认识他们，当然——大部分是通过其作品的翻译。他们彼此帮助，实现了那非同寻常的目标。并不是说他们相互吹捧——那是他们所不屑的——而是说，他们都以对方为标准来衡量自己。米沃什，与安娜·阿赫玛托娃和 W. H. 奥登一起，是布罗茨基眼中为数不多的几位诗歌权威之一。年长的米沃什带着钦佩之情看待年轻的布罗茨基，并因后者的存在而使自己变得更加强大。这就是为什么本书要谈论他们的友谊。两位诗人取得了他们的 19 世纪的前辈所不能取得的成就。亚当·密茨凯维奇[2]和亚历山大·普希金之间的友谊——一个不太遥远的用于颂扬苏波友谊的陈旧话题——或许开始于密茨凯维奇流亡彼得堡时期，却因发生在 1830 年至 1831 年的"十一月起义"而中断，并且被完全摧毁。米沃什与布罗茨基跟他们前辈的不同之处在于，他们对"波兰问题"的态度相当一致。当然，在细节上他们存在分歧，但是，布罗茨基

---

[1] 弗拉季斯拉夫·霍达谢维奇（Vladislav Khodasevich，1886—1939），俄罗斯诗人、小说家、文学评论家、翻译家。著有大量诗集、长诗《约翰·波托姆》、长篇小说《杰尔查文》、论著《论普希金》和回忆录《大墓地》等。

[2] 亚当·密茨凯维奇（Adam Mickiewicz，1798—1855），波兰大诗人。代表作为诗集《自由的太阳》、诗剧《先人祭》等。

和他同时代的许多俄罗斯人一样，认为波兰的独立，以及立陶宛的独立是他自己的国家获得自由的一个必要条件。

就像伊雷娜·格鲁津斯卡·格罗斯一样，我有幸与这两位诗人相识多年，而且我可以看出，他们的个性并不容易相处。这本书的作者提到了米沃什的"疏离、固执和自我中心主义"，这使得他免受各种学说的影响。在布罗茨基的例子中，他的傲慢、神经过敏、奇特但完美的品位也扮演了类似的角色。这些性格上的差异，连同他们的态度和命运上的相似性，只是造成区别这两位诗人的那些东西的起点。

最重要的是，米沃什是一个说"是"的人，布罗茨基是一个说"不"的人。对米沃什来说，生活的主要价值在于它的根基——族谱、宗教、语言、风景。布罗茨基则仿佛存在于空气中一样无根，与他周围的一切背道而驰，总是从零开始。即便是他认为最重要且总是谈论的语言，不管是英语还是俄语，对他而言，也仅仅意味着一个人在语法和措辞的框架之内言说空间的混沌和向死的时间之流的能力。伊雷娜·格鲁津斯卡·格罗斯出色地把握了两位诗人之间的这种反差，这种反差反映在他们各自的生活之中，甚至在他们死后的命运之中。米沃什回到了他的祖国——尽管经历了一阵犹豫，他没有回到出生地立陶宛（他回访过几次），而是回到了克拉科夫。布罗茨基原本也可以重复亚历山大·索尔仁尼琴的经历——从流亡中回到祖国，就像拿破仑在他的"一百天"[1]那样（索尔仁尼琴的这一尝试并不完全成功）。但他没有这样做，这也是一个品位问题。他常说，他不是来自《传道书》里的风，所以他不应回去；一个人的轨迹不是由一个圆组成的，而是由一条直线。他没有回到他的彼得堡，也没有埋葬在那里；他的葬礼举行了两次，一次在纽约、一次在威尼斯，都是外国城市——它们本来可以以某种方式换成彼得堡。

这种差异并不能抹消他们的相似之处。他们都是半人马怪——他们同时存在于两种秩序、两个国家、两种语言、两个时代。他们的著作明显地由两个不同的部分组成：移民前和移民后。因为很大程度上借鉴了英语模式的作品，他们深刻地改变了自己国度的诗歌。诗的传统，以大写字母 T 开头的传统（Tradition），是他们的缪斯，这在当下这个现代主义的、后现代主义的，以及由此而虚无主义的时代，并不是常见的态度。他们共享那久远年代的弱点，颂歌与讽刺共存，而且二者很难区分开来的年代。他们致力于诗歌资产的管理，照料它的花园，这意味着他们与其他诗人真诚相待，并照顾他们，在他们有难时伸出援手。虽然对米沃什来说，

---

[1] 指拿破仑的第二次执政，总共只有一百天左右，史称"百日王朝"。

谢泰伊涅[1]意义重大，而对布罗茨基来说，他蛰居的村庄也是一样，然而他们都是城市诗人，那些城市也是密茨凯维奇和普希金生活的主要部分。在此，我要说的是，密茨凯维奇的城市维尔纽斯，不仅被米沃什，也为布罗茨基所热爱。他在立陶宛看见了一如他在波兰所看到的那种独立和反抗精神，当然，他是对的。在米沃什写给布罗茨基的第一封信中，他写道，他们将进行长时间的交谈。就像这本书的作者一样，我也见证了其中一些。我可以说，它们不仅仅是关于诗歌的交谈；用密茨凯维奇的话来说将会更恰当：那是"同胞间的彻夜长谈"，尽管他们不是严格意义上的一国同胞。但是归根结底，所有来自欧洲那一地区的人都是同胞，因为这是历史的敕令。

伊雷娜·格鲁津斯卡·格罗斯的这本书，是走进20世纪波兰文学和俄罗斯文学一个最重要主题的第一部非常成功的著作。这个话题并不属于过去，虽然我们已生活在下一个世纪和下一个千年。

---

[1] 谢泰伊涅（Szetejnie）是米沃什的出生地，在现今立陶宛首都维尔纽斯附近。

自　序

　　几年前，我萌生了一个想法：写写切斯瓦夫·米沃什和约瑟夫·布罗茨基的友谊，那时米沃什还健在。他非常支持这个计划——他高度重视自己与已故的这位俄罗斯诗人之间的关系。我与两位诗人共享移民的经历，以及对文学近乎痴迷的热爱。我第一次见到布罗茨基是在 1965 年，那时他刚刚回到莫斯科，因为他被判处的"社会寄生虫罪"的刑期减了一半。我已经读过他的一些诗歌，也听说过他遭受的审判和其他遭遇。十年后，我遇见了米沃什，其时他在伯克利教授俄罗斯文学。在这两位诗人的著作里，我不断发现有关人生的思想、怀疑和情感，它们与那些令我痛苦或着迷的东西是一致的。他们是我这一代人力量和智慧的源泉。现在，自从他们去世，我对他们产生了雅克·德里达所说的"思想的友谊"。我想用这本书来偿还我欠他们的一些债务。

　　这两位诗人之间的友谊，并非盲目的偶然产物：正是他

　　　　　　　　　　　　　　　　　　　　　　米沃什与布罗茨基

们两国的历史，迫使当代最伟大的波兰和俄罗斯诗人相互回应。1972 年他们在美国会面，共同的目标和信念将他们联系在一起：他们主要关心的是人类生命的脆弱和坚韧。这种共同之处让我看到他们彼此平行的生活、他们的家庭史、他们的移民经历、他们的美国化，以及他们的死亡。我把他们对宗教、历史、记忆和语言的态度并列在一起，因为这两个伟大的头脑相互启迪——尤其重要的是——进一步揭示了 20 世纪动荡的历史。书中隐秘的主人公是两个帝国，俄国和美国，主角是诗歌。我描述了诗歌的政治——友爱，诗人之间的友谊——在其国内和在美国发生的友谊。他们与德里克·沃尔科特、谢默斯·希尼、马克·斯特兰德等人组成了一个国际性团体，把美国变成了一个可称之为"诗人帝国"的所在。

这本书的中心是布罗茨基和米沃什的诗歌创作——他们的诗，他们对诗歌性质的思考，以及他们在诗歌语言上的变化。追随着奥西普·曼德尔施塔姆，布罗茨基相信诗人真正的传记存在于他的作品之中，他的诗歌选择，比奖项、护照、健康问题或爱情故事更能反映诗人的一生。所以，我把他们的诗歌看作他们的信念和生活的记录。

写这本书的资料，多年前我就开始收集了。我引用了他们的诗歌、散文、信件、访谈、演讲、讲座以及与学生们的会谈。两位诗人对彼此作品所做出的评论、交换的意见、俏皮话和幽默的打趣，揭示出他们的相似性，但更多的则是他们的差异，并展示了他们在自己的国家与在美国生活和工作的侧面。他们表达思想的方式、语调，表达畅意时满意的神情——对我来说所有这些都很重要。这就是为什么我会去描述一些我亲眼见证的场景，具有代表性的时刻、对话，以及某些特殊的场合。难以接受的是，米沃什那富有感染力的笑声和布罗茨基那激动人心的谈话，已经永远沉寂了。在这些文字里，我愿尽力抓住他们的声音与稍纵即逝的影子，哪怕只是一小会儿。

缩略语

ABC：*Miłosz's ABC*（《米沃什词典》），2001 年

CCM：*Conversations with Czesław Miłosz*（《米沃什谈话录》），1987 年

CJB：*Conversations with Josph Brodsky*（《布罗茨基谈话录》），1998 年

CPE：*Collected Poems in English*（《布罗茨基诗集英语版》），2000 年

JT：*Jakiegoż to gościa mieliśmy: O Annie świrszczyńskie*（《我们有一位多么尊贵的客人：关于安娜·斯维尔》），1996 年

LL：*Iosif Brodskij: Opit Literaturnoy Biografi*（《布罗茨基传》），2006 年

LTO：*Less than One: Selected Essays*（《小于一》），1986 年

NCP：*New and Collected Poems*（《米沃什诗集》），2001 年

NR：*Native Realms: A Search for Self-Definition*（《故土：对自我定义的寻求》），1981 年

ORG：*On Grief and Reason, Selected Essays*（《悲伤与理智》），1995 年

PŚ：*Podróżny świata: Rozmowy z Czeslawem Miłoszem*（《与米沃什交谈》），2002 年

PŚ1：*Podróżny świata: Rozmowy z Czeslawem Miłoszem*（《与米沃什交谈》），1983 年初版

SL：*Spiżarnia Literacka*（《文学的慷慨》），2004 年

StS：*Stan serca: Trzy dni z Josifem Brodskim*（《心灵状态：与布罗茨基同处三天》），伊尔兹贝塔·托萨，1993 年

TB：*To Begin Where I Am: Selected Essays*（《从我所在的地方开始》），2001 年

VF：*Visions from San Francisco Bay*(《旧金山海湾幻象》)，1975 年

YH：*A Year of the Hunter*(《猎人的一年》)，1994 年

WP：*The Witness of Poetry*(《诗的见证》)，1983 年

米沃什与布罗茨基

目　录

引子："一封安慰信"

1972 年 7 月 12 日，切斯瓦夫·米沃什写了一封信，寄到密歇根州的安娜堡，收件人是不久前流亡到美国的诗人约瑟夫·布罗茨基，其时，布罗茨基在那里开始他的学术生涯。"亲爱的布罗茨基！"米沃什写道，

> 我从巴黎的《文化》[1] 编辑那里得到了你的地址。当然，你现在还不能开始任何新的工作，因为要消化大量新的印象。事关一个内在节奏的问题，以及它与你的周围生活节奏的碰撞。但是，既然发生了这样的事，你到了美国而不是留在西欧，这就好多了，不仅仅是从实用的角度来看。我想，你现在会非常担心，就像所有来自我们那部分欧洲的人一样——因为我们从小就相信，

---

[1] 《文化》是波兰移民者刊物，杂志编辑部办公地点几经变化，最后落脚于巴黎郊区的迈松拉菲特。

如果一个作家抛弃了祖国，他的写作生涯也就结束了。虽然在长期保持农业文明状态而"土地"始终至关重要的国家，这担忧是可以理解的，但这也只是个神话。一切都取决于个人和他的内在健康。

如果你愿意翻译我的诗就太好了。但首先你要熟悉它们，弄清楚它们是否适合你。我知道你翻译过高乌钦斯基[1]的作品，但我的诗和他的诗正好相反——我的诗完全不像高乌钦斯基的诗那样力求"漂亮"。

我希望我们能够见面并且长谈。

我还不知道能为我们秋季学期的讲座搞来哪些资助，但我会努力为这件事做点什么。

我还能说什么呢？初到异国的头几个月是非常艰难的。它们不应被当作衡量未来的一个标准。时间一久，你会发现你的看法也将改变。

我希望你尽可能过好这最初的几个月。

切斯瓦夫·米沃什

又及：我寄给你一本我的诗集。也许你会对这些页码上的诗或组诗感兴趣：31、83、92、103、108、110、

---

[1] 康斯坦丁·伊尔德丰斯·高乌钦斯基（Konstanty Ildefons Galczynski, 1905—1953），波兰诗人。他的幽默诗和短剧《绿鹅》在波兰广受欢迎。

136、138、139、142、210、257、258、259、264、267、268、272、293、302、311、317、320。

这封信似乎是米沃什唯一的俄文文本。他将信口授给了塞拜克夫人，一位加利福尼亚大学伯克利分校斯拉夫语言文学系的秘书。塞拜克夫人有一台西里尔字母打字机。米沃什在该系任教，他的俄语很好，但他后来与布罗茨基所有的通信都是用英语。这封信的语气直率而亲切——显然，米沃什事先就对这位年轻的诗人颇有好感了。他所给出的建议，也是他自己同样头疼棘手时所采取的选择：工作。不能写诗时，就翻译。然后事情就会容易起来。他还马上提议了一个具体的工作。

他也并非没有自己的考虑。他人在美国，也没有忘记俄罗斯。他正在寻找一位优秀的俄语译者。他知道布罗茨基是一位受过迫害的俄罗斯诗人和诗歌翻译家，特别是他曾翻译过波兰诗人高乌钦斯基和哈拉塞莫维奇[1]的作品。米沃什主要的出版商耶日·基耶德罗伊奇[2]致力于推进波俄关系，他向米沃什推荐了这位新来的译者。这后来被证明是一个好主意。

[1]　耶日·哈拉塞莫维奇（Jerzy Harasymowicz，1933—1999），波兰诗人，著有《奇迹》《波兰田园诗》等诗集。
[2]　耶日·基耶德罗伊奇（Jerzy Giedroyc，1906—2000），波兰作家、政治活动家。

正如米沃什后来所宣称的那样，这封信为两人赢取了一段长久的友谊。在他口述这封信的时候，对于1964年布罗茨基被判"社会寄生虫罪"并流放俄罗斯北部以及后来的经历，他已知晓颇多。他也可能了解他的一些诗歌，通过波兰语或英语译本——至少，在与我的一次交谈中，他并没有否认这种可能。布罗茨基对米沃什则所知不多。早在1972年初，在他离开故土列宁格勒，流亡西方之前，他与立陶宛诗人托马斯·温茨洛瓦有过一次谈话。"我们在列宁格勒一家餐馆见面，"温茨洛瓦在1982年回忆说，"布罗茨基问我：告诉我，谁是波兰最好的诗人，因为我相信是赫贝特[1]。"兹比格涅夫·赫贝特并非流亡者，他的诗在波兰和苏联都有出版。"是的，我说，赫贝特是很好，"温茨洛瓦接着说，"但是，还有米沃什。'他是谁？'布罗茨基问。然后我给他讲了许多关于米沃什的事，他又问：'他是一个怎样的诗人？他跟哪位诗人相像？'我回答说，这很难说，因为每一个伟大的诗人都跟他自己最像。也许部分像奥登，部分像你，约瑟夫。他说，如果是这样的话，那么他就是一位优秀的诗人。然后他离开俄罗斯到了西方，他对米沃什就知道那么多。"[1]温茨洛瓦是身在苏联而了解米沃什的极少数几个人

---

[1]　兹比格涅夫·赫贝特（Zbigniew Herbert，1924—1998），波兰诗人。1956年出版诗集《光的和弦》等，在米沃什等人的译介下，成为当时最受瞩目的欧洲诗人，至今在世界诗坛仍享有极高声誉。

之一。米沃什这位波兰诗人于1951年流亡国外，直到1980年获得诺贝尔奖，诗作才在波兰出版，并被翻译成俄语。温茨洛瓦所讲的这段对话，深刻地提醒了我们，诗歌在审查和隔绝条件下传播的艰难。

布罗茨基收到米沃什的信时，对米沃什的诗一无所知，但是听说过他的名字。将近三周之后，1972年7月31日，他回复了一封信。"亲爱的米沃什"，布罗茨基用英语开了个头，然后请他容许自己转用俄语，因为"如果用波兰语或英语写信，结果可能会糟得多"。他不仅翻译过高乌钦斯基的作品，还翻译了诺维德、斯塔夫 [1]、赫贝特、辛波斯卡、哈拉塞莫维奇、库比亚克 [2] 的作品。"也许还翻译过别的什么人，但我记不得更多了。现在谈谈主要问题。我很高兴你向我提出这样一项工作。"然而，由于还有另外一些事情要做，他不能马上着手处理。仅在信的末尾，他就米沃什来信的主要内容做出了回应："至于来信的第一部分，你把我想说的几乎都说尽了。"这句话有三个地方被划掉，似乎是费了很大力气才写出来的，似乎在说：我明白了，而且我已经在工作了；我们不要谈论移民和遭遇的苦难了。信的结尾是："谢谢。你的，约瑟夫·布罗茨基。"[2]

---

[1]　莱奥波德·斯塔夫（Leopold Staff，1878—1957），波兰诗人。战前是波兰文学科学院副院长，二战期间参加地下抵抗运动，战后一直生活在华沙。

[2]　塔杜施·库比亚克（Tadeusz Kubiak，1924—1979），波兰诗人。1979年3月因心脏病去世。

事实证明，米沃什的来信是两位诗人一生中的大事。他们经常提到这封信，随着时间推移，它对他们两人来说，几乎具有了象征意义。他们对此的回忆并没受到保存下来的文本的影响，因为这封信是在布罗茨基去世后才在他的文件里发现的。由于它的内容相当复杂，在他们的记忆里，有时把它当作一种欢迎的表示，有时则当成了一种严峻的挑战，有时又被看成一种让自己投入工作的鼓励。米沃什后来回忆说，这是"一封安慰信——要记住，移民生活的开始阶段是最困难的"（YH，第 97 页）。布罗茨基去世后，米沃什在接受我的采访时说："我写这封信，是出于一种惺惺相惜。意思是 priwiet（俄语中的'欢迎'），我想告诉他，'你可能会毁灭，但是如果你不被毁灭，那么你就会变得更加强大'。"他还说："我像蚂蚁一样，用触角来给自己定位。诗人知道什么人是同类。"[3] 在他的《路边狗》一书中，他这样描述自己："我有这样一种天赋，从人身上辨认出卓越的心智与高尚的品格。"[4]

　　1988 年 10 月 26 日，在收到这封信的十六年后，布罗茨基把它解释为一个警告。他在巴黎与读者见面时说，只有少数作家能在移民之后继续写作。"如果这种情况发生在你身上，"他引用米沃什的话说，"你就会认识到自己的位置。""我记得那封信，"米沃什澄清道，"他没有完整地引用那句话。我说的是初期，移民生活最困难的一个时期，一个人必须忍受的那一段时期，此后一切都会变得更容易了。这也是我向他表示问候和表达支持的方式。"[5]

他们对这封信的记忆差异极具代表性。对米沃什来说，这是表示团结——他想要提供帮助。他还有进一步的期望，让自己的作品被翻译。布罗茨基对这两点都很理解，但他仍把这视为一种挑战。他在一次采访中说：

> （米沃什）帮了我很大的忙。在我抵达美国那一刻，他就给我写了一封简短的信，这封信迅速帮我克服了当时正在折磨着我的踌躇不决。在那封信中，他写道，除了其他事情（比如翻译），他明白我正担忧自己还能否在国外继续写作。他写道，如果你不能成功，如果你遭遇失望，这也并没什么特别糟糕的。我确实见过许多人身上都发生过这种事。人性如此，这很正常——一个人通常在自己家的四面墙内，在一个熟悉的环境中写作。他写道，如果这就是发生在你身上的事，它就显示出你真实的价值，表明你是一名优秀的作家，（但是仅仅）限于写作国内那些东西。所以当我读到这些话的时候，我想：不能那样。这就是我十分感激他的原因。[6]

虽然米沃什说过一切取决于人本身以及他的"内在健康"，但我不认为他的这封信意在挑战；布罗茨基对它的解读反映出他自己的性格特点。但是，他为什么会怀着如此感激之情（带有误解地）记得这封信呢？这当然不是他当时收到的唯一的信，米沃什也不是在西方欢迎他的唯一的诗人。在维也纳，W. H. 奥登将他置于自己的羽翼之下；在英国，则是斯蒂芬·斯彭德[1]。布罗茨基抵达维也纳机场不久，奥登就把他带到了伦敦，参加国际诗歌节，在那里诗人们将他当作一名同行。当时，罗伯特·洛威尔也跟他成了朋友。然而，米沃什的信触动了当时折磨这位俄罗斯流亡诗人的最强烈的焦虑：他还能继续写作吗？多年之后，在他最后一次公开的诗歌朗诵会上，他想起的，正是这种压倒性的恐惧。"在（我移居国外）起初，我处于一种真正的恐慌和焦虑状态。例如，在我抵达维也纳（流亡的第一站）后第三天或第四天，我试着为某个词找到一个诗韵。我没找到，那时我真的震惊了。这在以前是从来没有发生过的。我可以为任何一个俄语单词找到一个押韵的词，至少在那之前我以为如此。我害怕地感到可怕的事情正在发生。我开始忘记俄语了。第二天，我找到了那个该死的韵脚。"[7] 米沃什是一个来自"那里"的人，正如他在信中所写的，来自"我们那一部分的欧洲"；他是一个继续写诗的移民者，因此可以说他是这样一个人：克服了与故土和母语的隔绝。他是一个诗歌"可移植性"的证明。

---

[1] 斯蒂芬·斯彭德（Stephen Spender，1909—1995），英国诗人、作家、批评家。

回想起自己移民初期的痛苦，米沃什很容易想象出布罗茨基的遭遇。后来，他在个人编选的诗集《明亮事物之书》中写道："对俄罗斯诗人约瑟夫·布罗茨基这个新移民来说，美国中西部是一片充满异域风情的土地。"这是对布罗茨基的入选诗歌《在湖区》所做的简短介绍中的几句话。这首诗的结尾是布罗茨基关于最初那段艰难日子为数不多的抱怨：

> 那时我不论写什么都有始无终：
> 诗行消散在一串省略号里。几近崩溃
> 我和衣瘫倒在床。
> 夜间，盯着暗淡的天花板，
> 直到看见一颗流星，
> 服从于自燃律，
> 闪亮——不等我许愿——
> 划过我的脸颊，落在枕头上。[8]

第一部　诗人共和国

米沃什是一个说"是"的人，

布罗茨基是一个说"不"的人。

于 1911 年出生在谢泰伊涅的一个小贵族家庭。谢泰伊涅现属立陶宛，当时却是俄罗斯帝国的一个省。他一直在维尔纽斯上学，也是在那里的大学完成了法学学业。1918 年后维尔纽斯一直属于波兰，米沃什在学校教育和家庭生活中都使用波兰语。他从十五岁开始写诗，1937 年搬到华沙，一直待到第二次世界大战结束。华沙在战争中被彻底摧毁，所以他曾短暂生活于克拉科夫。1946 年至 1950 年，他在纽约、华盛顿和巴黎担任外交职务。1951 年 1 月他向法国当局寻求政治庇护时，他离开波兰已经五年。接下来他和家人在法国度过了十年，直到 20 世纪 60 年代初期，全家移居加利福尼亚伯克利，他在那里成为斯拉夫语言文学教授。1980 年，他被授予诺贝尔文学奖。冷战结束后，他在克拉科夫待的时间更长，并最终定居，2004 年 8 月 14 日在那里去世。他被以国家荣誉下葬于克拉科夫一座修道院的墓穴里。

1940 年 5 月 24 日，比米沃什差不多年轻三十岁的约瑟夫·亚历山德罗维奇·布罗茨基出生于列宁格勒。他在《一个半房间》一文里提到自己出生于战前，但是在波兰，那时战争已全面展开。在生命的头三十二年里，列宁格勒是布罗茨基的家，尽管他经常在苏联广阔的疆域内漫游。他也是在十五岁时开始写诗，但最初并没有发表。他在遭到逮捕、审问、在精神病院留待"观察"后，被指控以"社会寄生虫罪"，即逃避劳动，于 1964 年被判处五年强制劳动，并流放至阿尔汉格尔斯克地区。多亏勇敢的女记者弗里达·维格多洛夫娃在布罗茨基被审判期间留下了笔记，他的"社会寄生虫罪"案件的审判记录在西方得以公开。这激起了人们的愤怒和惊慌，西方和俄罗斯的许多名人联名为他辩护，然后他在流放一年半之后获释。他在北方地区的居留，不仅仅以艰苦的体力劳动和与世隔绝为标志，同时也表现出他创造力的蓬勃发展。1972 年，他被迫移民国外，在奥地利和英国短暂停留之后，定居美国。1987 年获诺贝尔文学奖时，他已经是美国公民。1996 年 1 月 28 日，他在纽约布鲁克林去世，葬于威尼斯。

1972 年，在米沃什写这封信时，布罗茨基三十二岁。他的经历很出名，他的诗歌在西方却鲜为人知。令人惊讶的是，米沃什也是如此，即便他在西方已经居住了二十多年，也只是作为《被禁锢的头脑》的作者和波兰诗歌的英语译者而闻名。冷战切断了他与他的母语读者的联系，而他还暂时没有找到新的读者。他经常写到他的出生地，它已经不在今天的波兰政治边界之内。有时他把自己的出生地叫作"波罗的海之地"，有时叫作"立陶宛大公国"："就在罗马和拜占庭之间的边界线上……在属于我的界线的这一边，一切都来自罗马：作为教会语言和文学语言的拉丁语、中世纪的神学争论、文艺复兴时期的诗人典范拉丁语诗歌、巴洛克风格的白色教堂。"在另一边，则是东正教和俄罗斯。"我当然很早

就感觉到来自东方的威胁，"他宣称，"不是来自东正教自身的威胁，而是它的失败所导致的后果。"（WP，第4—5页）

米沃什全部的青春都在维尔纽斯及其周边度过。1937年他移居华沙，这是他的第一次移民经历。尽管他生长在一个种族和语言杂糅的地区，他的文化和语言却是波兰的。他从母亲那里学会了阅读和写作，她为那土地上谋生的农民的孩子开办了一所小型学校。他的父亲是一名铁路建设工程师，经常带米沃什在俄罗斯帝国境内旅行：正是在这些旅行中，年轻的米沃什学会了俄语。他经常宣称，他早年对波兰强烈的依恋，以及他的家庭对天主教的虔诚，共同形成了他后来生活和工作的坚实基础。然而，他的波兰性是独特的，这也是他伟大的先辈亚当·密茨凯维奇的波兰性。这位最伟大的波兰浪漫主义诗人也出生在"罗马与拜占庭的交界处"，曾经在维尔纽斯学习，并在流亡中度过了一生。跟每个波兰诗人一样，尤其是跟来自波兰东部地区的诗人一样，米沃什必然以密茨凯维奇作为自己的参照点。

在《故土》一书中，米沃什描述了他的民族意识和诗歌意识的发展。在许多其他作品中，他也反复回到"何为波兰性"的问题，以及他本人具有怎样的波兰性。事实上，米沃什的诗歌和散文具有这样鲜明的特征：创造性的重复，对相同主题和动机的一再返回。他以惊人的直率写下了《故土》一书——惊人，是因为他所谈论的每一个题目都曾经是且仍然是真正的雷区，关于孕育他的土地、他的祖先、天主教、犹太人、意识形态和移民。直面这些绝大多数波兰文学作品只是略为提及或暗示的主题，是米沃什作品巨大的力量来源。他十分智慧地探讨这些主题，并从多角度进行分析。在描述他的青春时，他描绘了一幅黑暗的图景：当时不断增长的种族净化，民族排外，土地、血缘、语言和宗教之间永恒联系的神话。他的批评不只是针对波兰的偏见。1958年，旅居法国的米沃什撰写《故土》一书，他意在向西方读者和波兰读者讲话，挑战波兰和西方双方固有的成见。他当时四十七岁，看待欧洲的方式却像一位年老的圣人：对西方冷酷而尖锐，对东方怨恨而悲伤——似乎他将永远与它们隔绝。

关于《故土》，米沃什在这本书的序言中写道，它讲述的是"一个东欧人，大约出生在伦敦和巴黎的人们在为第一批飞行员欢呼之时；此人不符合那种刻板的印象，诸如德国人的'秩序严谨'或俄国人的'斯拉夫灵魂'之类"（NR，第3页）。在这里，他反对西方所使用的对于像他那样的人的分类。在该书"祖先"一章里，他宣称："波兰人、立陶宛人和德国人的混血如此普遍，我本人就是一个例子，所以，种族纯洁性的崇拜者没有什么好吹嘘的。"（NR，第24页）他没有将自己塞进血统谱系的紧身胸衣，而是强调种族联系的多样性，乐见他自己家族里的种种奇异之处和超常的姻亲关系——一条有着许多交汇点的河流。他多次提到奥斯卡·米沃什，他父亲的堂兄，一个他本人觉得领受过其恩惠的亲戚。奥斯卡·米沃什是一位用法语写作的立陶宛诗人；他属于米沃什父亲这一系，继承了米沃什家族悠久的血脉，但他是一个意大利歌剧演员纳塔莉亚·塔斯特罗的孙子，也是一个犹太教师的女儿米里亚姆·罗森塔尔的儿子。切斯瓦夫·米沃什很认可奥斯卡的血统，因为他对自己和他伯父的国籍持前浪漫主义的态度：家族的历史不仅有血缘的一面，更是多种忠诚和结合的历史。所以，他从丰富多彩的家庭关系中汲取力量。"一个人应该认识到，"他写道，"一个人的出身为他带来的优势在于，它提供使人与当下时刻保持距离的力量。"（NR，第35页）

他对民族和民族问题所持的信念之"久远性"（antiquity），米沃什本人称之为"前浪漫主义"。"我的根生长于一片不宜种植新植物的土壤，许多倡导宽容的训诫却渗入我的内心，它们与我所处的世纪格格不入。但最终起决定性作用的，是我对所谓'正宗'波兰人的不信任。我的家族信奉分离主义——就像苏格兰人、威尔士人或布列塔尼人那样。我们的立陶宛大公国'更好'，而波兰'更差'……'来自那边'的波兰人（也就是说，来自种族中心的波兰人）有一种浅薄的、不负责任的名声，甚至更糟，他们是骗子……这种谈论波兰人时的多多少少令人不快的调子，使我在内心深处，很难唤起波兰人所有的那种神圣国家的思想意识。"(NR，第96—97页）他援引童年经历的外部环境来解释后来他拒绝民族主义和右翼政治的原因。波兰的民族主义从智性上和生理上都令他憎恶，好像这是一个品味的问题。"我对所有带有'民族主义'味道的东西都非常反感，对传播这种信号的人几乎有一种生理上的厌恶，这些都深刻影响了我的命运。"（NR，第95页）

虽然他出生在一个讲波兰语的家庭，但周围环境中也有人讲意第绪语和立陶宛语。"这个小镇——农作物在这里被运往市场——每天都在使用波兰语和意第绪语。但是，所有为行政目的进来的官员——身后拖着那又长又笨的军刀的宪兵、税吏、火车售票员——都对当地人说俄语。"（NR，第16页）语言不仅是民族、文化和宗教差异的标志，也是阶级结构的标志。在他年轻的时候，米沃什只跟同伴的波兰人交朋友。在书写他的维尔纽斯青年时代时，他为自己对于当时蓬勃发展的犹太文化缺乏兴趣而感到遗憾。多年以后，在纽约，他才开始了解维尔纽斯和波兰边境的犹太文化。"我不得不学会英语，才能重新接触那些曾触手可及的东西。"（NR，第98页）

这种犹太人与波兰人之间相互孤立的原因是非常复杂的。毕竟，在20世纪上半叶，我们处于那样的时期：民族主义急剧增长，阶级和世代之间激烈冲突。"左倾"或"进步"的犹太人正在割断自己的根，以自由和进步的名义，抛弃他们祖先的宗教和文化。米沃什以一个历史学家的态度，描述了他们的选择。他理解年轻的犹太人拥抱马克思主义、对俄罗斯或德国那样的庞大国家体制表现出友好态度的社会学原因：那样的体制似乎能够提供更多的保护、更多的选择，以及更大的活动的自由。他联合许多犹太人出身的波兰作家，跟"波兰种族和民族主义的神秘组织"保持距离。他的"局外人姿态"让他"理解犹太人出身的作家的心理，他们也是站在一扇扇紧闭的大门前。我们有一个共同的祖国：波兰语"（NR，第 102 页）。

他的语言，既是他的根基，也是他疏离之根源。他非常自豪于他从来无须"增补完善它"。这种语言上的根基，只能是来自童年。在他的诗《不是这样》（"Not This Way"）中，他说："语言是我的尺度。/ 一种田园牧歌般的、孩子似的语言，把崇高变成亲切。"（NCP，第 273 页）语言是他的"故土"，因为他"没有其他故土"（NCP，第 245 页）。然而，他经常说，因为他出生于波兰本土之外（一块飞地），他的波兰语不是"中心的（语言）"：他断言，这就是他对语言持保守态度的理由。文学评论家雷沙德·马图谢夫斯基[1]引述过 1981 年他在现场亲睹的米沃什与另一位波兰作家米隆·比

---

[1] 雷沙德·马图谢夫斯基（Ryszard Matuszewski，1914—2010），波兰学者、文学评论家。

亚沃谢夫斯基[1]的一次典型对话，后者对语言的处理自由且具有实验性。"米沃什在这次谈话中强调了他对米隆的钦佩，因为他顽强地打破了语言学上的陈规旧习。……在一本诗集的题词中，他提到自己的出生地'在波兰之外'。米隆注意到他这个说法：为什么说'在波兰之外'？米沃什说：'我出生的地方是基耶达尼地区，它不在波兰，也许这就是为什么我对波兰语言的态度与你不一样。你出生在这里，在中心（对话地点在华沙）。也许这就是为什么你可以更自由地处理波兰语。你的根在这里扎得更深。'"[2]

在《猎人的一年》里，他进一步彰显了自己与波兰犹太作家之间的密切关系。"（我们）两者之间不乏相似之处……"他写道："辛格对哈西德派正统的态度，跟我对正统天主教的态度是相同的。这就是我对辛格感到亲近的真正原因，这种亲近之感超过了对任何其他健在的小说作家，无论波兰的还是美国的。诺贝尔奖授予了两个疏离的人。"（YH，第6—7页）与此同时，他与犹太血统的波兰作家的相似之处令人恼火，因为他们共同努力"给自己的作品赋予一种极端斯拉夫的味道"，而不是"显露他们（自己的）二分法……如他们抛弃犹太人居住区时，我也把立陶宛大公国藏在尘封的纪念品中。但我比他们更加自豪，哪怕只是对我自己（扎根于波兰

---

[1] 米隆·比亚沃谢夫斯基（Miron Bialoszewski，1922—1983），波兰著名诗人、作家。

语）的耳朵。在我们的地区，只有像密茨凯维奇这样伟大的诗人找到他的媒介，才是合适的"（NCP，第102—103页）。

虽然对他来说语言也是一种骶骨，但是他从未将它绝对化，像他所认为的其他犹太作家那样。在疏离和崇拜之间，他努力取得一种复杂的平衡。犹太血统的作家令他愤怒，不仅因为他们常常表现出的极端主义、激进的左翼主义和理论辩论的狂热，还因为他们对波兰语言的狂热献身，以及他们（在他看来）语言学上过分的炫技。他描写犹太人以及表达自己丰富感受时的直率是非凡而令人钦佩的。"对我而言，写犹太人是很难的，因为需要付出不小的努力，才能将这些战前的紧张摩擦与历史上最大的一个悲剧区分开来——约300万'非雅利安人种'的波兰公民被纳粹屠杀。"（NCP，第105页）犹太人构成了一个近似于禁忌的话题。波兰作家塔杜施·孔维茨基[1] 的小说《波希米亚》里，女主人公说过这样一句话："犹太人——多么奇怪的一个词！在说出这个词之前，总会有片刻的恐惧。"³ 这种谈论犹太人时的迟疑回避，或说巨大的困难，并不仅仅限于波兰。约瑟夫·布罗茨基回忆他第一次撒谎时的情形，当时他不得不在一张图书借阅卡上填写"国籍"一栏。"我当时七岁，很清楚自己是犹太人，但我告诉图书管理员我不知道……我并不为自己是犹

---

[1]　塔杜施·孔维茨基（Tadeusz Konwicki，1926—2015），波兰战后著名小说家。

太人感到羞耻，也不害怕承认这一点。我是为'犹太人'这个词本身而感到羞愧。在俄语的印刷品中，这个词很少出现。"（LTO，第 8 页）

米沃什认为战前波兰的反犹主义是一种精神疾病，它限制了波兰人对同时期事件，尤其是对即将到来的战争的理解。他还写到了犹太人的社会同化的不彻底性，写到这种社会同化的不彻底性在非民族主义者中间所激起的怨恨，写到犹太知识分子对俄罗斯文化而不是对波兰文化的忠诚，写到波兰作家与具有犹太血统而以波兰语写作的那些人之间存在的他者之疏离感。虽然他们用同样的语言写作，但他们是不同的，而这就造成了紧张。他触及了这些话题，例如在《故土》里，当时还无人写过这方面的文章——甚至波兰侨民，本不受意识形态的审查，大可选择任何话题，却也不知如何写作这样的题目[4]。米沃什跟流亡群体中民族主义与怀旧倾向的那些东西合不来；他孤身一人，以一种完全独属自己的方式谈论这些困难而痛苦的问题。这不是什么政治问题，而是内置于语言中的禁忌。打破这一禁忌使他暴露在来自四面八方的攻击之中。

米沃什对犹太问题的关注并非巧合（而我在写作中对它们的关注来自他的传记文本）：在米沃什与那些犹太作家的生存状况之间存在一种相似之处。他们的祖先和父母的社会地位受到现代化进程的破坏，1917 年的俄国革命便是其表现之一。米沃什对自己一定程度上的高贵出身和成长经历感到有些不安，而他的同行犹太作家在逐渐脱离他们的出身背景所带来的生活方式。这种断裂，这种对贵族和传统犹太性的破坏，产生了一个新的社会阶层：知识分子群体。贵族和犹太人都受到了同样向城市发展的推动，经历了同样向精英阶层的转变。米沃什非常清楚这些变化，"我生来就没有继承财产所带来的安全感，我必须在这世界上走自己的路。但我知识阶层的父母在职业上为我所做的准备，使我的压力多少有所减轻"（NR，第 31 页）。

这个社会阶层的奇特性使贵族和犹太人都感到一种连续性的缺乏，因此他们专注身份和归属感问题。所以米沃什的这番话，实际上是说，波兰语是他们共同的祖国。是语言，而不是宗教或血统，表明了社会归属感——也许还是民族归属感。研究米沃什的学者亚历山大·弗尤特[1]是这样概括这一问题的：米沃什有着"源于社会异化（贵族出身的知识分子阶层中的一员）的内在分裂感，来自多元文化和多民族地区的自我意识（因此他总是对任何民族主义和沙文主义的表现及其影响表示出强烈的厌恶）。他拒绝以 19 世纪的国家属类定义自己（诗人是波兰的语言和文化的持有者，但他也同时宣告过对其出生地立陶宛的依恋），同时也有一种克服生

---

[1] 亚历山大·弗尤特（Aleksander Fiut，1956—　），波兰学者，本书多次提到的《与米沃什交谈》的作者之一。

活在欧洲一个最糟糕地区所带来的种种局限的需要"[5]。

自我认同的困难同样适用于布罗茨基的家族及其所经历的变化。在19、20世纪，有过三次大规模的犹太人移民潮，从俄罗斯、立陶宛、拉脱维亚、乌克兰、白俄罗斯和波兰移民出去。其中一次移民潮通向巴勒斯坦，最终建立了以色列。第二次移民潮通向美洲，所以美国现在是离散的犹太人最大的家园。在第三次移民潮中，大批犹太人从欧洲农村迁移至城市，为强大的城市知识分子阶层的建立做出了贡献。在1917年后的俄国，新的知识分子群体主要是犹太人[6]。布罗茨基、他的父母和他的文学圈子都是最后一次移民潮的典型产物。犹太裔俄国知识分子在对知识和文化的崇拜中长大，他们成为普希金这位最多产的诗人和文学家最忠实的读者、最热忱的崇拜者。同样的过程也发生在波兰，出现了这样一批诗人、文学家、评论家和编辑，如尤利安·图维姆、安东尼·斯沃尼姆斯基、亚历山大·瓦特、苏珊娜·钦赞卡、米奇斯瓦夫·格里德谢夫斯基、布鲁诺·舒尔茨、博莱斯瓦夫·莱希米安、伊雷娜·克日维卡、卢德维克·弗雷德。米沃什与这些作家同行有一种共同体的意识。他们使用同样的材料，对同样的问题感兴趣；不喜欢大多数的右翼，也不被大多数的右翼所喜欢。

1917年的俄国革命——现代化进程的一个象征性的结果和总和——带来了王朝、政府和阶级特权的覆灭；它废除了旧家庭和宗族等级制，并随之废除了几个世代的有序的演替。传统族群和老一辈的权威被削弱，他们所积累起来的对世界的知识变得毫无用处，因为那个世界已经不复存在。老一代权威的被削弱，可以从米沃什和布罗茨基关于各自父母的描写中感受到，尤其是关于他们的父亲，本应是那种权威的化身。两人父亲的名字都是亚历山大，也都没有给儿子留下强有力的形象。他们都认为自己的父亲很软弱，厌恶冲突，都只想活下来。米沃什和布罗茨基都对各自的母亲表达了更多的温暖之情，是她们教他们习得语言，教他们阅读和写作。也许他们的父亲都使他们感到失望，因为他们未能成为"根基"——在一个充满战争和迫害的时代，这是他们共同的命运。由此对妇女产生出一种英雄主义的需要，一种家庭的英雄主义，并不是直接地反对权力与权威，而是如同在需要保护者的头上撑开一把伞。她们的权威不像男人的那样容易丧失。

然而，对于米沃什与布罗茨基为什么更爱他们的母亲而不是父亲，还有另一种可能的解释。政治家的权威建立在父亲的戒律之上，但诗人的感受力更倾向于母亲，母亲传达的是语言和魔法，同理心和宽恕。在《乌尔罗地》里，米沃什表达了他对于在罗马天主教的仪式中长大的感激之情，因为它解放了男性身上女性的一面，一种准备接受耶稣基督或诗歌灵感的被动性。他相信，正是诗歌的想象力使宗教教义的接受成为可能。也许这也是布罗茨基经常重复的"美学先于伦理"这句话的本意。

切斯瓦夫的父亲亚历山大·米沃什生于1883年，于1952年去世。他被安葬在克拉科夫。在《故土》里，他的儿子写道，亚历山大"没有'获得成功'或者赚钱的天赋。他缺乏必要的与人作战的武器"。他只能与他所爱的大自然作斗争。年轻时，他在俄罗斯内陆从事工程建筑工作，在那里，他漫游在无边无际的土地上，体会到真正的自由。俄国革命之后，他回到波兰，感到被掣肘和限制；他"常常抱怨缺乏广度，抱怨万物的渺小，抱怨生活如死水一潭"。他甚至移民去了巴西，但是很快又回来了，因为"他再也没有像在东方那样，享有辽阔的呼吸空间……毁灭过那么多同胞的西伯利亚，（对他来说）并不是一块流亡之地。由于对文学有一定的兴趣，他在厚厚的黑色笔记本上写满了歌颂狂野北方的赞美诗"（NR，第37—39页）。这里存在"某种文学兴味"：从作为诗人的儿子的话里，我们可以听出暗含的带有宽容意味的优越感。

米沃什的母亲维罗尼卡（娘家姓库内特）在战争结束后死于一次无私的行动：她被赶出故土立陶宛，到了格但斯克，在照顾一位年长的德国妇女时染上斑疹伤寒。米沃什经常在诗歌中颂扬他的母亲，这也是波兰文学的，甚至宗教的一个传统。这些诗歌也表达了一种前弗洛伊德式的感激。在她去世十九年后，他采用类似于《圣经》的措辞写道：

> 我被一个莽撞的女人生下，我和她联结在一起，而
> 我，现在已是一个老人，在梦中充满对她的怜悯。
> 她滑稽的衣裙，她的舞步，如今全然消失，但又如
> 此亲近。
> ……
> 是哪片烧焦的草地，她曾经抱着我跑过
> 带我到安全的地方，远离野兽的牙齿？
> 还有，她把我献给了我们的黎明之门上的圣母，
> 她是如何、为何得到了她在祈祷中所要求的一切？
> ……
> 在黑暗的审判中，只有我们自己
> 听到她的脚步声在附近，觉得她已宽恕了我们。
> （NCP，第 312—313 页）

另一首关于她的诗写于 1985 年，也是充满了宗教性的意象和对比：

> 我的母亲那可怜的多瘤肿的膝盖
> 在一个不存在的国度里。
> 在我的七十四岁生日，我想到它们

在伯克利抹大拉的马利亚教堂做弥撒时。

……

阅读了一段《马可福音》，他对

一个女孩儿说的话："大利大，古米！"

这也是对我的言说。让我从死者中复活，

重复那些在我之前生活的人所怀的希望，

与她在一起，在恐惧中，在她弥留之际的痛苦里，

在靠近但泽的一个村子，在阴暗的十一月，

那些悲哀的德国人，老人和妇女，

来自立陶宛的难民，都可能被感染斑疹伤寒。

和我在一起吧，我对她说，我的时间已不多。

在我内心深处，你的话成了我的话：

"现在一切都像一场梦。"

（NCP，第 463 页）

　　在他本人已年迈的时候，他唤起对她的记忆，在《在谢泰伊涅》（"In Szetejnie"）一诗中，他描述了重返自己的出生地，诗的开头说："你是我的开始，现在我又与你在一起了，在这里，我学会了辨别南北西东。"这首诗的结尾是一段祷文，类似 1949 年他写的另一首颂扬母亲的诗《我母亲的坟墓》（"The Tomb of My mother"）。因为这首诗没有译成英文，在这里我就不引用了。我提到这首诗，是为了说明

母亲形象在他诗中出现的稳定性，在四十六年后写作的《在谢泰伊涅》一诗中也出现过：

> 但愿我的作品对人有所裨益，它的分量超过我的恶。
>
> 只有你一个人，智慧而公正，知道如何安慰我，说我已经尽了全力。
>
> 你会说，黑暗花园的大门已经关闭，安静，安静，什么东西结束了就是结束了。
>
> （NCP，第 640—642 页）

米沃什的家族起源于距离布罗茨基的家族不远的地方。这位俄罗斯诗人说过："毕竟，我的祖先，他们都来自那里，来自布罗迪（Brody），所以才有了这个姓氏。"[7] 他们也都与波罗的海存在联系：米沃什的母亲说立陶宛语，布罗茨基的母亲说拉脱维亚语。就像布罗茨基一样，米沃什也记得，俄国的犹太人曾经"属于"波兰，但是，在俄国吞并前波兰领土之后，他们也被并入了俄罗斯帝国。约瑟夫的父母，亚历山大·伊万诺维奇·布罗茨基和玛丽亚·莫伊西耶夫娜·弗尔佩特经历了俄国革命、20 世纪 30 年代的恐怖和第二次世界大战，他们幸存了下来。布罗茨基在他的自传体随笔《一个半房间》中写道："我想他们认为自己很幸运，尽管他们从未这么说过。"（LTO，第 449 页）从这篇文章中，可以重构出亚历山大·伊万诺维奇和他妻子的历史，尽管那只是"间接地"给出。由于有着双重的"坏"出身，也就是说他的资产阶级和犹太人血统，布罗茨基的父亲面临过许多困难：在革命前，他的家族拥有一个印刷厂。约瑟夫的祖父是当地为数不多的犹太人之一，名叫伊万，受过洗礼，获准在城里居住。小约瑟夫在战后的列宁格勒确实见到过他的祖父，但是我们从他那里没有听说过什么，也不确定那是他的祖父还是外祖父。战前，亚历山大肯定住在列宁格勒，因为布罗茨基写道，当他的父亲为打破纳粹对该城市的封锁而战斗时，他的家遭到了轰炸，他唯一的妹妹死于饥饿。战争结束后，他继续在部队服兵役，却因为他的犹太血统而被开除；后来他成为一名"新闻摄影师"，也写文章。与米沃什相似，布罗茨基同样也对他父亲的作品置之一笑："他的大多数文章开头都是'波罗的海上空阴沉沉的，乌云密布'。"他是一位忠实的摄影师，每年约瑟夫的生日，他都会在他们列宁格勒公寓的阳台上给儿子拍照。约瑟夫继承了父亲对摄影的热情；他在拜内克图书馆[1]的档案里，收藏了数千张快照。

在约瑟夫生命的头八年里，他的父亲都不在身边，先是上了战场，然后是在中国服役。布罗茨基没有描述他父亲

---

[1]　拜内克图书馆（Beinecke Library），即耶鲁大学拜内克珍本与手稿图书馆（Beinecke Rare Book and Manuscript Library），它是当今世界最大的古籍善本图书馆，藏有 50 余万册珍本书及数百万册手稿。

的军事经历：这当然不是一个家庭谈话的主题。玛丽亚·莫伊西耶夫娜带着她的小儿子挺过列宁格勒被封锁期间的饥饿和恐惧，幸存了下来。在他四岁时，她教他读书。尽管布罗茨基回忆起他的父母，认为他们都是非常善良的人，他却更强调母亲的温暖。她在一个讲拉脱维亚语的家庭里长大，一生从事秘书或会计的工作，除了战后一小段时间，因为懂德语，她做过德国战俘集中营的一名翻译。我们不知道她在那里看到了什么，也不知道她对那个工作有何反应。她的父亲"是一位在俄罗斯帝国波罗的海诸省（立陶宛、拉脱维亚、波兰）出售辛格牌缝纫机的销售员"。布罗茨基称波兰为"帝国波罗的海诸省"之一，这是很有意思的，因为没有哪个波兰人会使用这样一种表达。玛丽亚·莫伊西耶夫娜的一个兄弟是一名工程师，也是一名共产党员；我们在布罗茨基的另一篇自传体随笔《小于一》中了解到他的存在，仅仅因为他拥有一个图书馆。在之前引用的一篇文章中，布罗茨基提到了他母亲的姐妹，并给出了他父母的年龄，却是以一种间接的方式，需要读者从数字中推导计算。"1917年11月7日（即俄历十月二十五日，十月革命爆发），我父亲已经十四岁了；我的母亲，十二岁。"他的父母，布罗茨基写道，"从未告诉我，他们的童年、他们来自哪个家庭、他们的父母或祖父母如何……这种沉默与其说跟健忘症有关，不如说是为了生存，他们必须在那个强势的时代，隐藏自己的阶级出身"。当他想到这一点时，他觉得自己就像是"一条弯曲的大河"的一道支流。这是他引用伟大诗人前辈安娜·阿赫玛托娃的一句话。

"沉默"一词并非偶然：在布罗茨基的作品中，它与"克制"一词有关，而"克制"一词似乎又与阿赫玛托娃关联着。"一个优秀诗人在谈到他个人的悲痛时总是节制的，这是因为，说到悲痛，他就是一个流浪的犹太人。"他在《哀泣的缪斯》（LTO，第 39 页）中写道。在阿赫玛托娃和他的家人身上，沉默和克制都跟幸存者的恐惧经历有关。所以，也许这条河的支流就是布罗茨基家族的犹太性？他之所以沉默寡言，不仅因为他是一个诗人，也因为他是一个犹太人吗？他与家族的历史彻底隔绝这一事实，深刻地影响了他的写作。而他的父母表现出的小心谨慎的沉默，可能跟阶级出身关系不大，更多是跟他们身为犹太人有关。斯维特兰娜·博伊姆[1]观察到，犹太人的形象仿佛一个幽灵，游荡在布罗茨基的所有作品中。这个幽灵影响了几代被同化的苏联犹太人[8]。

他的父母形成了一个偏转的支流这个事实，在布罗茨基所写的关于他们的诗中，是显而易见的。这些诗，没有表现出家庭的连续性，没有宗教的维度，也不包含田园诗般的

---

[1]　斯维特兰娜·博伊姆（Svetlana Boym，1959—2015），俄裔美国文化理论家、艺术家，著有《怀旧的未来》。

童年风景，而在米沃什笔下，那些都是其母亲出现的美丽背景。布罗茨基的家庭是一个三口之家，没有任何过去，也没有自己的支流。布罗茨基甚至选择不提他留在俄罗斯的小儿子。他的《纪念我的父亲：澳大利亚》（"In Memory of My Father: Australia"）这首诗，粗略地概括了他的父亲出现在其中的一个梦境。儿子和父亲在电话里交谈——他的父母从未获准出国看他。在梦里他的父亲并不是一个家长式的人物，而是一个脆弱无助、牢骚满腹的老人，电话里他在澳大利亚——不知道怎么回事他在死后去了那里。这段谈话似乎反映出布罗茨基父子常年进行的电话交谈，以及电话听筒里的"三重回音"和"脚踝不断肿胀"的抱怨。虽然那一定是他们自己的选择，但是布罗茨基似乎对于父母在火葬场被火葬这个事实感到震惊，因为他的父亲变成了"丝绸般的粉末"，"在烟囱上形成一朵云"（CPE，第 360 页）。对于一个在父母去世时不能陪伴他们的犹太人儿子来说，这一定特别艰难，尽管他并未提及火葬场和犹太历史之间的联系。

在 1985 年的诗《纪念》（"In Memoriam"）里，他怀念他的母亲，诗的开头是一个令人惊讶的画面："对你的思念正在褪去，就像一个得到指示退下的旅店女仆。"事实上，诗中所表现的是母亲居家的场景，"连同她所有的平底锅一起"，它们完全不适合"雕像的地位。也许是我们的血管 / 缺少硬化的石灰"。诗的结尾，类似于绝望的爆发："她死了，她死了。"（CPE，第341页）这首诗充满苦涩的讽刺，或许只有苦涩，正如他在《在意大利》（"In Italy"）这首诗中描述他的父母时所说的那样："那些爱我胜过爱自己的人已经 / 不再活着。"

这两首诗的叙述者都是直接转向他的父母，称呼"你们"。这里的"我"只是间接地出现：这些诗歌的主题是父母，而不是悲伤的儿子——"你们"在这里比"我"更生动。这样谨慎地把叙述的"我"放在一边，表达出克制、绝望的缓和。也许这是一种风格性的标志，涉及后几代人之间连续性的缺乏：死去的父母，比纪念他们的孩子更真实。在挽歌中，这是一种非典型的叙事策略：正如布罗茨基在《哀泣的缪斯》中所言，挽歌的体裁倾向于突出诗人，而不是哀悼者。在他的散文中，由于他的记忆的性质，他父母的生活以一种支离破碎的方式呈现出来；在他的诗歌中，被推到幕前的是他的父母，而不是他们的哀悼者。布罗茨基经常使用颠倒的视角，这使他能够以一种崭新的出乎意料的方式看待事物。在此，这种逆转使逝去的父母又活了。父亲，丝绸般的灰烬，母亲，大理石一样雪白，都被永远镌刻在文字里。关于他们的记忆被保存在诗歌中，对于布罗茨基来说，这是最高贵恒久的人类活动。[9]

布罗茨基在《一个半房间》一文中写道，他的父母在他之外没有客观存在，在他们死后，他就是他们的家庭所留下的全部。他是"他们唯一的来世",他决定把他们从奴役他们的国家的语言中解放出来——让他们住在……英语里。他说,他的父母对于其祖先沉默不语,这不是缺乏记忆的结果,而是一个深思熟虑的选择。他这样说,也许是对的。然而,当我们试图重建他的家族历史时,我们发现,无论出于什么原因,"沉默不语"的确导致了失忆。而米沃什对其祖先的描述,却是如此令人惊讶的不同,不仅在《故土》里,也在许多其他著作中。他将家族的历史追溯至1580年;其成员,无论远或近,都呈现在一定的历史背景下,有着许多的细节和光环。米沃什看到自己沉浸于历史之中;对他来说,历史是建立在具体的个人生活之上的。布罗茨基对家族的过去不感兴趣;相反,他延续了父母的沉默。但是跟米沃什不同的是,他描述并关注父母的身体特征。我们可以看见他们,我们知道他们的身高、头发的颜色、他们最喜欢的格言、他们的习惯。这是他的整个家庭,所以他描画得非常细致,因为"穷人倾向于利用一切"。而在另一方面,米沃什更多谈论他的远房亲戚,而不是他的父母。因为有着那么多可供选择的财富,他挥霍得起。

他们两者之间的差异——米沃什的家族宗谱深刻的根源与布罗茨基的家族宗谱的浅表的根源——这种差异并非偶然;它们阐明了支配各自生活的历史进程。米沃什为他的家庭骄傲,这种骄傲与托付给他保管的记忆一同被继承了下

米沃什与布罗茨基

来。他对于过去、对于人和事的坚持不懈的回忆，对于正在消失的世界的记录，源自那对连续性的感知。这一感知保存在记忆里，也被记忆不断更新。正是由于他的祖先，他才相信记忆，相信记忆具有的恢复生命的力量。布罗茨基被教导如何不去记忆。他的祖先的传统没有传递给他；它只是提示了一种缺失，一种作为差异和他者性之痕迹的空白；它是一种耻辱和负担。他从未否认过自己是犹太人，也没有像许多俄罗斯的犹太裔作家那样皈依东正教。他不认同宗教，他认同的是文化。米沃什多次表示，他钦佩布罗茨基，因为布罗茨基恢复了俄罗斯文化被中断的连续性。布罗茨基并没有在他的家族或国家的历史中寻找这种连续性，而是向古典文学、罗马和雅典的文化去探求。在他的诺贝尔奖获奖演说中，他满怀感激地提到了他真正的祖先：奥西普·曼德尔施塔姆、玛丽娜·茨维塔耶娃、罗伯特·弗罗斯特、安娜·阿赫玛托娃和 W. H. 奥登。这是收养他的家庭、他的根、他唯一想要记住的祖先。

第二章　诗歌、青春和友谊

　　约瑟夫·布罗茨基的故事在他还活着的时候就已经成为一个传奇。这个传奇的要素之一就是他早期的朋友圈。他在列宁格勒长大，那里是普希金、陀思妥耶夫斯基和曼德尔施塔姆曾经生活和写作的地方，他了解那个城市的诗歌传统，以及诗歌与友谊之间的联系。他知道，浪漫主义者所写的诗，不仅源于他们共同读过的书、共同的信仰和梦想，还源于他们在彼此的陪伴下度过的时光，源于纸牌游戏、在剧院度过的夜晚、书信往来、他们的爱情故事[1]。聚会有助于创造友谊的语言，这种语言是很难讲流利的，因为，正如W. H. 奥登写过的，除非经常讲，否则它"很容易生锈"[2]。

　　早期的友谊是普希金生活里最稳定的一部分。每年10月19日，他都会跟他的朋友们一起庆祝他们学校——位于圣彼得堡附近的皇村学校的成立日。每年他都要试着为那一天写一首诗，主要是关于友谊。对于布罗茨基和他的圈子来说，没有什么比诗歌更严肃的了，诗歌也包含着游戏精神和竞争。诗歌与友谊有着内在的本质联系。布罗茨基和他的列宁格勒圈子重新唤起了这种对诗歌的态度。布罗茨基在与所罗门·沃尔科夫的一次谈话中说，对于他那一代人来说，最重要的事情是"这个城市在 19 世纪前二十五年发生的一切，当时普希金、克雷洛夫、维亚泽姆斯基和德尔维格都生活在那里，巴拉廷斯基也常常到访"（CJB，第 273 页）。[3] 布罗茨基的朋友、同为诗人的阿纳托利·纳伊曼这样总结道："在俄罗斯，普希金为友谊定下了基调。"[4]

在与沃尔科夫的谈话中，布罗茨基回忆起他年轻时的诗歌友谊，他说："我们有四个人：莱因、纳伊曼、波比雪夫和我。阿赫玛托娃曾经称我们为'魔法合唱团'。"他接着说：这个群体"很多方面与普希金的昴宿星座（诗派）相似。也就是说，差不多相同数量的人物：一个公认的领导者，一个公认的懒汉，一个公认的智者。我们每个人都重复着某个角色。莱因是普希金。波比雪夫，我想，他可能就是德尔维格。纳伊曼就是维亚泽姆斯基。我，带着我的忧郁，显然扮演了巴拉廷斯基的角色。不过，就像所有类似的类比一样，别把这个说法太放在心上"。这种对诗歌史的有趣重构，为列宁格勒年轻诗人们的日常生活增添了文学色彩，并赋予他们的诗歌额外的重要性。他们在寻找榜样，并依据文学来重塑自己的生活。众所周知，浪漫主义试图把日常生活变成艺术。在 20 世纪 50 年代和 60 年代，年轻的俄罗斯诗人是真正的浪漫主义者。

　　浪漫主义，尤其是它后来的化形，喻示着反讽："魔法合唱团"聚集在安娜·阿赫玛托娃周围，在她死后，其成员被称为"阿赫玛托娃的孤儿"。还是个孩子时，叶夫根尼·莱因第一次见到了她，因为他的姑妈瓦莱里娅·波兹南斯卡是阿赫玛托娃的朋友。很久以后，阿纳托利·纳伊曼成了她的秘书，但据波比雪夫说，他对介绍自己的朋友给她并不太上心。莱因和波比雪夫决定亲自去看望阿赫玛托娃，1961 年 8 月正是莱因带着布罗茨基去见了她。安娜·阿赫玛托娃是普希金的崇拜者，她立刻在一群年轻诗人中看到了昂宿星座的回声。据她说，他们只差一位年轻的女诗人，于是她提议纳塔莉亚·戈尔巴涅夫斯卡娅作为人选。纳伊曼认为这个建议完全不靠谱。对于这个团体来说，阿赫玛托娃是一个纽带，是跟另一个不复存在的世界的联系，是跟被时代所摧毁的那个诗人群体的联系。神奇的是，她能够传达出那个沉没了的"亚特兰蒂斯"。"阿赫玛托娃，"布罗茨基说，"只要她一开口或转一下头，就能把你变成智人……和她交谈，或只是和她一起饮茶、喝伏特加，你就变成了一个基督徒，一个基督教意义上的人，比读正确的经文或去教堂做礼拜还快。很大程度上这就是诗人的社会角色。"

　　布罗茨基对诗歌的很多看法是从阿赫玛托娃那里学来

的，或与她有共识。有一点，她给当时年轻的诗人留下了深刻印象，那就是诗人的天资所赋予诗人的责任感。一首诗必须被记住，它真实地存在于人类的记忆中。记忆是全部缪斯女神的母亲，因此也是诗歌的基础。正是韵律使诗歌免于被遗忘。诗人与他的前辈们"保持一种伙伴关系"，他对他们负有重大的义务。阿赫玛托娃和布罗茨基深信，在诗歌中，不仅是词语，包括声音、节奏和韵律都承载着意义。正是从她那里，他了解到曼德尔施塔姆如何背诵他自己的诗歌——这位诗人在布罗茨基出生两年前死于古拉格。布罗茨基甚至在后来也没有改变对诗歌的这种态度，那时一些以英语为母语的批评家表示出他们的保留意见。与阿赫玛托娃、曼德尔施塔姆一样，布罗茨基也是诗歌上的极端主义者。

阿赫玛托娃的慷慨、智慧和独立的性格巩固了年轻诗人们的友谊和信念：友谊需要一个外在的凝聚点，无论是一个观念，还是一个人。莱因、波比雪夫和纳伊曼的年龄，都比布罗茨基大。据纳伊曼说，早在1957年，他们还是学生时就认识了，并被人当作一个诗歌团体。一两年后，布罗茨基加入他们，就像三个火枪手的故事一样，他们的三角对称被破坏了。纳伊曼在和我的谈话中说："约瑟夫出现时十八岁，我当时二十二岁。我不能说我渴望着这种友谊或这种相识。我们周围有足够多的诗人。"的确，当时在莫斯科和列宁格勒，存在许多诗人；诗歌是一种明确的反主流文化的东西。

年轻人常常在私人住处聚会，写诗、朗诵、唱诗，并用吉他伴奏。他们比拼谁写得更好，谁的记忆力最好。他们大多数人学习自然科学，以逃避人文学科领域的意识形态压力。他们很少发表自己的诗歌，尽管其中有一些人非常有名。他们在诗歌中使用各种语言，从最高雅的语言到监狱里的黑话。他们不遵守审查制度的规定，但也只是间接地表达反抗。写作和表演行为本身就足够叛逆了。正如布罗茨基后来所说，这是对"寡淡"（thin diet）的官方文学生活的反抗。在列宁格勒、莫斯科和其他苏联城市的厨房和公共休息室，年轻诗人们创建了自己的城邦。很久之后，那是在1997年6月，我有幸目睹了莱因和托马斯·温茨洛瓦之间的一场诗歌决斗，地点不是在苏联的公共休息室，而是在威尼斯一家餐馆。"还记得吗？还记得吗？"莱因问温茨洛瓦，温茨洛瓦反过来也问莱因，莱因背诵着诗歌，一边神情激昂地朗诵，一边把食物溅得满地都是。而温茨洛瓦有些恍惚，低声地喃喃自语。他们确实记得，诗歌的背诵持续了许久。

诗歌的反主流文化是跟对友谊的崇拜联系在一起的，两者都表达了对全能国家控制的反抗。在苏联，一切都被国有化了，包括人际关系。20世纪30年代是最恐怖的时期，我正在谈论的友谊是在斯大林死后建立起来的[5]。对个人隐私的侵犯，并没有在斯大林之后就结束，而只是有所削弱。苏维埃国家之所以提倡和促进友谊，是要像毛毛虫吃掉它占据

　　　　　　　　　　　　　　　　米沃什与布罗茨基

的每一片叶子一样，占据它的公民珍视的所有理念。那只是一场集体的友谊，是一种国家建设的活动，仿照的是残缺版的普希金与他的朋友们的关系。在官方文学史上，普希金圈子的友谊是反沙皇的，而当代的朋友关系是由国家来支持和推进的。后斯大林时代的一代人对此的回应则是谨慎的违抗。对感情的国家化，他们以自己的私人化来回应。因此，厨房餐桌上的诗歌讨论、把诗歌交给记诵、对被禁诗人的崇拜，这些都起到了同样的作用。这是一种自卫，是一种经历了恐怖折磨的文化复兴。

国家试图统治友谊、诗歌和语言，但是这些领域都不容易被国有化。诗的创造是对这种国有化、政治化语言运用的一种回应。它把语言带回来，使之成为自己的语言。因为语言和文学毕竟是受到鼓励的，在这些理论上尚被允许的领域，个人得以挑战国家。诗人（或诗歌读者）将语言私人化，这种行为产生了相应的公民后果。诗歌破坏了这个国家的官腔官调，诵诗成为公民不服从的表现。他们创建了一个社区，团结起这群人，形成友谊的基础。

和他同时代的诗人一样，布罗茨基把自己的诗以及许多同辈诗人的诗，无论是仍在世的还是已故的，都铭记在心。他的一些朋友还记得，他几乎是强迫性地背诵它们。他的诗歌很早就流传开来；他的诗被谱成乐曲，在列宁格勒和莫斯科的公寓里传唱。但是这些诗，在其他诗人那里，包括在他的朋友纳伊曼、温茨洛瓦和列夫·洛谢夫中间，还没有得到太高的评价。布罗茨基本人对它们也不甚满意，但他背诵了下来，纳伊曼在与我的一次谈话中说："就像订合约——他不喜欢那些词语，但也找不到更好的了。"在他后来的生活中，他以这种方式阅读他的散文，"承担义务"，他好像不喜欢这个。他把这些早期诗歌称作他的"幼稚园"，从来不想翻译或重印它们[7]。他的文学"幼稚园"在他写了《献给约翰·多恩的大挽歌》（1963）之后就结束了。那时他给纳伊曼打电话诉说他的行踪，他们其实每天都见面，纳伊曼在火车站的售票队伍中看到他。让排队的人群吃惊的是，他竟然将自己的诗"高声唱了出来"。他再也没有写过一首类似的诗，但这是他真正找到自己声音的时刻[8]。

这个声音虽然完全是非政治性的，但比起官方语言，当然有一个不同的语调，这种语调表明其创作者是"反社会的"。甚至在写《大挽歌》之前，布罗茨基就不适应这个社会的严格监管。他十五岁就辍学了，没有参加任何组织，没有稳定的工作，没有学习官方认可的任何课程。他如饥似渴地读书、翻译和写诗。不久他就成了国家和新闻界关注的对象。他从一个"年长"诗人群体的年轻加入者，成为这个群体的主要人物。最终，他经历的被捕、精神病学"观察"以及审判，使他的名字在"帝国"之外也广为人知。他的流放地诺伦斯卡亚，比普希金的流放地米哈伊洛夫斯科耶更加偏远——普希金正是从米哈伊洛夫斯科耶寄出了关于友谊的诗歌。关于布罗茨基的经历，安娜·阿赫玛托娃有一个名句评论："一本出色的传记已经等着我们的红头发年轻人了。"对他的审判遭到了整个列宁格勒艺术界的反对，并动员了许多人——包括阿赫玛托娃、肖斯塔科维奇——为这位二十四岁的诗人辩护。连萨特也写信给当局要求释放他。这次审判完全不受法律制约，主审法官和整个审判过程都极度愚蠢，阻止布罗茨基以受害者的身份进行声诉——因为那样将会非常尴尬。那时他也还有别的事情要做：他正在经历一场严重的爱情危机。就在被捕前不久，他深爱的女子玛丽娜·巴斯马诺娃与波比雪夫有过一段短暂的恋情。他们最终没有分手，而且她还去看望了流放中的布罗茨基，尽管这是一次漫长的旅行，并在政治上是屈辱性的。纳伊曼、莱因和其他朋友也去那里拜访过他，但这只是"魔法合唱团"终结的序幕。"此后约瑟夫开始成为布罗茨基，成为一个完全不同的人物。"纳伊曼在我们之间的一次谈话中说。"魔法合唱团"晴朗的日子持续了大约五年。在文学友谊的历史上，它将永存。

"魔法合唱团"的解散并没有破坏诗人之间青春友谊的神话。切斯瓦夫·米沃什是那个神话的支持者之一，他写道："列宁格勒诗人群，布罗茨基与朋友们的例子，证明存在动人的兄弟团结，对整个俄罗斯诗歌的关心，以及对于天才和成就的层级的尊重。"[9] 米沃什明白，这些友谊在典范性的诗人传记中的作用，并不取决于友谊的稳定性或持续时间。"当诗人成长时，他对这种友好关系的需要在减少，他们的道路也就分开了。年轻人彼此间非常相似，像兽群一样迁徙……但是，这些雄兽后来分开了，有了自己的王国。"[10]事实上，这个群体解体的最重要因素是出现了一种诗歌的等级制。在大约三十年后的1991年，波比雪夫就此写过一首诗。他与巴斯马诺娃的恋情通过这样的话暗指出来："原谅我，约瑟夫，（你是）我那时的虚荣的受害者。"他更在意他们之间诗歌的竞争。"你，我知道，第一名；而我，总是第二名，/也就意味着第四十五名，第一百零四名。"阿纳托利·纳伊曼也有类似反应。在被问及当时他是否已经意识到约瑟夫是一个天才时，他常常回答说：我们都是天才。的确，他们都是有天赋的诗人，而有些人比其他人更有天赋。

"昂宿星座/魔法合唱团"也被生活所破坏，尤其是婚姻的纠葛：纳伊曼的第一任妻子嫁给了托马斯·温茨洛瓦，莱因的第一任妻子成了纳伊曼夫人。1969年，玛丽娜·巴斯马诺娃生下了布罗茨基的儿子安德烈，但这对夫妻并没有继续生活在一起。事实上，布罗茨基在任何群体中都不自在；所有"阿赫玛托娃的孤儿"都非常个人主义。他们聚在一起，因为青春，因为文学的传统，因为国家的压力，因为一个愉快的巧合——安娜·阿赫玛托娃从战争、大清洗和变革中幸存了下来。但"魔法合唱团"在阿赫玛托娃1966年去世之前就解散了。在她的葬礼上，她又一次将他们团结在了一起，那一刻被一张戏剧性的照片永久记录了下来。在照片正中的底部，我们看到打开的棺材里死去的女诗人的脸。在左边，纳伊曼俯身看着她；在右边，布罗茨基神情绝望，手捂着嘴。在他们身后，站着沮丧的莱因；莱因身后是艾拉·科洛波娃，纳伊曼当时的妻子，还有脸色苍白的波比雪夫。他们都朝向阿赫玛托娃，看着她。这是他们最后的会面。[11]

当布罗茨基身处流放时，年轻时的友谊已成过去。他写了一首普希金式的反讽的诗，向朋友们告别，但这也是一首关于衰老的诗——关于接近死亡的恐惧、关于孤独。在这里，友谊显然联系着国家归属感、一体感、团结，尤其是友谊的语言共同体。布罗茨基改写了俄罗斯史诗《伊戈尔远征记》中伊戈尔王子对勇士们的讲话，他写道：

> 听着，我慷慨的弟兄，我的仇敌！
> 我所做的一切，不是为了名声或记忆，
> 在这个充斥着无线电波和电影院的时代，
> 而是为了我的母语和文字。
> 因为那种虔诚，一种狂热的倾向
> （"医生，医治你自己吧"：正如俗话所说），

在祖国的盛宴上，我没有奉上圣杯，

现在站在一个陌生的地方。名字并不重要。

　　"在祖国的盛宴上，我没有奉上圣杯"——这里的语气，甚或有些反讽，后来布罗茨基很少使用。而他到达的那个地方的名字，很快就重要起来了。

　　没有几个朋友陪伴他穿越祖国与新地方之间的边界。托马斯·温茨洛瓦是跟他保持诗歌情谊和私人情谊的一个。布罗茨基为他创作了两首音乐主题的诗歌：《立陶宛套曲》和《立陶宛小夜曲》。在到了西方之后，布罗茨基试着帮助温茨洛瓦。温茨洛瓦当时是立陶宛人权组织的创始人之一，处境颇为危险。1976年，布罗茨基发表了一封公开信，为温茨洛瓦辩护，称他是"生活在帝国领土内一个小省立陶宛最好的诗人"[12]。切斯瓦夫·米沃什也对此做了一些努力。在第二封保存的米沃什于1974年2月4日致布罗茨基的信件中，米沃什写道："我翻译并发表了托马斯·温茨洛瓦刊登在《文化》上的一首诗。他看到了，给我写了一封短信，表达他的友谊和感激。这就是我们在伯克利那次谈话的结果。"[13] 三年后，当局迫于压力，允许温茨洛瓦离开。"没有米沃什和布罗茨基的帮助，我肯定被毁掉。由于他们的努力，我的案子引起轰动，我得以离开，而不是被囚禁，像我的朋友佩特库斯、奥尔洛夫或沙兰斯基那样。"温茨洛瓦在前面引述过的

谈话里这样说 [14]。诗人的团结并没有随着温茨洛瓦的移民而结束。米沃什和布罗茨基翻译了他的诗歌，并帮助他寻找工作。米沃什为他们的三重友谊感到骄傲，并经常重申做这些事情对于波兰、俄罗斯和立陶宛的关系比政客们所做的一切都更有意义。

温茨洛瓦是一位诗人，也是一名文学史家。他为我们解读过布罗茨基献给他本人的作品中涉及他的典故，以及难以理解的段落。顺便一说，这是一种相互的关系：温茨洛瓦的诗歌作品与这位俄罗斯诗人的作品保持着不间断的对话。在布罗茨基的《立陶宛套曲》中，温茨洛瓦仅在献词中被提到：这首诗是一个组诗，是立陶宛主题几近巴洛克式的变体 [15]。在第二首《立陶宛小夜曲》中，温茨洛瓦则无处不在——这是一首描述友谊的作品。叙述者把自己描绘成一个幽灵、一个"从新世界将自己撕裂"的幽灵，到"帝国一个贫困的省份"拜访托马斯。他们分离，很快又转化为一体，如"若隐若现地穿过波利克斯"。"My pohozi; /my w suszcznosti, Tomas, odno"，布罗茨基在俄语原诗中是这样写的，他译成了英语：

> 托马斯，我们彼此一样；
> 坦率地说，我们是一对：
> 你的呼吸

暗淡了同一个窗玻璃，于是我的倒影也模糊。

（CPE，第 218 页）

　　诗人之间，不仅有"文字联盟"，还为缪斯所系。温茨洛瓦将这一主题解读为两个诗人相遇的传统文学友谊主题的延续；他认为布罗茨基在此是把普希金的"基什涅夫诗歌"的主题进了一步，让人想到奥维德和帝国。[16] 因此，这首诗实际上包含了布罗茨基诗学的几个最重要的主题：流亡、孤独、诗人的兄弟情谊、帝国的恐怖。尽管这首诗的基调，与布罗茨基的其他诗作一样，反讽而粗犷，《立陶宛小夜曲》却也是抒情的，表达了对友谊的忠诚。最后这种感觉，更确切地说，这种人品的特点——对朋友的忠诚——是温茨洛瓦在纪念早逝的布罗茨基时特别强调的。[17]

　　这种忠诚是非常有选择性的。从布罗茨基在列宁格勒的朋友们的回忆录，以及从他自己的著作中，我们可以得出这样的结论：布罗茨基觉得旧日关系给自己带来了负担。友谊建立在困难和逆境中相互支持的基础上，朋友也需要享受到彼此的成功、荣誉和奖励。对他的许多老朋友来说，布罗茨基属于他们早已抛到身后的往昔。他们认为布罗茨基在移民后写的文学作品不如早期作品，他们不理解他在文学上的新的选择，对他转向使用英语感到悲哀，他不仅用英语写散文，还写诗。他跟自己的女儿说英语！他们不赞成他的野心、新的友谊和对宗教的态度。他没有像留在俄罗斯或移民的那些人那样去发展。他走自己的路。他没有与大多数朋友断绝关系，但他经常反抗他们的控制欲，然后道歉。他频繁拜访纽约的俄罗斯人社区；他特别喜欢第五十二街和第八大道交会处的俄式茶饮餐厅，这家餐厅是他列宁格勒时期的朋友罗曼·卡普兰经营的，布罗茨基也出了资。他经常在这里和朋友会面，喜欢在此吃鲱鱼配土豆，喝伏特加，跟着钢琴伴奏唱歌。他的音乐曲目来自 20 世纪 60 年代的苏联，包括毫不掩饰其伤感色彩的苏联歌曲。其中还有一首波兰爱国情歌《卡西诺的红色罂粟花》，因为安杰伊·瓦伊达 [1] 的电影《灰烬与钻石》，这首歌在他年轻时在苏联非常流行。阿纳托利·纳伊曼写过一本关于这家餐厅的书，其中很大一部分是讲布罗茨基的。[18]

尽管健康每况愈下，但他还是尽其所能帮助他的同胞。他撰写了许多书评、推荐信、序言；他组织诗歌朗诵，与出版商会面。在他的档案中，有大量信函文件，包括呼吁信、请愿书，以及为需要帮助的人、被逮捕或不被允许移民的人所写的文章副本。然而，这些努力并没有满足他所处的环境的要求：新的或不幸的移民，对他们这位更成功的同胞怀有更高的期望。对他的指责跟他们相信他所具有的权力成正比。当他为

---

[1] 安杰伊·瓦伊达（Andrzej Wajda, 1926—2016），波兰著名电影导演。重要作品有《一代人》《下水道》《灰烬与钻石》。

出版商写了一篇关于瓦西里·阿克肖诺夫的小说手稿的负面评论时，就引起了轩然大波。对于俄罗斯移民群体来说，对同胞的忠诚比对文学的自由判断更重要。谢尔盖·多夫拉托夫是布罗茨基帮助的另一位作家和他在列宁格勒的熟人，他的小说因而得以出版了出色的英译本。我听多夫拉托夫说过："约瑟夫会帮助人，但他喜欢在这样的场合让你难堪。"

布罗茨基早年的友谊给米沃什留下了深刻的印象，因为那样的友谊与米沃什有关青春的回忆十分吻合。在 1931 年至 1934 年之间，米沃什属于维尔纽斯的一个文学团体"灾祸派"，并在他们的同名期刊上发表作品。除了米沃什，这群人还包括一些未来的作家，如诗歌评论家亨里克·登宾斯基、斯特凡·英德里霍夫斯基、特奥多尔·布伊尼茨基、耶日·扎古尔斯基、塔杜施·别尔斯基和耶日·普特拉门特，[1] 在米沃什沉思过去和记忆的本质时，这些人经常会被

---

[1] 亨里克·登宾斯基（Henryk Dembiński, 1908—1941），波兰社会活动家和记者。从维尔诺文学小组"灾祸派"涌现出来的政治左派（实际上是共产主义者）的领导人。

斯特凡·英德里霍夫斯基（Stefan Jędrychowski, 1910—1996），波兰记者、作家和政治家。作者好友，被称为"波兰的罗伯斯庇尔"。

特奥多尔·布伊尼茨基（Teodor Bujnicki, 1907—1944），波兰诗人。

耶日·扎古尔斯基（Jerzy Zagorski, 1907—1984），波兰诗人，散文家和译者。

塔杜施·别尔斯基（Tadeusz Byrski, 1906—1987），波兰戏剧家。作者友人。20 世纪 20 年代"雷杜塔"（Reduta）剧院的演员；战后波兰著名导演。

耶日·普特拉门特（Jerzy Putrament, 1910—1986），波兰小说家。

他回忆起来。当我问米沃什，他的个人主义与受友谊和情感凝聚的社团归属感之间有什么不同时，他回答说（指列宁格勒昴宿星座）："是的，同志情谊有很高的价值。青年诗人需要诗歌的友谊。他们没有自信，他们互相朗诵诗歌。经典的例子就是彼得堡诗人那种兄弟般的关系，围绕着安娜·阿赫玛托娃的'天使唱诗班'，约瑟夫·布罗茨基就在其中。约瑟夫在彼得堡的全部历史事实上就是朋友之间亲密关系的历史，非常必要。对我来说，情况很相似，'灾祸派'小组和我在维尔纽斯的整个青年时期，都是由同样的东西组成。这是一种特定的模式。"[19]

"灾祸派"的成员不像"魔法合唱团"，或米沃什所说的"天使唱诗班"的成员那样亲密，而且"灾祸派"并不是米沃什年轻时参加过的唯一团体。他在各种协会的会员资格比布罗茨基更为正式和多样化。学生时代，他至少参加过三个组织："流浪者俱乐部""波兰语文学生社团"以及"知识分子俱乐部"。早在他从事研究之前，1928—1929学年，他已经是"秘密团体'宠物'的成员"，这对他来说，意味着"友谊、讨论、书籍和兄弟情谊"。与列宁格勒小团体不同的是，米沃什和他的朋友们不是因为某个大师而团结在一起，只是聚在一起阅读散文和诗歌，分享他们自己所写的一切。生活在一个民主国家，无论多么不完美，他们都无须将那么多诗歌背记于心。"在多雷克·布尼茨基给学生上课时，我通常会耐心地等着。然后，我们相互出示自己的诗作，幻想着'文学恶作剧'。"这些"文学恶作剧"很可能是他们一起写的诗，并以阿隆·皮尔马斯为笔名，发表在《灾祸派》杂志上。虽然他们的诗作常常具有预言灾难的语气，却仍然"不知道历史已经为他们设下了魔鬼般的陷阱"。

列宁格勒的文学友谊却是具有双重越界性质的：它们回到了革命前的文化传统，为年轻人之间自主而不受控制的联系创造了空间。与列宁格勒相比，20 世纪 30 年代的维尔纽斯是一座自由之城。米沃什的作品表明，他年轻时的城市氛围不像战后的列宁格勒那么让人觉得容易激动。但是，米沃什所属的团体延续着共谋性和非法组织的传统，其中一些是共济会的，一些是领土收复主义者的，它们在 1918 年波兰重新获得独立之前就存在于这个城市之中。关于其中一个团体——"宠物"——米沃什写道："说是'会馆'可能是一种夸张，但是我想，我们这个团体以及我不久之后所加入的'流浪者俱乐部'，除了看作维尔诺这个共济会城市的一个独特创造，我想不到别的。正如在维尔诺大学的鼎盛时期，在 1830 年以前，我们城市的许多杰出人物都属于共济会会馆，关于共济会会馆的谣言满天传，尽管我只是在许多年之后才发现，我们中间有多少人是共济会成员。"（TB，第 42 页）

友谊是共济会的美德之一，就像婚姻，它将亲密的关系与社会责任结合在一起。朋友们共享服务的理念、参与公共生活之责任的理念；他们因外在的某个价值而结合在一起，无论那是上苍、国家、荣誉，还是艺术。友谊的社会和制度性特征，很久以前就被柏拉图、亚里士多德、西塞罗和蒙田描述过，并在大多数欧洲学派的古典研究中得以传播。启蒙运动和浪漫主义将"兄弟"之间的友谊，转变为一群志趣相投者之间的友谊，被忠诚和对正义的追求联结起来。共济会会馆、秘密学生团体和大学社团，造就了波兰浪漫主义诗人亚当·密茨凯维奇和他的同时代人。维尔纽斯/维尔诺，当时是俄罗斯帝国边界内一个讲波兰语的城市。一百年后，在新独立的波兰，这座城市保留了它的记忆。米沃什的团体和圈子延续了这种协会传统。即使在第二次世界大战之后，维尔诺成为维尔纽斯——立陶宛苏维埃共和国的首都，这一传统也没有消亡。托马斯·温茨洛瓦就证明了一个事实，即年轻人"记住"了这座城市共谋的历史，尽管他们——就像在沙皇俄国时期一样——在以召集非正式会议或朗诵诗歌的形式来实现这种记忆时，还必须非常小心谨慎。新帝国比旧帝国更加无情。

对于米沃什和布罗茨基来说，年轻时的友谊有着相似的价值：这是他们唯一可以依赖的社会习俗。他们的故乡之城的历史，注定了诗歌要与友谊的美德相连。正如我们已经看到的，普希金崇尚友谊。同样的情况也适用于亚当·密茨凯维奇。[20] 米沃什和布罗茨基都以他们伟大的先辈为榜样。"所有的创造，都来自人类的灵魂与另一个灵魂的相遇。"米沃什在他关于"多瑞克"即布伊尼茨基的随笔中这样写道，他把自己与维尔纽斯的友谊归功于它把他引向了文学。"灾祸派"与"魔法合唱团"同属于一个浪漫的传统。这一传统在华沙、彼得堡、维尔纽斯和该地区的其他城市，得到了长久的延续和发扬。

我已提到过米沃什的第一次"移民"，他在 1937 年前往华沙，离开维尔纽斯；政治气氛的残酷迫使他转换工作地点。两年后，战争来临切断了他与维尔纽斯的联系，并将这座城市变成一座记忆之城。他在《没有名字的城市》一诗中写道：

> 谁会尊敬一个无名的城市
> 如果那么多人死去，而其他人淘金
> 或到遥远的国家倒卖军火？

诗的第十二部分，以一个戏剧性的发问开始：

> 为什么那座毫无防备，纯洁得像一个被遗忘部落的
> 一条结婚项链的城市，还要不断地将它自己奉献给我？
> （NCP，第 214、219 页）

直到生命的尽头，米沃什都会在诗歌和散文中记住这座"没有名字"的城市。在他八十多岁的时候，他又在《米沃什词典》里写到了它。维尔纽斯出现于这本书的第一个条目："ABRAMOWICZ（阿布拉莫维奇）。卢德维克·阿布拉莫维奇 [1]。维尔诺从来就是一座从童话里长出来的城市。"[21]这座城市之所以具有童话般的特征，是因为那里存在着一些秘密社团和共济会会馆。这也是其他几个条目的内容，它们大多都与米沃什了解的朋友和友好的协会有关。具有象征意义的是，这本书第一个条目和最后一个条目都是关于维尔诺的，所以这本书，从 A 到 Z，是献给那个城市的，而且，因为事关青年时期的友谊，特奥多尔·布伊尼茨基的故事贯穿始终。

布伊尼茨基常被叫作多瑞克-阿莫瑞克（"多瑞克"是特奥多尔的小名）。他比米沃什年长几岁，是一位忠实而热情的伙伴，维尔诺最有前途的年轻诗人之一，在写作讽刺性的卡巴莱诗歌方面取得了很大成功。但是他的生活远非一系列的"文学恶作剧"，他也没有逃脱历史的陷阱。早在1954年，也就是在写作《米沃什词典》一书四十年前，米沃什就写过他朋友的生活。随笔文章《特奥多尔·布伊尼茨基》是他众多的传记／自传性文本之一，维尔诺在文中也是一个重要的主

---

[1]　卢德维克·阿布拉莫维奇（Ludwik Abramowicz, 1879—1939），波兰活动家、随笔作家、报纸编辑。

角。切斯瓦夫在十七岁时"满怀爱意和尊敬"地接近二十一岁的布伊尼茨基，并对他的文学成就、才华和快乐性格赞赏有加。米沃什没有忘记"多瑞克"是多么美妙的一个人，即使是后来，在苏联占领维尔诺（1939—1941 年）期间，布伊尼茨基在苏联报纸《真理报》上发表了亲苏诗歌。三年后，当俄罗斯人再次回到这座城市时，他又加入了他们，这次是作为"波兰爱国者联盟"的一员，投入他们正在建设中的政府。正如苏联强加给被征服的波兰的所有机构一样，这个组织的名称也是百分之百的谎言：既不是一个联盟，也不是由波兰爱国者组成。似乎是谴责布伊尼茨基的不爱国行为，波兰地下组织将他处决。那是 1944 年，他才三十七岁。

米沃什对布伊尼茨基的死亡感到深深的痛惜，同时他也分析解剖了他的性格，探寻他加入占领者行列的原因。布伊尼茨基总是觉得有一种需要，使自己属于一个集体的需要，他总是在寻求肯定，适应他人和环境。同时，他不满意自己的文学创作，一直都在寻找新的动力。他缺乏冷静、智慧和距离感。米沃什带着踌躇之情描述了这些特征，他自问：我是如何避免类似命运的？他对于死去的朋友怀有强烈的同情——这种同情打动了他的写作——而且他还有一种责任感。死亡会将人杀死两次，因为它也能把死者从他人记忆中抹去——所以朋友们有责任记住。那些比他们的朋友活得更久的人，肩负着一项任务，就是确保死者不会被彻底遗忘。

哈姆雷特临死前对霍拉旭说：

> 霍拉旭，我死了；
> 你活着；请你将我和我的事
> 告诉那些不满足的人。
> ……讲述我的故事。
>
> （第 5 幕第 2 场）

在很大程度上，米沃什的后期作品就是在履行铭记朋友的责任。

米沃什的叙事动力总是与他的抒情冲动并存。特奥多尔·布伊尼茨基的画像只是一部长篇自传中的一个片段，或者一部米沃什想过却没有完成的自传体小说。在 1998 年克莱蒙特·麦肯纳学院举行的"米沃什国际诗歌节"上，玛德琳·莱文谈到了米沃什自传体小说文本的写作动力所在。米沃什对她的这一判断既惊讶又赞许，他说他一直认为自己的散文作品相当于"关于 20 世纪的一种小说"[22]，或者就是"我们的 20 世纪的自传"[23]。那幅画像与米沃什在其他作品中对另外几个朋友或同时代人的意识形态选择的分析和描述非常相似。他有名的著作《被禁锢的头脑》中包含一组肖像画。这本书主要被解读为 20 世纪的自传的一部分，这就是为什么这本书得以超越其意识形态的主题。它包含了几个具体和可辨认出的人物的画像，我们从中可以追寻到他们与历史纠缠的轨迹。而且，尽管这本书严厉批评了书中描述的人物，写作这本书却是一种出于友谊的举动。

在一封写给托马斯·默顿[1]的信中，米沃什谈到《被禁锢的头脑》："写作那本书的人是一个绝境中的诗人（那是1953年），作者无法用诗句向外语读者讲话，他踌躇于两个目标之间：向那些不熟悉它的人传达'东边'的经验的意义，向仍在波兰的我的同行说出真相。"[24] 这也是一个选择了流亡之人所写下的诀别信。他向西方讲话，同时也向留在其身后的人们讲话。他的书是一份总结，一种指责，一个自我启示。这不是米沃什离开故土后所写的第一篇文章。1951年5月，他在《文化》上发表了一篇题为《不》的十五页的长文。在文章中，他表达的主题后来在《被禁锢的头脑》有所发展，"我现在要讲的故事，完全可以称为一个自杀的故事"，他这样开头。所谓自杀问题，是指他决定移居国外，米沃什担心这会让他无法写诗。他和当时的人们都有一个共同的信念，即为了创作，诗人必须和他的人民在一起。因此，这句话的戏剧效果应该被认真地对待：这实在是一场赌博。但是"自杀"这个词具有更多的含义。《被禁锢的头脑》探索的是渴望那种"最虚幻的确定性"的深层次原因。

---

[1] 托马斯·默顿（Thomas Merton，1915—1968），美国天主教作家、神秘主义者。米沃什的朋友。

这本书的结构与众不同。它讲的是"中欧和东欧过去几十年的历史，在这种情况下，所有的修饰和理论性的考虑没有意义"。全书的核心由几个个案研究构成，分析和描述了几个屈服于黑格尔式诱惑的具体的人的生活。这四人的身份隐藏在四个希腊字母后面，第五个则被称为"凯特曼"[1]，这是一个借自戈比诺的阿拉伯术语。"凯特曼"的概念是"由米沃什提出来的，用于描述参与了所谓人民民主的公民，他们有意识地玩一种集体游戏，以欺骗他们的统治者。它不是奴役的机制，而是反抗的机制"。在 1998 年的"米沃什国际诗歌节"上，在讨论《被禁锢的头脑》时，安杰伊·瓦利茨基[2]这样说[26]。"凯特曼"的角色与米沃什留在波兰的朋友兼导师塔杜施·克隆尼斯基[3]多少有些关系。但是，克隆尼斯基是一个"黑格尔式的凯特曼"，米沃什在《故土》一书里有一重要章节写到了他，这一章重点写到了他的这位朋友对他的两篇论文，即关于道德和诗歌的论文所产生的影响[27]。

---

[1] "凯特曼"（Ketman）一词来自法国贵族、哲学家和小说家约瑟夫·阿尔蒂尔·德·戈比诺（Joseph Arthur de Gobineau，1816—1882），在他所著《中亚地区宗教与哲学》一书里，一位法国旅行家在游历波斯地区时，用它描述选择性自我认同现象的一个用语。人若将"凯特曼"融入骨髓，便知行不一，说一套做一套。

[2] 安杰伊·瓦利茨基（Andrzej Walicki，1930— ），波兰历史学家。美国印第安纳州圣母大学教授。

[3] 塔杜施·克隆尼斯基（Tadeusz Kroński，1907—1958），波兰哲学家、随笔家。

隐藏四个主要人物身份的希腊字母，说明这些个案具有一定的普遍性，从中可以吸取道德教训。然而，这些都是具体的生活故事，个案研究避免了某种明确的道德建议。米沃什憎恶匿名和一般性规则；他经常重复地说，人类最大的敌人就是概括（generalization）。在《被禁锢的头脑》里，他的愤怒的声音交织着指责，但也带有同情和辩解的成分。这四个人，就像布伊尼茨基一样，在面临着极权主义的摧残时，品行上都不免有缺陷。米沃什揭露并谴责了他们，但没有给出最终的结论。这就是一些道德主义作家——像古斯塔夫·赫尔林-格鲁津斯基[1]——拒绝《被禁锢的头脑》的原因。对他们来说，"黑格尔式的诱惑"是弱者和担惊受怕者合理的自我辩解，而米沃什的书不过是圆滑的自我宽恕。但这位波兰诗人有着截然不同的气质和才能。他体现的不仅是同情，还有共同的负罪感。他感兴趣的是细微之处，而不是判决。他害怕"历史的陷阱"，并且从未停止思考助其避免那些陷阱的原因，即使只是部分地避免。

波兰读者可以毫不费力地认出这四幅画像。"贝塔"是塔杜施·博罗夫斯基[2]，在美国他因短篇故事集《女士们，

---

[1] 古斯塔夫·赫尔林-格鲁津斯基（Gustaw Herling-Grudzinski，1919—2000），波兰作家。他跟《文化》月刊联系紧密，长期生活在美国，任普林斯顿大学教授。他在波兰一度被"遗忘"，现在则享有与米沃什同等的地位。

[2] 塔杜施·博罗夫斯基（Tadeusz Borowski，1922—1951），波兰诗人、小说家。

先生们，请进毒气室》而广为人知，这本书出版于二战后不久。20世纪50年代初，米沃什在写作关于他的文章时，他已经自杀身亡。"伽玛"代表着不成功的作家耶日·普特拉门特，他年轻时是"灾祸派"的一员，但现在是一名官员。诗人康斯坦丁·伊尔德丰斯·高乌钦斯基出现在"德尔塔"一章的描述里。但最重要的肖像是"阿尔法"，即耶日·安杰耶夫斯基[1]，他最著名的作品是《灰烬与钻石》（安杰伊·瓦伊达根据这部小说拍摄过同名电影）。米沃什认识他们每个人——他们都是作家，是他的"同行兄弟"。而他与"阿尔法"的关系最为不同寻常，非常特别。

米沃什和他的妻子雅尼娜，与"阿尔法"安杰耶夫斯基一起度过了战争岁月。这是一段奇妙的友谊，这段友谊一度将他们三人从彻底的绝望中拯救出来。他们一起旅行，一起密谋，一起喝酒：波兰男人之间友谊的历史必然包含畅饮伏特加的一章。此外，人们在二战期间大量饮用伏特加；我相信，它软化了现实的严酷。米沃什和耶日·安杰耶夫斯基一起阅读、写作、密谋、大笑，并且实实在在地开玩笑，甚至大胆地挑衅。在阅读米沃什和安杰耶夫斯基关于那段时期的回忆，以及他们战争期间和战后交换的信件时，你会被一种幸福的气氛震撼，这种气氛在那样冷酷的时代几乎是不可能的。

---

[1] 耶日·安杰耶夫斯基（Jerzy Andrzejewski，1909—1983），波兰小说家。代表作品有《心心相印》《夜》《灰烬与钻石》等。

他们在友谊、文学合作、挑战占领者的举动中找到了快乐，这些确实很有趣，却也存在不必要的风险，或许也是必要的风险，因为面对屈辱的压迫他们维护了尊严。在战后米沃什对他的朋友非常失望。在《被禁锢的头脑》里，最尖刻的话是关于"阿尔法"的。"我称'阿尔法'为易北河以东最著名的散文作家之一。他曾是（！）我的一位挚友，我们一起度过了许多艰难的时刻，这样的记忆把我们彼此联系在一起。每当想起他时，我就很难无动于衷。我甚至质问自己是否应该让他接受这种剖析。但是我应该这样做，不能因为这份友谊就妨碍我写文章说说他的作品，在此我将多多少少说些我应该要说的话。"[28]

关于他的朋友或者以前的朋友，米沃什要说的话是非常具有批评性的。米沃什和安杰耶夫斯基都明白，战后的波兰需要复兴，但是，米沃什很快就意识到他的位置在外部。他加入波兰的外交使团，以便居住在国外。这种加入有时被理解为进入政权，但是米沃什从未做出任何可耻的行为，从未宣布效忠于新政权，从未写过任何支持新政权的文章。我不认为放在今天他的哪一项活动会被审查。而且他很快放弃了外交工作。[29]然而，就像许多作家一样，安杰耶夫斯基受到新的当局的青睐，而且他也无法抗拒成为一个道德权威的机会。这导致了这两位挚友在战后对待波兰新政权的态度上的差异，据米沃什说，这与其说是由于政治观的分歧，不如说是因为性格的不同。安杰耶夫斯基有一个道德极端的弱点。战争期间，两位作家，尤其是"阿尔法"，都参与了危险的地下工作。在战争时期，忠诚是必要的，安杰耶夫斯基在他的战时小说中描述了对国家的忠诚和对朋友的忠诚。自然，哪里需要忠诚，哪里就有背叛。"阿尔法"对波兰流亡政府深感失望。后来，历史以红军的面目来到波兰，所有的忠诚都破碎了。认为战争需要以社会革命的形式获得戏剧性的回报，这并非没有道理。战争的破坏需要一个新的开端和彻底的改变。"阿尔法"拥抱了这种改变，却没有像米沃什那样保持冷静的距离，免于完全地沉浸于意识形态。几年后两个朋友分道扬镳了。

　　但是，对于友谊的记忆和责任仍然存在。在写给默顿的另一封信中，米沃什写道，《被禁锢的头脑》既是长久压抑的愤怒的爆发，也是冷酷的报复之举。情感的高涨是由于对那场战争所造成苦难而生的绝望。但他的愤怒直指他的同行。他需要"说出真相"，并严厉斥责他们。他与"阿尔法"的战时关系建立在忠诚和公共服务的基础上，但在亚里士多德式传统中，最高友谊是建立在真理基础之上的。这种讲真理的批判性态度，会让朋友走在正确的道路上，"让我们配得上我们自身的价值"[30]。事实证明，真理比忠诚更有成效，或者说，真理变成了忠诚的一种形式，成为友谊的最高形式。支配着米沃什说出真相的愤怒，同时也伴随着爱的情感。"事实上，对于那些我为之愤怒的人，我比我所表现出来的更爱他们。"米沃什在写给默顿的信中说。在另一封信中，他说："对'阿尔法'而言，我写他的那一章是一个打击。"然而，六年之后，他们又成了朋友。不久，安杰耶夫斯基成为一名持不同政见者，单枪匹马地宣布反对1968年对捷克斯洛伐克的入侵。对米沃什来说，只有死亡才能盖棺论定，即使那之后定论也不是一成不变的。

在"米沃什国际诗歌节"期间，我当着米沃什的面，说到《被禁锢的头脑》的写作是出于友情，那时我感到非常紧张。与其说我谈论的是米沃什的个人生活，不如说我所谈论的是他与其他作家的团结，以及作为一种社交形式的友谊。谈话结束后，米沃什对我说："你知道，你说得对，这些友谊对我来说非常重要。"伊尔兹贝塔·萨维茨卡当时是《共和国》日报的一名记者。她引用了米沃什的回答："我部分同意，尽管就友谊来说，我们只能以耶日·安杰耶夫斯基为例谈一谈。但是毫无疑问，我在维尔诺的学生时代，主要就是与朋友们不断地交往。它深深存在于我的内心……维克塔·温尼茨卡 [1] 医生……过去常常对我说：'切斯沃（切斯瓦夫的昵称）总爱怀旧，在流亡中受够了苦，因为他总喜欢跟他的小伙伴们玩泥巴。'"关于我对《被禁锢的头脑》一书

---

[1] 维克塔·温尼茨卡（Wikta Winnicka），即维多利亚·温尼茨卡（Wiktoria Winnicka），维克塔是波兰语昵称，职业医生，她跟诗人、作家走得很近，常有惊人警句；她是波兰诗人、作家约瑟夫·维特林（Józef Wittlin，1896—1976）同母异父的妹妹。

的看法，萨维茨卡还询问了米沃什的意见。"当然，在波兰语小组，我们讨论了她对《被禁锢的头脑》的解读。我倾向于同意伊雷娜·格鲁津斯卡·格罗斯的观点，但亚当·米奇尼克[1]表示反对，尤其是关于耶日·普特拉门特的那一章：与普特拉门特会存在什么样的友谊？"[31]几年后，米沃什出版了与普特拉门特的往来书信，这些书信表明，在诗人和那位官员之间确实没有友谊，但是人们可以从中发现一种迷人的东西，尤其是在普特拉门特那边。他非常努力地"想把（米沃什的天赋）喷泉导入社会的管道"，而且他多次把米沃什派往国外，直到他"选择自由"之后，才发表文章攻击他。米沃什总是记着普特拉门特带有私心的资助，他写到这位不成功的作家，总是显得很大度，完全不带讽刺或怨恨。

大度是友谊的特征之一，在不断怀念死去的故人和朋友时，米沃什总是表现得慷慨大方。这并不总是容易的事，因为许多回忆其实是困难的，不受欢迎的。"我最亲爱的幽灵"——他所指的是安杰耶夫斯基和自己的妻子雅尼娜——"我无法邀请你们和我谈话，因为在我们身后，展开的是我们悲惨的生活，正如仅我们三人知道的。我们的谈话将会发展成三种声音的悲叹。"关于布伊尼茨基，他说："在结束这篇文章的时候，我几乎能亲身感觉到他的存在，那些过去了

---

[1] 亚当·米奇尼克（Adam Michnik, 1946—　），波兰著名知识分子。从1992年起主编《选举报》。

的年月，并不重要。他出现在我的面前，似乎有一个请求。'说出来。''说什么呢？''说那并不是全部。'我知道……但一个人怎么会认为，语言能够从一个人的珍贵而庞大的生命中真正捕捉到任何事物？不公正正源自语言本身的无能。"语言的这种不完美并不会使记忆本身失效。尤其重要的是，它不是一种单方面的关系，正如密茨凯维奇在《先人祭》中所描述过的那样，它是生者与死者之间的相互依赖。"故人一个接一个地消失，"米沃什写道，"他们是否存在以及存在到何种程度，宗教空间与历史空间相互联系，这样的问题越来越多，这被理解为文明的延续。"例如，语言的历史，就是我们与前人相遇的空间，而布罗茨基经常说，他为前人而写作，而不是为将来的人写作。当米沃什宣称他可以让未来的世代记住他死去的朋友时，这并不是一种自负的行为。死者所能做的就是"利用我，利用我的血液的节奏，利用我手中握着的笔，只为回归片刻，回到活着的人中间"。

第三章　友谊与诗歌事业

年轻人的友谊源于对人应如何生活的共同学习，成年人对友谊则更有选择性、更经过慎思。就我们的诗人来说，他们后来的友谊的形成则是取决于移民的经历。亚里士多德在《尼各马可伦理学》中认为友谊是必要的，他写道，生活中没有人愿意没有朋友，即使拥有了世间其他一切美好的事物。移民的痛苦很大程度上在于跟从前生活的地方、语言、家庭和朋友相隔绝。米沃什常说，只有在他出生的小镇出名才使他感兴趣。只有把新的友谊编织在一起，才能让你在新的生活中安定下来。它是构建新常态的条件。

米沃什的移民生涯以一种非常戏剧化的方式开始。他决定"逃离"，是在从巴黎回到波兰进行短暂的访问期间，当时他在巴黎担任低级别的外交官。他感觉自己被困住了，几乎没法离开，于是谋取到外交部长夫人的帮助。他返回法国，脱离了他的职位，在巴黎郊外的迈松拉菲特短期避难。

迈松拉菲特是波兰移民者刊物《文化》编辑部所在地。起初，只有很少人知道他的行踪。这些人包括内利·米钦斯卡 [1]，她代表耶日·基耶德罗伊奇与米沃什联系，基耶德罗伊奇是《文化》的创始人和主编；基耶德罗伊奇与团队的其他几个成员，亨里克·基耶德罗伊奇 [2]、齐格蒙特·赫兹 [3] 以及索菲娅·赫兹 [4]——那时米沃什和他们住在一起。没有官方的迎接；相反，米沃什被隔离了几个月。那时正是 1951 年，斯大林主义盛行和冷战时期，此时米沃什与波兰以及暂居美国的怀孕的妻子和小儿子分开，体会到异常的孤独和被遗弃之感。他开始写作，首先是一份解释性的声明，包括上文已引用的《不》，然后是政论文《被禁锢的头脑》、政治性小说《权力的攫取》，以及一部关于他童年时代的小说《伊萨谷》。《伊萨谷》描述了他童年的丰富经历，并成为他后来许多散文写作的基础。这是关于他的过去的一种考古学、一种向记忆的撤退。

---

[1] 内利·米钦斯卡（Nelli Micinska，1908—1992），她是波兰哲学家博莱斯瓦夫·米钦斯基（Bolesław Miciński，1911—1943）的妹妹。

[2] 亨里克·基耶德罗伊奇（Henrik Giedroyc，1922—2010），波兰作家、政治活动家耶日·基耶德罗伊奇（Jerzy Giedroyc，1906—2000）的弟弟。

[3] 齐格蒙特·赫兹（Zygmunt Hertz，1908—1979），波兰作家、文化活动家。1947 年创立《文化》的首批成员；他是米沃什的好友，1992 年两人的《书信集 1952—1979》在波兰出版。

[4] 索菲娅·赫兹（Zofia Hertz，1910—2003），波兰作家、政治活动家。她也是齐格蒙特的伴侣。

米沃什与《文化》的接触并非偶然，而是耶日·基耶德罗伊奇在米沃什"脱逃"前一年亲自筹划的。基耶德罗伊奇让他的合作者、同住在迈松拉菲特的大画家约瑟夫·恰普斯基[1]去拜访米沃什，并向他表示，如果米沃什与波兰政府决裂，《文化》会为他提供庇护。恰普斯基当时正在纽约旅行。对于今天关于米沃什曾加入波兰政权的所有争议来说这一点都是重要的：像基耶德罗伊奇这样一位对于波兰政治了如指掌的学者，对米沃什独立的政治立场不曾有过任何怀疑。当米沃什决定留在西方时，基耶德罗伊奇和恰普斯基代表他向法国当局寻求庇护。最初，在那个非常暗淡的时期，在情感上对米沃什支持最大的人是齐格蒙特·赫兹。在赫兹去世后发表的《悼念》一文中，米沃什说："他体贴地照看我，照顾我，无论我何时去到城里，他都会确保我身上有几个法郎用于午餐和买烟。在我接受他的帮助时，我太过专注于自己的烦恼了，所以忽略了那些赠予的价值。但我并没有忘记它们，多年以后，在我对他的感情中，包含着说不尽的日常生活中的感激。"赫兹一定是很有耐性的人：米沃什很难对付，容易发火，脾气刚烈，经常喝醉，情绪消沉。与赫兹的友谊几乎是自然而然的。"那时候，我没有把齐格蒙特当作朋友，没有当作一个自己选择结交的朋友，或可以在知性上相互理

---

[1]　约瑟夫·恰普斯基（Jozef Czapski，1896—1993），波兰艺术家、批评家。二战后流亡巴黎，创办《文化》月刊，对 20 世纪波兰文化影响巨大。

解的人。他更像一个同学，分派给了我们，而我们并没有主动做过什么。"

在《文化》团队里，赫兹扮演着一个次要的角色，他的职责是包装、邮寄、送餐。他是一个极具天赋而精力充沛的人，但他职责的受限令他感到沮丧：在他写给米沃什的信中很容易看出这一点。他拥有一种了不起的友谊的天赋，他所有未实现的抱负都寄托在他所珍视的人身上。他的情感和才能在与米沃什的通信中得到了体现——这些信件 1989 年以后得以出版（只公开了赫兹写给米沃什的信）。他写了很多，毋庸置疑，他试图让米沃什了解在波兰发生的各种事情和各种传言。他的全部 248 封信都写于 1952 年至 1979 年间，是《文化》以及这个团体同波兰之间联系的伟大编年史。赫兹对重要的文章、政治决策，共同熟人的性格和行为做出了他的评论；他还试图让米沃什保持快乐，坚持写作。这就是为什么米沃什在纪念他时，说自己太自我了并且因愧疚而落泪。"在这个世界上，还有什么比几个朋友携手创造一个电路，感受电流穿流其间更美妙的事情呢？自从 1960 年我从那里移居美国后，巴黎对我来说，就是这样一个小小的朋友圈。但是，首先是齐格蒙特，是他将我们凝聚在一起，他的电流是最有力的。而现在，像在梦里，我们的手伸向对方，却无法抵达。"米沃什对友谊的态度非常直率和老派。他暴露了安杰耶夫斯基的所有缺点，因为他想改变他，把他拉出意识形态的死胡同。但是对他来说，友谊最重要的是相互的善意、支持和关心。"朋友"这个词他经常使用。对他来说，只要他感觉到自己是在付出，就足够了。友谊就是付出，即使不被明确地接受。对他和齐格蒙特·赫兹来说，"维护好诗歌的事业"、关心波兰、共通的移民经历，这些都是共同的因素。外在因素只是一种酵母，是创造交融的种子。比起评判，友谊更需要温情；当它建立于一致的认同基础之上，而不是谁想要占上风时，友谊就会绽放花朵。米沃什比他的朋友活得更长，这也就是为什么他可以勾画他生命最终的形态、最后的清算。他没有总结，他只是记录。大度地记录。

在他移民生活的最初阶段，让娜·赫尔施[1]是给他帮助最多的人，甚至——如果这样的事情可以判断的话——比齐格蒙特·赫兹和《文化》团队的帮助还多。我后面在谈论"女人和缪斯"时，将会回到关于她的话题上来。她帮助他，不仅因为她厌恶巴黎的知识分子风尚，还因为她说服米沃什写了小长篇《权力的攫取》。是她接着将那本小说译成法语，帮它获得了一个文学大奖，使米沃什能够将家人带到法国，靠写作生活。米沃什对她总是充满感激，就像感激阿尔贝·加缪一样——加缪当时是他的"盟友"。"善良、乐于助人，加缪属于巴黎这些作家里面十分罕见的人，遇到真正的

---

[1]　让娜·赫尔施（Jeanne Hersch，1910—2000），瑞士哲学家，日内瓦大学教授。米沃什的友人。

困难时，总是值得依靠。在此，我要感谢他对我的关心，在我困难的时候他给予我的热诚，他的友谊的赐予。"[1]

　　米沃什记得他移民的最初阶段是一种耻辱。1981 年，在他获得诺贝尔文学奖后不久，我亲睹了他与散居海外的波兰人在巴黎的会面。当时，我和在场的其他年轻移民者一样，被米沃什面对汹涌的公众时的冷嘲热讽以及近乎愤怒的态度惊呆了。"你们今天为我感到骄傲，而在我需要你们的帮助时，你们指责我是共产主义者，你们把我的情况告知美国大使馆，阻止我与我的家庭团聚。"在我看来，这些话的激烈程度，似乎与我们前来庆祝的胜利很不相称。我不知道他有多大的痛苦。在他最需要帮助的时候，他被波兰侨民拒之门外——对他们来说，他是为政府工作了五年的一名外交官，因此他甚至被怀疑是苏联特工，受命渗透波兰人在西方的圈子。在波兰移民者的出版物中，他的《逃向自由》引起了在《新闻》——一份对他怀有敌意的伦敦文学周刊——和《文化》之间的激烈争论。这个案子成为各派摊牌的借口：对于"贝鲁特的外交官"——米沃什被冠以这样的称呼（贝鲁特是当时波兰的总统）——的态度成了一种尺度，以衡量各派对于旧的国家、意识形态以及关于移民的观点。米沃什也遭到了来自另一边，亦即留在波兰的他的同行的攻击。在一场精心策划的斗争中，康斯坦丁·伊尔德丰斯·高乌钦斯基与雅罗斯瓦夫·马雷克·雷姆凯维奇 [1] 等人写了反对他的诗，雅罗斯瓦夫·伊瓦什凯维奇 [2] 与安东尼·斯沃尼姆斯基 [3] 也写了批判文章。米沃什回忆说，1954 年或 1955 年，他在巴黎偶遇伊瓦什凯维奇时，"他（转向米沃什）厉声说：'亲爱的，我不能问候你。'"。

乔安娜·皮斯尼（Joanna Pyszny）将她关于米沃什流亡开始的文章，命名为《米沃什事件》（"L'Affaire Milosz"）或《炼狱里的诗人》是非常准确的 [2]。他是一个中间人物，被波兰"冷战"的双方所孤立。他感到自己非常无辜，这使他怒火中烧，深感绝望。他经常说，那是他生命中一个可怕的时期，他不知道自己是如何挺过来的。所谓"米沃什事件"促使他写了一本书，关于斯坦尼斯瓦夫·布若佐夫斯基 [4]——就像他本人一样，无辜而受到"守旧势力"的迫害 [3]。

来自波兰侨民和他的作家同行的攻击，只是他痛苦的一个原因。"在 20 世纪 50 年代，如果我不曾渴望作为一个诗人

---

[1]　雅罗斯瓦夫·马雷克·雷姆凯维奇（Jarosław Marek Rymkiewicz，1935—　），波兰诗人、作家。

[2]　雅罗斯瓦夫·伊瓦什凯维奇（Jarossław Iwaszkiewicz，1894—1980），波兰著名诗人、小说家，自 20 世纪 60 年代长期担任波兰作家协会主席。在华沙时米沃什与之交好。

[3]　安东尼·斯沃尼姆斯基（Antoni Słonimski，1895—1976），波兰诗人、作家。1956—1959 年间曾任波兰作家协会主席。他后来恢复了对米沃什的友谊。

[4]　斯坦尼斯瓦夫·布若佐夫斯基（Stanisław Brzozowski，1878—1911），波兰哲学家、文学批评家。

被承认，也许我不会感到那么羞耻。"他在《猎人的一年》一书中写道，"有几个人——让·卡苏[1]、苏佩维埃尔[2]——知道我是谁，但我通过某个小孔，觉察到了包围着我的大致氛围：（在他们眼里）米沃什是某种古里古怪的人，也许还有点疯狂。"在法国，他被称为散文家，是《被禁锢的头脑》一书的作者；当他移居美国后，他"只是"一名文学教授、波兰诗歌的英译者。但这一切最后都结束了。他现在很享受在法国的生活，"怀抱着一种对在那里曾经遭受过的羞辱的报复心理"。他把自己的人生故事看作一个道德寓言，一个童话故事，在这个故事的最后，人们发现第三个、最小的小弟——愚笨的那个——原来一直都是对的。

与米沃什的"逃离"相比，布罗茨基的出境简直太容易了。但是，曾经有过怎样的创伤和痛苦啊！布罗茨基一案——他的受审，他的国内流放——在西方广为人知，而且 W. H. 奥登亲自为布罗茨基的第一本英译诗集作序。布罗茨基来自俄罗斯，这一事实更是确保了人们对他的兴趣。此外，时代已经改变；在两次出走之间的二十年里，苏联失去了其诸多吸引力：只有少数几个西方国家仍然对其政治制度的未来表示信心。布罗茨基作品的美国编者卡尔·普罗弗在

---

[1]　让·卡苏（Jean Cassou，1897—1986），法国作家、诗人、艺术批评家。

[2]　于勒·苏佩维埃尔（Jules Supervielle，1884—1960），法国当代诗人、小说家和戏剧家。

维也纳机场等候着他；几天之后他见到了奥登，"在那几个星期里，奥登在奥地利照顾（布罗茨基的）所有事务，仿佛一只勤劳的母鸡"（LTO，第337页）。多亏了奥登，布罗茨基很快就到了伦敦，在那里他们一起住在斯蒂芬·斯彭德的家里。去那里的起因——一场国际诗歌节——成了布罗茨基在西方的"处子秀"。从此以后，他（和米沃什）经常参加众多的诗歌节。在布罗茨基档案馆，可以读到来自奥登的一封信，信中有关于这位俄罗斯诗人此次旅行的详细说明。虽然布罗茨基的英语口语还不是很流利，但他们之间的沟通却很顺畅。诗歌节期间，罗伯特·洛威尔和布罗茨基成为朋友，洛威尔朗读了这位俄罗斯诗人的诗歌英译。布罗茨基还会见了谢默斯·希尼和约翰·阿什贝利。此后，希尼与他非常亲近。洛威尔在1977年去世，在他的葬礼上布罗茨基见到了德里克·沃尔科特，后来成了他的亲密朋友。即使死亡，诗人洛威尔也在扮演一个中间人的角色。

所以，在到达西方两周后，约瑟夫·布罗茨基就发现自己处在诗歌当权人物集中的中心（the establishment of poets）。"伟大，可以说就像贫穷，自己照顾自己。"布罗茨基后来写道。[4] 在1972年的伦敦，一个诗人可能找不到比奥登和斯彭德再好的推荐人了。作为新来者的布罗茨基受到应有的欢迎——庄重，充满敬意。他无须证明什么，他的流亡并没有带走他的尊严、他的诗人地位。在写给布罗茨基的一封信中，W. H. 奥登把"移民"一词加了引号。"希望你不要感到'移民'很可怕。"他写这封信时是 1972 年 8 月 3 日。奥登在自己的一生中，也有一段自愿的流亡。布罗茨基没有忘记他移民的最初时期，也没有羞于表达他的感激之情。关于奥登，他写过几次，最直接的是在随笔《取悦一个影子》里。十五年后，他在一个文本里又表达了对斯蒂芬·斯彭德的怀念。在布罗茨基的散文文本中，这两篇散文都具有强烈自传倾向的挽歌风格；他透过自己的生活，描述奥登和斯彭德。因为奥登，斯彭德款待了他，而这种殷勤的接待，最初的动力则来自阿赫玛托娃。1965 年，她在英国逗留期间，曾向娜塔莎和斯蒂芬·斯彭德谈起过约瑟夫。当她要回俄罗斯时，他们交给她两件送给布罗茨基的礼物：珀塞尔[1] 的《狄多和埃涅阿斯》唱片，以及一条围巾。他当时被流放至诺伦斯卡亚，他们担心他会受冻，娜塔莎·斯彭德后来解释说。

如果我没记错的话，《纪念斯蒂芬·斯彭德》是这位俄罗斯诗人生前所写的最后一篇文章。正如标题所示，是献给斯彭德的一首挽歌，充满关于诗人、他的妻子、他的家庭、奥登，以及布罗茨基与他们交往的生动细节。在这里，布罗茨基充分显露了他作为散文作家和肖像画家的才华。奥登和

---

[1]　亨利·珀塞尔（Henry Purcell，1659—1695），巴洛克时期英格兰作曲家。他在短暂的一生中创作了大量的器乐、歌曲及少数歌剧，《狄多与埃涅阿斯》是他的歌剧名作。

斯彭德，还有卡尔·普罗弗，都是最早在布罗茨基的流离中真正照顾他的人，因此他对他们表现出近乎对父母般的尊重。而且斯彭德也只比布罗茨基的父亲小六岁。从《纪念斯蒂芬·斯彭德》中，我们不难读到主人和客人之间另一种形同父子的关系。布罗茨基表达了友谊和诗歌相联系的浪漫主义观点，在俄罗斯的时候他就已经把奥登和斯彭德的牛津岁月以及他们的诗歌友谊理想化了。他写过，在俄罗斯读这些书，"让我立刻有种宾至如归的感觉。……这是他们的诗学。它令我震惊；首先是韵律和诗节上的设置……我发现，他们有一种共同的惊人的魅力，就是用迷惑不解的眼光看取熟悉的事物。有人称之为影响力，我愿意称之为亲和力。大约从二十八岁起，我就把他们当作我的亲戚，而不仅仅是大师或者'想象中的朋友'。他们属于我的精神家庭——远远超过我的同代人里的任何人，无论是在俄罗斯，还是在俄罗斯以外"（ORG，第 468—469 页）。因此，他们后来的思想相遇，并不是偶然的。在文章的最后，布罗茨基把斯彭德更多地与自己的父亲联系在一起。他想到了自己的父母，想到了奥登：他们是他的家人。他对躺在棺材里的斯彭德说再见，他看着诗人的儿子把螺钉旋进棺材里。布罗茨基写道："他正在与眼泪抗争，但眼泪正在取胜。没有人能帮他；我认为也不必有。这是一个儿子必须面对的。"

这篇文章里很少谈到斯彭德的诗；感激之情更多是指向

人而不是作品。这是新来者对热情好客者的一种感激。我在另一篇为去世朋友所写的挽歌——意大利作家尼古拉·基亚罗蒙特[1]的《阿尔贝·加缪》——中也发现了这样的感激之情。基亚罗蒙特与米沃什亦有联系，1953年他向《党派评论》的读者推荐过米沃什的《被禁锢的头脑》。米沃什也提到基亚罗蒙特，在他的一首诗中——他的名字出现在被不公正地遗忘的那些人中间。在关于加缪的文章中，基亚罗蒙特描述了这位出生在阿尔及利亚的法国作家和他的妻子弗朗西娜在二战时期的奥兰市殷勤地款待自己。当时基亚罗蒙特是一个"多重"流亡者，先是从法西斯统治下的意大利流亡，然后又从佛朗哥的西班牙和被纳粹占领的法国逃亡。"孤独而无家可归"，因此他特别能感受到"好客的重量"。在这里，就像在米沃什的例子中一样，我们再次遇到加缪，他理解人间的隔膜，总是伸出援手帮助一个新来者。逗留几周之后，基亚罗蒙特试图前往美国，于是告别了加缪和他的妻子。他知道"我们已交换了友谊的礼物。这种友谊的核心是一种非常珍贵的东西，一种未言说的、非个人的东西：他们接待我、我们共处时，我都能感受得到的东西。我们已经在彼此身上认出了命运的印记——我相信，那就是异乡人与主人的相遇的古

---

[1] 尼古拉·基亚罗蒙特（Nicola Chiaromonte，1905—1972），意大利著名知识分子、作家、活动家。1934年因反对墨索里尼的法西斯主义逃往法国，1941年移居纽约。著有《历史的悖论》等。

老含义"⁵。这种希腊式的友谊，将殷勤待客作为一种围绕共同事业的互惠的礼物，很好地解释了纪念斯彭德一文的内容和情绪。布罗茨基在一个全新的环境中变得异常敏感而骄傲，距离屈辱只有一步之遥，他已经不可能使用他的语言，他唯一独特的这个"器官"。在平等的基础上被接纳是一种巨大的特权，也是一种幸运。这就是他在《纪念斯蒂芬·斯彭德》中所要追忆和记录的。

在他的后半生，即在移民时期，布罗茨基选择朋友的主要标准似乎是艺术，尤其是诗歌。他的友谊往往与工作有关；友谊常常是通过与他人合作或在工作中得到帮助体现出来的。他在文学上的朋友主要是诗人马克·斯特兰德、谢默斯·希尼和德里克·沃尔科特。在发表的文章中，他比米沃什更少使用"朋友"一词。也许苏联关于"普希金的朋友"之类的宣传削弱了该词的价值，布罗茨基不得不矫正它，就像他矫正"国家"（nation）这个词一样。他并没有被这些障碍吓倒；他擦拭、占有和更新那些似乎已经枯竭的词汇。他喜欢引用阿赫玛托娃的说法："我不喜欢使用诸如诗人或台球这样的大词。"他用一个小词来形容他的诗——"stishki"，他的朋友列夫·洛谢夫翻译为"versicles"（短诗）。他避开了感伤和自负。如果他能活得更久一些，且不那么紧张，他也许会更多地使用"朋友"这个词。正是因为无须匆匆忙忙，米沃什才有可能从容回忆并细细品味布罗茨基的友谊。

早在来美国之前，布罗茨基就对他未来的朋友敞开了大门。他在移居国外前曾接触过马克·斯特兰德的诗歌。斯特兰德还记得布罗茨基的第一次诗歌朗诵会——那是1973年，在纽约的第92大街Y号。大厅里座无虚席，观众中有个年轻的诗人叫罗珊娜·沃伦（Rosanna Warren），她后来成为新来的俄罗斯人的朋友之一。我还清楚地记得那天晚上——那是我抵达美国后第一次去参加读诗会。诗歌朗诵会结束后，人们排着长队与布罗茨基交谈，而在马克·斯特兰德做自我介绍时，布罗茨基凭记忆背出了斯特兰德的一首诗。这是一段伟大友谊的伟大开端。由于他们所住的城市相隔遥远，他们通常每周通一次电话。[6]虽然他们作为诗人有着很大的不同，但他们互相帮扶，在大学或书店里一起读诗。1987年，布罗茨基在美国诗人学会做介绍斯特兰德的演讲时，抓住了他朋友的诗歌的精髓。"马克·斯特兰德，"他说，"本质上是一个关注'无限'（infinities）的诗人，而非关注'亲缘关系'（affinities）的诗人，他关注事物的核心和本质，而不那么在意它们的应用。斯特兰德能唤起对缺席、沉默和空虚的诗情，没有人比他做得更好。"[7]布罗茨基的档案中存满斯特兰德写给布罗茨基的有趣的明信片和信件，里面总是提些如何赚钱的新计划，并附以新诗。这些信件和明信片显示出一个反差，即斯特兰德诗歌的巨大自足性与他对明天的收入持久的担忧之间鲜明的反差，这些信函的"散文性"部分就充分体现了这一点。友谊往往有着功利的方面，一种善意的帮助，对另一个人需求的照顾。根据亚里士多德的观点，友好的关系具有社会性的维度，朋友的联合是为了满足生活的需要。钱，显然是其中之一。

如前所述，布罗茨基在罗伯特·洛威尔追悼会上遇见了德里克·沃尔科特。他们的友谊真正开始于20世纪70年代末。在布罗茨基的档案中，你可以找到一首《献词》（"Dedication"），是一个打印副本，签名为"德里克"。下面则是"Mitt luff"，一种支付公寓租金的方式。生存、房租、税率一直是斯特兰德、布罗茨基和沃尔科特最关心的问题。但这首诗说的是另外的事。沃尔科特祝愿"约瑟夫"的"作品获得更多力量和优雅"，接着又说："我希望你的罗马挽歌／得到奥维德的祝福。"这是沃尔科特记着的一个具体作品，而他的诗是给处于事业困难中的朋友的支持。这首诗本身是一种友谊的行为，诗的结尾这样写道：

> …你呵，
> 我越来越爱的兄弟，
> 我乐于夸耀的人，我的朋友。[8]

这种夸耀不光出于对他们实际感情的满足，更出于联结两个诗人的对友谊本身的共同执着[9]，以及两人其他一些共同的信念。他们同样严肃地看待诗歌的天职；他们同样尊重传统和经典，也尊重文学上的玩笑、拼贴和模仿之作。沃尔科特是一位出色的画家，布罗茨基是一位充满激情的摄影师，也创作了许多有趣的画作，包括类似于普希金"涂鸦"的自画像。沃尔科特和布罗茨基都是需要很多形容词才能准确描述的人，因为他们的民族和文化背景太复杂，无法用一个词概括。布罗茨基自称为俄罗斯诗人、英语散文家和犹太人。沃尔科特来自西印度群岛，有着非洲和欧洲的混合血统；他是一名卫理公会派教徒，在天主教徒中长大，生活在圣卢西亚，而在美国谋生。他的诗歌处于几种语言的边缘：他接受的是英国殖民传统的教育，在他的诗歌和戏剧中（他也是一个剧作家），他使用英语，以及英式和法式克里奥尔语[1]。法语是他的第一语言。这种民族边缘性，以及与此相联系的奉诗歌为天职的核心信仰，是两位诗人友谊的基础。不管怎样说，相似点正是他们的友谊得以巩固的东西。两位诗人——无论基于出身还是选择——都对帝国的边陲地带颇有兴趣。

　　沃尔科特非常理解布罗茨基用英语写作的野心，理解他适应这种语言、迁入这种语言安居的努力。关于他自己，他说过，英语不是他的选择："我生在英语之中。"[10] 在沃尔科特

---

[1]　在西印度群岛，克里奥尔最初是指在殖民地出生的欧洲人后裔，区别于出生在欧洲而迁往美洲的移民，现在更多用来指所有属于加勒比文化的人。克里奥尔语起源于殖民化初期，其主要词汇是法语。历几个世纪的演变，克里奥尔语已成为一种完全独立的语言。

　　　　　　　　　　　　　　　　　米沃什与布罗茨基

的早期诗作中，有一首诗便是以布罗茨基以及两人的相似点为主题，沃尔科特写道："约瑟夫"——即诗中的"你"——"一个与英语住一间屋子的人"，而另外那些跨过涅瓦河移民而来的人，他们是"你现在所属的语言的公民"。这首题为《欧洲的森林》（"The Forest of Europe"）的诗表明，在俄克拉何马州某处被白雪覆盖的房子里，两位诗人因诗歌的狂热而联合在一起。这种狂热，也是受难的曼德尔施塔姆想象的，那时他身在另一个"贫瘠"的空间，即古拉格："空间／如此荒凉，它是对终点的嘲弄。"《欧洲的森林》是献给布罗茨基的，并于1978年8月7日在《纽约客》上发表；这表明沃尔科特与布罗茨基从相识之初就有一种强烈的相通之感——作为诗人和无家可归者根本上的相通之感。奥西普·曼德尔施塔姆的命运，对他们以及他们的朋友谢默斯·希尼来说，象征着诗歌的至高存在。沃尔科特在这首诗中写道："当制度腐烂时，面包新鲜不变。"一句极有"布罗茨基风格"的诗。

他们对诗歌的热爱表现在对语言的欢快态度上。1990年，布罗茨基为沃尔科特的生日写了一首长诗（未发表），带有俄罗斯口音的韵律。诗的开头是：

> 这是怎么回事？沃尔科特，听说
> 你活了六十年了，
> 这是一个谣言吗？

还是个赤裸的真相，骗取退休金的骗术？

我又一次成为

你的英语语法的受骗者？

　　一年之后，即 1991 年 5 月，他为沃尔科特瑞典文版诗集撰写导言，开篇即说这本诗集的出版就好像湾流抵达瑞典[11]。这时距离沃尔科特获得诺贝尔文学奖还有一年。

　　同样是诺贝尔奖得主的谢默斯·希尼是布罗茨基和沃尔科特的密友。"我有两个非常亲密的朋友，"沃尔科特在那段时间说，"谢默斯·希尼和约瑟夫·布罗茨基。我爱他们，自然首先因为他们是诗人，但我爱他们，更因为他们是朋友。这里不存在竞争。"[12] 在另一次接受采访时，他说："很幸运我能有约瑟夫和谢默斯这样的朋友。我们三个人都有来自美国之外的经历。谢默斯是爱尔兰人，约瑟夫是俄罗斯人，我是西印度群岛人。我们不会卷入这样的争论：谁是柔弱的诗人，谁是强硬的诗人，谁是自由体诗人，谁不是诗人，诸如此类。置身争论的边缘是一件好事。我们处在美国文坛的边缘。我们可以高高兴兴地飘浮在外，而不必投身于任何一个特定的流派或批评的团体。"[13] 希尼和沃尔科特一样成长于一个语言的边缘地带：他在诺贝尔奖获奖演讲中说，他的母语和 BBC 英语每天都发生冲突。他们三人在诗歌上有着共同的典范：曼德尔施塔姆、阿赫玛托娃，当然，还有奥登。此外，布罗茨基还出版了他们有关罗伯特·弗罗斯特的随笔集《向罗伯特·弗罗斯特致敬》。在所有英语诗人中，希尼是最接近中东欧诗人的一个，他认为诗歌需要"见证"[14]。1983年6月20日，希尼从哈佛大学给约瑟夫写了一封感人的信，证明他们的友谊是非常亲密的。"我感到意外的震惊，"他写道，"我从未想到你的父母一直在你身后。我愚蠢地以为你精神的孤独和超脱状态——叶芝说的'在敌人中的一个完成的人'？——是某种绝对的境况。"[15]

他们三人的友谊开始于获得诺贝尔奖之前。他们都在新英格兰的波士顿周边的大学里谋生。沃尔科特在波士顿大学教书，希尼在哈佛大学，布罗茨基在曼荷莲学院，他们之间相距不远。"德里克位于布鲁克林的公寓的许多夜晚，"谢默斯·希尼在写给希尔顿·艾尔斯[1]的信中说，"成为一种时间机器。就像作为年轻诗人时那样，你回到你的第一个小圈子，带着最初对于美好事物以及诗歌八卦的贪心，立刻恢复了活力。被引用的诗歌，被大肆褒贬的诗人，互相交换趣闻逸事，说说笑话；但是在所有戏谑和欢乐的背后，我们每个人都对自己可能写出的下一首诗有一种勘探者的期待。我们热衷于彼此的交往，这使文学批评的标准保持活力，在我们每个人身上充分地体现。"[16]米沃什是对的：诗人互相辨认，

---

[1] 希尔顿·艾尔斯（Hilton Als, 1960— ），美国艺术家、策展人、戏剧评论家。2017年获普利策批评奖。

就像蚂蚁使用它们的触角。

这一不寻常的联盟并没有被忽视。"我写这篇文章时，约瑟夫·布罗茨基去世才几个星期，"一位年轻的新英格兰作家阿斯科尔德·米尼楚克[1]写道，"布罗茨基与希尼、沃尔科特一起，共同形成'流亡诗人'的三巨头，十多年里他们驾驭着相对温驯的新英格兰文学界——以他们艺术的力量，以及对我们多数人来说令人羡慕的经验的陌生性。他们每个人看到的，是美国郊区不能赐予我们的东西，他们让我们进入到以前陌生的意识的维度。他们是探险家，而不仅仅是流亡者。这三个人偶尔共同出现在公共场合——这是我们生活在东岸的雅典[2]所应得的。在某种程度上我敢说，我们甚至嫉妒这些人的名声、他们的魅力、他们的艺术。地方主义是希望的大敌，也是成就的大敌。"[17] 他们分别来自不同的地方，但是，由于他们的存在和诗歌的处境的相似性，他们团结在一起。美国诗坛接纳他们，如同接纳自己的诗人一样，也许是因为英语具有吞并一切的帝国扩张性。他们来自边缘，但是他们代表了英语高级文化的中心性，或者说其统治力。

米沃什生活在加利福尼亚，但是他也应该被归入这三

---

[1] 阿斯科尔德·米尼楚克（Askold Melnyczuk，1954—），美国作家。著有《寡妇的房子》等。

[2] 指波士顿，它被誉为美国的雅典。

个诗人的圈子。他年龄更大，最先获得诺贝尔文学奖。这个奖项在瑞典颁布，其影响却覆盖全球。它已经存在了一百多年，到目前为止，获奖最多的是法国作家。然而，自20世纪90年代以来，英语作家一直在迅速缩小这一差距。希尼被算作爱尔兰的诺贝尔奖得主，布罗茨基和米沃什的奖项则归于美国。如果我没有记错的话，沃尔科特的获奖要算到英国头上。这四位诗人有许多共同之处。米沃什（1980年的诺贝尔奖得主）、布罗茨基（1987年）、沃尔科特（1992年）和希尼（1995年）都对诗歌和诗人在社会中的角色抱有强烈的尊重。此外，他们来自帝国的边陲。希尼和沃尔科特的诗歌是对大英帝国传统的继承、批判和改造；米沃什的诗歌由于被译成英语而广为人知；布罗茨基是这四重唱小组的最后一个，他的双重身份体现在他对英语的追求，这是他所移居的帝国的语言。也许英语是将这四位诗人的"边缘性"转化为人类普遍处境的必要但不充分条件。共同的语言使得我们能够分享我们的特殊性；而英语——今天的通用语——则使特殊性具有了普遍性。

米沃什经常说，如果他留在法国，他就不会获得诺贝尔奖。他说，法国是一个"被诗歌精神遗弃的国家"。他清楚英语在他的诗歌被国际化中所起的作用。当我问他是否有其他诗人帮他获得诺贝尔奖时，他回答说："当时，我的诗歌已经进入英语界，这一点至关重要。此外，1978年我获得了

'小'诺贝尔奖，也就是纽斯塔特国际文学奖[1]。这是最稳妥的方法。而且，这是一个由诗人颁发的奖项。我不记得哪些人获得过纽斯塔特奖，但我记得有布罗茨基，也许还有赫贝特。所以说，我的确得到过其他诗人的帮助。"[18]

事实上，我们很容易发现，纽斯塔特奖评选时，米沃什曾三次被提名，分别是 1972 年由肯尼斯·雷克斯罗斯[2]提名，1976 年由兹比格涅夫·赫贝特，1978 年由约瑟夫·布罗茨基。布罗茨基向评委会提交的"介绍和举荐信"后来发表在《今日世界文学》上，有密密麻麻的四段。他在写这些的时候，到美国仅仅六年，这也见证了这位移民诗人难以置信的快速适应能力。我并不是说他的语言，因为举荐信是用俄语写的，然后翻译成英语，我想到的，是他在诗歌界的地位和影响，如果可以使用这个说法的话。举荐信的第一句话经常被引用："我毫不犹豫地认为，切斯瓦夫·米沃什是我们这个时代最伟大的诗人之一，也许没有之一。即使我们将他诗歌的宏伟风格从他的母语波兰语剥离（这在翻译时是不可避免的），并将它们还原为一个赤裸的主题，我们仍会发现，我们面对的是

---

[1] 纽斯塔特国际文学奖（Neustadt International Prize for Literature）是国际著名的文学奖之一，于 1969 年由美国俄克拉何马大学及其所属期刊《今日世界文学》（*World Literature Today*）设立，每两年颁发给一位作家，被称为"美国的诺贝尔奖"。

[2] 肯尼斯·雷克斯罗斯（Kenneth Rexroth，1905—1982），美国诗人。"旧金山诗歌复兴运动"的发起人，享有"垮掉一代之父"的称号。

一个冷峻和无情的头脑，其强度只有《圣经》中的人物可与之相提并论——最有可能的是约伯。但是米沃什所失去的，其范围也许还更广——不仅仅是从纯地理的方面考虑。"[19]

两年之后，当米沃什获得诺贝尔奖时，布罗茨基受邀为《纽约时报》撰写关于他的文章。编辑们一定是担心这两位诗人的"辨识度"，因为他们给那篇文章添加了一个非同寻常的说明："下面这篇文章的作者是一位移民美国的俄罗斯诗人，在哥伦比亚大学和纽约大学任教，是东欧文学方面的权威。"布罗茨基的举荐信有几句话是从他"向评审团的介绍"中提炼出来的。我不确定是布罗茨基本人还是编辑，降低了文本的调子，很可能是考虑到了该报的大量读者；与约伯的类比——在最初的版本里多少有些令人费解——也被删除了。然而，米沃什仍然被称为"也许是我们这个时代最伟大的诗人"[20]。两年后，在接受斯文·伯克茨（Sven Birkerts）采访时，布罗茨基的高调有了一些变化。他对米沃什获得的诺贝尔奖印象深刻："我想，他是我个人唯一认识的诺贝尔奖得主。我曾经遇到过海因里希·伯尔[1]，作为一个散文作家，我喜欢他。不过仅此而已。我非常喜欢米沃什，从我来到这里那一刻起，我就一直非常支持他。因为我认为他是一个特

---

[1] 海因里希·伯尔（Heinrich Böll, 1917—1985），德国作家，"废墟文学"的代表，著有《小丑之见》《丧失了名誉的卡塔琳娜·勃罗姆》等。1972年诺贝尔文学奖获得者。

别优秀的诗人，一位智者。"当被问及他是否将米沃什归在他的大师群星谱中时，布罗茨基的回答是肯定的，但是他补充道："至于米沃什，我的确不是经常读他的书。不过也没什么——了解他的大致分量就足够了。"这段话在编辑过的采访中被删掉了[21]。

米沃什也是"支持"布罗茨基的，比如向诺贝尔奖委员会推荐布罗茨基。在拜内克图书馆的档案中，有一封米沃什写给"弗洛伊德先生（？）"[1]的书信草稿，开头这样说："很荣幸您能征询我的意见，帮助挑选一位候选人。"米沃什推荐的人是布罗茨基，不过我不能确定是否为推荐诺贝尔奖候选人。"我多年关注他的进步，从他还生活在俄罗斯就已开始，"米沃什写道，"他一直致力于一件事：用母语写出好诗。这种坚持是有回报的：他的诗歌在深度和广度上一直都在发展。"[22]诺贝尔奖授予布罗茨基后，米沃什给他发去一封电报："现在，波俄关系已经恢复到正常。"[23]这是一种祝贺某人获奖的奇异方式，尤其是，正如我已经写过的，他们都是以美国公民的身份接受该奖项的。他也为这位俄罗斯诗人，更确切地说是俄裔美国诗人，颁发了其他奖项，并且邀请他去波兰。

1990年布罗茨基第一次到访波兰——记起他在1960年

---

[1]　原文如此。可能因为手稿字迹模糊看不清楚，也可能本书作者不能确定所指为谁。

代曾试图越过苏波边境的"红线"却没有成功，他说，太迟了，且不是从东边到来。在华沙和克拉科夫逗留期间，他会见了他的读者，据米沃什说，他用富于音乐性的诗朗诵使他们入了迷。我看过在克拉科夫举办的这样一次集会的录像带，也许是因为米沃什在场，布罗茨基的朗诵方式似乎颇有节制。米沃什还提议卡托维兹大学授予布罗茨基荣誉博士学位。学位授予典礼在1993年，那是布罗茨基第二次，也是最后一次到访波兰。当这位俄罗斯诗人第一次来到华沙时，他惊讶地发现这座城市非常丑陋。他的反应不只是因为这座经历重建的城市的缺陷与美丽的圣彼得堡形成了鲜明的反差，更可能是由于布罗茨基年轻时对这座英雄城市充满浪漫的想象。在一次采访中，他说出了一番让华沙人大为震惊的话，他说这座城市的面貌简直不值得那么多人为保卫它在二战期间牺牲[24]。在1993年的第二次访问中，他拜访了两位病重的诗人朋友，维克托·沃罗希尔斯基[1]和兹比格涅夫·赫贝特。死亡正在接近他们三个人，拜访者与被拜访者都一样。

布罗茨基非常高兴可以拜访沃罗希尔斯基与他的妻子和女儿。但是看到病中的赫贝特，让他既高兴又痛苦。他认为"兹比切克"——他用波兰语的爱称称呼兹比格涅夫——是

---

[1] 维克托·沃罗希尔斯基（Wiktor Woroszylski, 1927—1996），波兰诗人、作家。著有《马雅可夫斯基传》等。

当代最杰出的诗人之一，并以他一贯的方式证明对他崇高的评价：撰写前言、翻译他的作品。他为后来出版的赫贝特诗歌选集的意大利语版和英语版撰写了序言；他定期在他的诗歌课上讲授至少三首赫贝特的诗。其中一首为《福丁布拉斯的哀歌》（"Elegy of Fortinbras"）（这首诗题献给 C. M.，即切斯瓦夫·米沃什，由米沃什和彼得·戴尔·斯科特 [1] 共同翻译成英语），第二首是《雨》，第三首是《阿喀琉斯·彭忒西勒亚》（"Achilles. Penthesilea"）。布罗茨基将《雨》翻译成了俄语，将《阿喀琉斯·彭忒西勒亚》翻译成了英语。在从波兰回来后，布罗茨基在 1993 年夏天给索菲娅·卡普钦斯卡·拉塔伊扎科娃写了一封信，提到对这首诗的翻译，并详细描述了对赫贝特的拜访经过。赫贝特因患有严重的哮喘，卧病在床。这次访问意义非凡，因为它直接关系到诗人之间的友谊。布罗茨基拜见赫贝特因为他热爱赫贝特；一到那里，他就介入了赫贝特和米沃什之间激烈的戏剧性冲突。赫贝特写了一首题为《霍达谢维奇》（"Chodasiewicz"）的诗，是对米沃什的正面攻击。这首诗被印在一本期刊上，并被收入赫贝特的诗集《罗维戈》——在布罗茨基到访时，赫贝特肯定是把那本书送给了他。

---

[1]　彼得·戴尔·斯科特（Peter Dale Scott, 1929—　），加拿大诗人、学者、翻译家。他曾任外交官，翻译的赫贝特诗歌选集水平很高，迄今影响广泛。

"我跟赫贝特在一起度过了三小时，"布罗茨基在致索菲娅·卡普钦斯卡·拉塔伊扎科娃的这封俄文长信的第二页中间写道：

　　　　兹比切克——绝对的魅力，看起来像个孩子。由此可见，悲剧之感就更为强烈。他明白这一切，但什么也做不了，连这一点他也明白。对我来说，与他交谈比跟世界上任何人交谈都要容易，即便我们说的是英语。那天他状态很好，他说没想到他有那么多钱……我想他是深受《霍达谢维奇》一诗引发之事的折磨。米沃什也是一样。"我现在该怎么办？"兹比切克问。"再写一首诗。"我说，而在我返回宾馆后，打开《罗维戈》，发现他已经那么做了，而这首小诗与《霍达谢维奇》如此相似，真是糟糕得可怕……我在华沙剩下的时间，一直待在宾馆里，就着手翻译兹比格涅夫的诗集《罗维戈》里另外的一首诗（《阿喀琉斯·彭忒西勒亚》）。在这首诗里，我认为，重要的是，间接地涉及了他——兹·赫——的歉疚的感觉，对谁的歉疚，我不知道。同时我也在翻译辛波斯卡的《结束与开始》。《阿喀琉斯·彭忒西勒亚》已被《纽约书评》拿去发表 [25]。

布罗茨基对卡托维兹的访问引起一系列作品的出版以及公众广泛的讨论，包括他本人系列作品的出版。切斯瓦夫·米沃什开启了这一切，他发表了一篇题为《思考布罗茨基——一些评论》的论文。论文提出了一些最重要的话题，米沃什认为它们对理解布罗茨基的生活、作品和态度都至关重要——他在许多场合谈到这位俄罗斯诗人时多次重复这一观点。在我总结这篇论文所表达的一些思想之前，我想从另一段引文开始，它显示了米沃什在理解布罗茨基诗歌时极强的洞察力。在题为《论约瑟夫·布罗茨基》的文章中，米沃什说"布罗茨基整体的语调是很容易辨认的，它庄严，有时又充满嘲讽，从挽歌和颂歌不断跳跃到讽刺，常常带着一种富于同情的讽刺意味"。在论文中他指出，布罗茨基是一个有文化品位的强调等级秩序的人，他在"俄罗斯的诗歌遗产"内工作，并且管理着它，他搭建起通往阿赫玛托娃、曼德尔施塔姆和茨维塔耶娃时代的桥梁。他谈到诗歌在波兰和俄罗斯所扮演的不同角色："每个国度的诗歌都是随着时间的推移发展而来的，几代人参与其中；他们每一个人的遗产都有很大的不同，这取决于他们所使用的语言的规律。"他指出抑扬格的俄罗斯诗歌与自由体的波兰诗歌存在区别。"没有任何一个地方，"他写道，"诗人的地位……像在俄罗斯一样高，俄罗斯诗人承受的灾难是他们重要性得到承认——被沙皇和暴君承认——的代价。在决斗中死亡，很难区别于被谋杀，死在古拉格，或死于流放。在英国和美国没有这样的惯例，跟在俄罗斯比，诗人的地位很低，因为"——米沃什引用了 19 世纪一部波兰喜剧中的话——"'谁会渴望你悲惨的一生呢，先生'。"[26]

正如我们在前述引语中看到的，米沃什私下里常常把布罗茨基的诗歌处境与普希金相比较——毕竟，米沃什多年来一直是俄罗斯文学的教授。他指出，布罗茨基和普希金一样，植根于欧洲文化，这使得他们两人都有可能写出杰作。普希金建立在法国文化的基础上，在他那个时代法国文化是受过教育的欧洲精英的共同基础，而布罗茨基将俄罗斯诗歌与英美诗歌的传统联系在一起。不过，米沃什最为推崇的却是布罗茨基作品中的"古典主义"——俄罗斯传统的拉丁文化延续，他对基督教的信赖、对古典的信赖，尽管他阅读的只是奥维德和贺拉斯作品的俄语译本。"布罗茨基没有质疑基督教文明的基础，包括《圣经》和但丁，也没有怀疑诗歌史和古典艺术。他那来自《旧约》（《以撒和亚伯拉罕》）、《福音书》（《离别》）、荷马（《奥德修斯致忒勒玛科斯[1]》）的母题都证明了他的这种忠诚。对他来说，古罗马是许多隐喻的来源，帝国是人类社会的某种处境。……布罗茨基的古典主义也可以通过另一种方式来解释：他在彼得堡长大，他

---

[1]　忒勒玛科斯（Telemachus），奥德修斯和珀涅罗珀之子，帮助父亲杀死向珀涅罗珀求婚的人。

成为一个书写城市和城市建筑的诗人。在他的许多描述性的诗歌和散文中，真正的女主角是建筑。"[27]

在卡托维兹大学，米沃什当着布罗茨基的面读了这篇文章，这使现场充满风趣和笑声。嬉戏也是他们友谊的重要组成部分，虽然在这一点上他们有所不同：米沃什一生中最伟大的伴侣是他深沉的笑声，在布罗茨基那里则是反讽。"每做一个结论后，"耶日·伊尔格[1]在他的现场报道中写道，"米沃什都会转向他的朋友，寻求赞同。'Pravilno？'（'没错吧？'）'对吧？'而布罗茨基都会友好地点点头，最后，带着滑稽的、既像父亲又像儿子般的虔诚，亲吻米沃什的前额。"[28]这是对他们之间平常的长幼关系的一次节日狂欢式的颠倒。从儿子，小一些的兄弟，布罗茨基反过来变成一个父亲，他似乎想说：我没有把这一切太过当真，这只是一个游戏。在同一场合，八十二岁的米沃什谈到五十三岁的布罗茨基时说："我看布罗茨基这个年纪的诗人，觉得都是非常年轻的人。"布罗茨基用俄语回答："你也是这样看耶稣基督的吗？"[29]

我希望我已表明了为什么要如此详细地描述米沃什与布罗茨基的几段文学友谊。友谊围绕着工作。管理诗歌事业也要求诗人之间的联盟（以及竞争）。他们对奖项的渴望可能

---

[1]　耶日·伊尔格（Jerzy Illg，1950—），波兰著名文学评论家。

比其他文字艺术家更为强烈，因为他们往往不太确定自己作品的经久性。和大多数人一样，他们也要谋生——谋生却是很难光靠写诗来完成的。他们为各种出版物和编辑部工作，做翻译，写书评，教书。他们经常在诗歌节或公开的诗歌朗诵会上读诗，并签售自己的书。他们互相了解，不仅作为诗歌的读者，也是同一行会的成员，在同一行业、同一"食堂"的同人——如果可以这么说。米沃什和布罗茨基完全理解这些需求和这些约束，他们也以此为生。他们之间的互相帮扶也是诗歌事业的一部分。

1980 年 8 月，就在获得诺贝尔奖之前，米沃什在《纽约书评》发表了一篇长文评论布罗茨基的诗集《言辞片段》。文章题目是"与窒息的斗争"（此语来自布罗茨基的诗）。这篇深刻的长篇随笔，将这位当时鲜为人知的诗人推到美国公众面前。"约瑟夫·布罗茨基的强大存在，"米沃什这样开头，"在不到十年的时间里就确立起自己在世界诗歌中的地位。"[29] 为写这篇文章，米沃什遍阅布罗茨基英语版和俄语版的诗歌，比较不同版本，并对翻译进行评判。他没有忘记提到他们的友谊，也没有忘记两人共同的朋友托马斯·温茨洛瓦。按米沃什的说法，布罗茨基给温茨洛瓦的诗，创造出一个空间，这空间"成为最高天 [1] 的领域，在其中，不同国

---

[1]　最高天（empyrean）：中世纪神学概念。据说是有纯净之火的地方，是上帝和天使的住所。

籍和背景的三个诗人可以庆祝他们在真实之利齿间——这一凶险压抑之处——的相遇"。这篇评论也探讨了帝国的主题，以及布罗茨基与列夫·舍斯托夫著作间的紧密关系。米沃什与布罗茨基相识已有八年，对他的作品也非常了解。早在写这篇评论之前，米沃什就已经将布罗茨基部分作品列入他当代欧洲诗歌的课纲[30]。布罗茨基被收入的诗歌数量有六首，仅次于曼德尔施塔姆。米沃什在评论中讨论的所有诗歌，都在课纲列表中。这是为了表明米沃什极其看重布罗茨基诗歌的品质：对传统和宗教的尊重、对精神的尊重、处理时间之流逝和死亡主题达到的成就[31]。

布罗茨基在曼荷莲学院教课时分析过前文提过的赫贝特的诗歌，也分析过米沃什与辛波斯卡的作品。这三位波兰诗人的名字也出现在布罗茨基所撰的一份名单上，这个名单在学生中间很有名，他们称之为"约大叔的经典书单"。有一百多个书名，从《薄伽梵歌》始，到米沃什止。在我看来，这个书单不失为一个出色的自学指南。布罗茨基的学生们分析的赫贝特的诗歌与辛波斯卡的诗歌，出自米沃什编选的一部战后波兰诗歌选集。在读赫贝特和米沃什之前，布罗茨基总会发表一通关于波兰历史的长篇演讲，因为在他看来波兰是一个背负沉重历史的国家。他1995年的一名学生，利亚姆·麦卡锡在给我的一封电子邮件中写道：布罗茨基"起初在黑板上画一些房子，列举过去世纪里发生的一些事件（战争和起义），这些事件彻底摧毁了那些房子，然后重建，接着再次被摧毁。他会说明日期，接着涂掉（方形盒子上的三角形），再把同样的图形画一遍"[32]。这种历史的过剩的丰富性，令布罗茨基原谅了当代波兰诗人放弃押韵的写法。严格的诗歌结构会让波兰诗人想到 20 世纪的社会秩序，布罗茨基在《威尔逊季刊》（*Wilson Quarterly*）上发表的介绍赫贝特诗歌的文章中这样写道。这一评论也适合于米沃什的两首诗：《N. N. 挽歌》和《咖啡馆》，前者中有一行诗句曾被米沃什用作自己的第一本随笔集的题词，后者出自组诗《穷人的声音》。两首诗都没有收入他编的战后波兰诗歌选集。布罗茨基反复对学生说，他们应该学习波兰语，因为只有通过这种语言，他们才可能读到世界上最好的诗歌。

波兰诗歌只是他在管理诗歌遗产方面主动担负之责任的一小部分。他的大部分时间和精力都献给了弗罗斯特、奥登、茨维塔耶娃、卡瓦菲斯、里尔克和沃尔科特。他用大量时间和学生们一起对所选诗歌进行了逐行的深入分析。其中一些分析内容后来发表了，因此我们得以对他的教学方式有一个清晰的认识。学术教学是谋生的一部分，但是他对诗歌的积极常常是毫无私心的。身体欠佳使他更加急切地希望加紧工作。他越来越多地参与各种形式的诗歌、诗人和一般文学的推广活动。在他生命的最后时期，他是纽约国际戏剧学院演员论坛的文学总监，助力推广东欧和南欧的文学。他还致力于在罗马建立俄罗斯学院，以便俄罗斯诗人和画家在学院中能安静地工作。1991年，他成为第一个非美国本土出生的美国桂冠诗人。在他的就任演讲中，他做出一项为诗歌而战的提议，首先是精选美国诗歌印成数百万份册子，与《圣经》并排摆放在每个酒店房间里；他经常说，《圣经》不会反对与诗歌同置一处，因为电话簿早就竖在旁边了。他的努力不是没有成果，虽然并不如他希望的那样成功。拜他所赐，在美国几个城市的公共交通系统中，通常有广告的地方不时有诗歌出现。第一首布置在纽约地铁上的诗，便是米沃什1936年写的《偶遇》。我绝不会忘记那一刻，在乘坐拥挤的6号线地铁去工作的路上，我抬起眼睛，看到了那首诗。也正是布罗茨基鼓励美国出版商们印制和分发免费诗册，正因如此，有一次我坐在一节火车车厢里，看到每个乘客都在埋头阅读艾略特的《荒原》。他不断恶化的心脏病也没有中断他的诗歌朗诵活动。1996年1月，他计划在纽约举办一场维斯瓦娃·辛波斯卡的诗歌晚会，但一场暴风雪导致晚会被取消。几天后，他突发心脏病，使"取消"成为最终的结局。

米沃什在他年轻的时候就"致力于波兰诗歌的事业"，翻译是使它成为世界诗歌事业一部分的一种方式。他对翻译英语诗歌的兴趣始于第二次世界大战之前；对于终结法国对波兰诗人的影响，他爱强调自己也做出了一份贡献。离开波兰后，他继续从事翻译工作，先是担任外交职务，后来流亡国外。在他的"空白"时期，翻译对他来说是一种练习，其作用如钢琴师或作曲家的练习一样。他的翻译是一种激情，一种由"友谊支配的活动，因为毕竟不能从中赚到什么钱"[33]。20世纪60年代，他翻译的叶芝、华莱士·史蒂文斯和奥登的作品出现在一部英语诗选中，由在伦敦的一家波兰移民者出版机构出版。与此同时，他正在编译一部英语版的波兰当代诗选。这本选集于1965年出版，时至今天——在四十多年后的今天——在美国任何一家好书店还能找到它。这部选集的开篇序言里，米沃什写道："每个国家的诗人都类似18世纪的共济会，有着各自的仪式、竞争和友谊。我本人就是这样一个分会的会员，乐于在国外充任它的代表。"他在1965年写下这些话，比他"加入"美国诗坛或国际诗坛要早得多[34]。

如果说翻译行为建立在友谊的基础上，那么米沃什完成翻译的方式也是这样。将波兰当代诗歌翻译成英语需要一个团队协作完成，米沃什称之为合译者。他的第一个合作者是彼得·戴尔·斯科特，他们一起出了一本兹比格涅夫·赫贝特诗选；接着，米沃什跟他的学生莉莲·瓦利（Lillian Vallee）和理查德·劳里（Richard Lourie）合作；在此之后合作的是两位诗人，罗伯特·平斯基[1]与罗伯特·哈斯[2]，

---

[1]　罗伯特·平斯基（Robert Pinsky，1940—　），美国诗人、批评家和翻译家。
[2]　罗伯特·哈斯（Robert Hass，1941—　），美国诗人、散文家和翻译家。

并且得到雷娜塔·柯钦斯卡[1]的支持，她本人也是一位作家和翻译家。诗人伦纳德·内森[2]与米沃什合作翻译了亚历山大·瓦特[3]和安娜·斯维尔[4]的诗歌；罗伯特·哈斯一直陪伴米沃什直到他生命的终点，并在他去世后继续翻译米沃什的诗歌。米沃什知道这种合作的成果多么伟大而重要。1998年，他说："我亲眼见证了在美洲大陆上诗歌的变化，我深切地看到了这一切，因为我已故的朋友约瑟夫·布罗茨基，以及罗伯特·哈斯和罗伯特·平斯基，他们积极促进诗歌事业的义举众所周知。"35 在《选举报》上发表的讣文中，安娜·比康特[5]称切斯瓦夫·米沃什是"波兰诗歌坚持不懈的公关先生"36。波兰学者、研究米沃什的专家亚历山大·弗尤特写道："正是由于米沃什的努力，'波兰诗派'现象才出现在美国的文学地图上。"37 像平斯基和哈斯这样的诗人也曾多次表达了这样的观点。亚当·扎加耶夫斯基评论道："美国人在波兰诗歌中发现了哲学，正

---

[1] 雷娜塔·柯钦斯卡（Renata Gorczynska，1943—　），波兰作家、文学评论家、翻译家。

[2] 伦纳德·内森（Leonard Nathan，1924—2006），美国诗人，加利福尼亚大学伯克利分校终身教授，米沃什友人。

[3] 亚历山大·瓦特（Alexander Wat，1900—1967），波兰诗人、作家，著名知识分子。著有《我的世纪：一个波兰知识分子的奥德赛》等。

[4] 安娜·斯维尔（Anna Swir，1909—1984），波兰著名诗人。著有《我是女人》《建筑街垒》等。

[5] 安娜·比康特（Anna Bikont，1954—　），波兰作家。著有《罪行与沉默：直面耶德瓦布内犹太人大屠杀》等。

如他们所说，这种哲学是智性的，但不是出世的。这种智性不是对生活的逃避，更不是对日常生活的逃避。他们认为，波兰诗人发现了调和智性与通俗性的神奇配方。这在美国诗歌中是不存在的。在美国诗歌中，要么是像华莱士·史蒂文斯那样只对观念感兴趣的诗人，要么是个体验的诗人。"[38]

理解力与日常事物、历史与狂喜的结合是米沃什诗歌的一个特征。他出版的选集，以及因米沃什的作品而引起的美国诗歌的变化，促成了两个非常重要的诗歌事件。第一个是1998年4月在克莱蒙特·麦肯纳学院举办的为期四天的"米沃什国际诗歌节"。第二个是2002年3月13日在纽约举办的"诗歌之夜"活动，主题采用了亚当·扎加耶夫斯基的诗题"试着赞美这遭损毁的世界"。这两件大事同时属于诗歌史和友谊史，相互联系。

诗歌节的举办，源于罗伯特·法根和亚当·米奇尼克的共同想法。前者是克莱蒙特·麦肯纳学院文学教授，后者则在麦肯纳学院做了一个系列讲座。他们准备了一年多时间——诗歌节的确是国际性的，规模巨大。米沃什称之为"友谊的盛宴，我充分欣赏它在加强美国和欧洲诗人合作方面体现出来的重要性"。除了米沃什，还来了很多诗人，讨论的分组议题穿插在多场诗歌朗诵活动之中。诗人爱德华·赫希是亚当·扎加耶夫斯基的好友，他把米沃什当成美国诗人谈论。照赫希的观点，20世纪的美国诗歌只是从它的英语源头汲水；流亡诗人的作品也注入了这条河流。赫希接着说：正像米沃什的例子表明的，这些流亡诗人甚至不必用英语写作，只要有他们的译本就够了，他们会被与之在精神上产生共鸣的其他诗人吸收。赫希的这番话，间接地得到了米沃什作品的译者罗伯特·哈斯、罗伯特·平斯基和伦纳德·内森的肯定，他们也都是优秀的诗人；他们的作品有时就是一个回应，对参与翻译的米沃什诗歌的回应。他们在诗歌节上谈到米沃什在美国当代诗歌里的中心地位，那正是美国诗歌一直在寻求的一种历史维度。米沃什诗歌的开放遇到了美国文化的开放和接纳。

在他生活的许多年里，即他工作的许多年里，对他而言，生活即伴随着持续不断的工作，米沃什不仅成为美国诗歌不可或缺的一部分，他也反过来塑造了它。他被吸入了它的循环系统（与布罗茨基形成反差，布罗茨基太独立、太难融入）。在"米沃什国际诗歌节"上，许多诗人，包括爱尔兰诗人谢默斯·希尼，立陶宛诗人托马斯·温茨洛瓦，波兰诗人亚当·扎加耶夫斯基和布罗尼斯瓦夫·梅耶[1]，美国诗人爱德华·赫希、W. S. 默温、琳达·格雷格、简·赫希菲尔德，以及平斯基、内森和哈斯，都强调了米沃什对他们或

---

[1]　布罗尼斯瓦夫·梅耶（Bronislaw Maj, 1961—　），波兰诗人，克拉科夫雅盖沃大学教授。

其他人的诗歌的影响。他们朗读诗歌，共同谈论米沃什，但米沃什的诗并不是讨论的唯一话题。米沃什的学生回忆起作为教授的米沃什、作为散文作家的米沃什，以及作为随笔、自传、小说和论文作者的米沃什。海伦·文德勒讨论了米沃什的组诗《世界》里的天主教问题。安杰依·瓦利茨基、亚当·米奇尼克、伊迪丝·库兹韦尔[1]和我，就《被禁锢的头脑》发生了争论。斯拉夫学者玛德琳·莱文、波格丹娜·卡彭特、扬·布翁斯基[2]和亚历山大·弗尤特，在波兰文学传统的背景下讨论了米沃什的诗歌和散文。还有许多人来自美国之外：米沃什作品的出版商，他的朋友、家人和弟子。克拉科夫标志（Znak）出版社的编辑做了一场米沃什作品在波兰的地下版本的展览。来自克拉科夫的一支乐队演奏了爱尔兰音乐，到处洋溢着节日的气氛。每个人都在说以前还从未参加过类似的活动。这个节日的组织者就在我们中间，听着他的诗歌朗诵及音乐，不时开怀大笑。米沃什坐着，头戴助听器，因为他的听力已经很弱；他戴着眼镜，因为他已经看不大清楚；他拄着拐杖，因为行走有些困难。然而他的笑声富有活力，让前来聆听他的诗歌并向他致敬的几百人脸上露出了笑容。他的天赋的很大一部分在于总是知道如何保持并

---

[1] 伊迪丝·库兹韦尔（Edith Kurzweil, 1924—2016），美国学者，著有《结构主义时代：从列维-施特劳斯到福柯》等。

[2] 扬·布翁斯基（Jan Błonski, 1931—2009），波兰作家、出版家。

传递快乐。

"米沃什国际诗歌节"是对波兰诗歌赠礼的感激之情的表现。美国诗人团结起来，感激波兰诗歌让他们接触到另一种诗歌创作的方式。我提到的第二件事，在纽约举办的诗歌朗诵会，证明这种诗歌的赠礼已不只为诗人群体所接受。波兰诗歌起到的作用，是对 2001 年发生的"9·11"事件做出的回应。在袭击事件发生后，《纽约时报》很快刊登了亚当·扎加耶夫斯基的诗歌《试着赞美这遭损毁的世界》。半年后，2002 年 3 月 13 日，时任该报纸诗歌编辑的爱丽丝·奎因组织了一场以扎加耶夫斯基的那首诗命名的晚会。在纽约库珀联盟的大礼堂，1200 人聆听了米沃什、赫贝特、辛波斯卡、塔杜施·鲁热维奇、斯坦尼斯瓦夫·巴兰恰克和扎加耶夫斯基的诗歌。诗歌作品由爱德华·赫希、罗伯特·平斯基和 W. S. 默温挑选、朗读和点评。赫希激动人心地演绎了鲁热维奇的诗《在人生的中途》，苏珊·桑塔格、罗珊娜·沃伦、劳伦斯·韦施勒、波兰女演员伊尔贝塔·齐泽夫斯卡、扎加耶夫斯基、翻译家巴兰恰克、克莱尔·卡瓦娜和雷娜塔·柯钦斯卡等人也朗诵了其他诗歌。在那些被朗读的诗人中，亚当·扎加耶夫斯基是唯一在场的。他有一点害羞，因为周围挂满了他的诗歌大师们的大幅照片。波兰诗歌提供了一种语言，它表达出"遭损毁的"美国的情感。"双子塔的倒塌和波兰诗歌的崛起"——萨拉·博克瑟在《纽约时报》

（2002年3月16日）上如此写到这个夜晚。那些被朗读和被背诵的诗歌无须解释。它们说出纽约这个城市面对灾难时的感受和心情。

第四章　女人、女作家和缪斯

　　布罗茨基和米沃什同样致力于诗歌事业的运作，经常一起参加专题讨论或诗歌朗诵会。除此之外，则很少见面。他们的关系虽然融洽，但并不亲密。在个人问题上，他们两个人都相当矜持；对于家庭生活和女性，他们的态度似乎完全不同。1981 年 9 月 22 日，在纽约的一次专题小组讨论中，这种差异被"间接地"表现了出来。当时的气氛喜庆，米沃什大笑着，开着玩笑，显然很高兴，因为在一年前刚刚获得了诺贝尔文学奖，这似乎将他从某些沉重的负担和疑虑中解脱了出来。这是一个充满创造力的时期，也许还是一个新的浪漫的工会运动时期。团结工会运动仍在波兰蓬勃发展，带来高涨的希望。谈话中布罗茨基大笑着问米沃什："你如何定义美？"

　　"当你看到一个少女时，你会问自己什么是美吗？"米沃什笑着回答。

"不，关于美的定义——嗯——我的定义是，它是某个你不能拥有的东西？"布罗茨基说。

米沃什："有时候，美可以从你所拥有的事物中感受到。"

布罗茨基："我认为，你代表的是一种波兰的态度。"（大笑）[1]在最后这一句话中，这位俄罗斯诗人抓住了他与米沃什之间差异的本质，以及他们与美、爱和女人的关系的差异，我在这里说的是文学的修辞和传统。可以说，这位波兰诗人对女性有着天主教式的理解：对他来说，女性就是夏娃——一种诱惑，但同时也是一种满足。对于布罗茨基和普希金来说，女人是一个不忠实的情人，只能用过去时来描述她。米沃什则将她描述成罪恶的、脆弱的，但又美妙无比的身体。布罗茨基"曾拥抱过这些肩膀"，却在房间里寻找一个曾经住在那里的幽灵。[2]对米沃什来说，是时间将她从身边带走了；对布罗茨基来说，他总是被遗弃的那一个。

米沃什的许多诗歌和散文片段都是献给女性的。这些文本有的赞美生命，有的则是挽歌。在传记性的《另一种字母表》（*Another Alphabet*）的"莱娜"（Lena）条目下，米沃什描述了他的第一次性爱想象——当时他只有六岁。这段回忆写于八十多年后，已沉入历史深处："总是一样：女人和摧毁性的时间。渴望得到，也许只是因为她是如此脆弱且有朽。"[3]这一小段文字，包含了他对女性的诗性想象的主旨：他的敌人是生命的易逝。在两首挽歌中，他记录了他的妻子之死——第一任妻子雅尼娜在 1986 年去世，第二任妻子卡罗尔·西格彭在 2002 年去世[1]。这两首诗提出了他最重要的问题。

"我爱过她，却不知道她到底是谁。"他在《告别我的妻子雅尼娜》这首诗中承认。他们在一起生活了五十年，在最后的十年里，他照顾她。她身患绝症，无法自理。诗的开头是一团吞噬她身体之火的意象，诗的基调充满了悲伤、愧疚、懊悔。

> 我带给她痛苦，追逐我的幻觉。
> 我背叛过她，跟别的女人们在一起，却只忠实于她。
> 我们共同历经许多幸福和不快，
> 分离，奇迹般的得救。现在，只剩下这灰烬。

吞噬她的火焰不仅仅是字面上的；它意味着神学传统里的万物复归论（apokatastasis）[2]，即所有生命的普遍救赎和所有生命最终回到它们原始状态的理论。那通往回归的道路要穿过净化的"智慧"之火。但肉体的救赎是不确定的，而且

---

[1] 雅尼娜（Janina）1944 年与米沃什结婚，育有两个儿子。卡罗尔·西格彭（Carol Thigpen）是美国埃默里大学艺术与科学学院教授，历史学家。

[2] "apokatastasis"为希腊语，意为"重建""恢复"，指一种认为"撒旦和一切罪人最后都将回到上帝那里，一切将重新建立"的教义。

死亡似乎是不可理解的。"如何对抗虚无?"他问道。世界完全颠倒了过来:

> 苹果不会落下,
> 山从它的原位置移开。在火帘之外,
> 羊羔站在不可摧毁理念的草地上。
> ……
> 我相信肉体的复活吗?至少不是这堆灰烬。

这首诗以一句咒语结束,一个对回归和希望的祈祷。

> 我呼唤,我哀求:所有元素,你们分解吧!
> 以另外的形式升起,让它来吧,王国!
> 在这尘世的火焰之外重新创造你们自己!
> (NCP,第471—472页)

《俄耳甫斯与欧律狄刻》这首诗纪念他的第二任妻子,它与天主教正统教义的偏离程度要少于万物复归论所指。他妻子的死是一个最终的、被接受的事实。这首诗是米沃什有关创造力和死亡之思考的总结;当时米沃什已经老了,离去世也只有两年。这首诗遵循了米沃什有关真实的准则,就像以前的挽歌一样——从地理空间来看,大体对应了米沃什的婚姻生活。加利福尼亚构成这两首诗的背景。在《告别我的妻子雅尼娜》中，我们行走在海边，很可能是指加利福尼亚的海边，雅尼娜·米沃什在那里去世。"站在通往冥府入口的人行道的石板上"，俄耳甫斯在狂风中挣扎，周围是刺破雾气的汽车前灯。然后，他穿过又长又冷的走廊：我们似乎是在旧金山医院的入口处，米沃什从那里去跟弥留之际的妻子告别。两处真实的地点似乎都强调了米沃什对"模仿论"（mimesis）的坚持；即便是在走向乌有之地前，诗人仍然紧紧抓住大地，以其可测量的、物质性的细节。他就是俄耳甫斯，他"强烈地感到自己愧疚的一生"，愧疚于自己或大或小的过失，以及自己记忆的不足，如果记忆更好一些，就将把死者容纳，这样就能让她们活在生者中间。他是一种乐器，受音乐的支配，所以，当他发现自己站在珀耳塞福涅面前要求送回欧律狄刻时，他重新创造了诗歌的主题，即那些赞美生命的主题。他唱道：

> 清晨和碧绿河水的明亮，
> ……
> 在大理石悬崖下的海里游泳的快乐，
> 在喧闹渔港之上的露台盛宴。

他最为自豪的是"他写下的文字总是在对抗死亡／他没

有赋韵赞美虚无"。珀耳塞福涅答应把他的妻子还给他，条件是在回去的路上他不跟她说话，也不回头看她。跟有关俄耳甫斯的原版神话不同的是，诗人进行了部分的讨价还价——在这种情况下，这就是他忠诚的体现。他没有回头看欧律狄刻，而是充满了怀疑，怀疑似乎就是一种违逆，使得欧律狄刻不可触及。这也许是对这个神话的一种天主教式的解释。

> 他不能哭，他只为人类失去
> 复活的期望而饮泣，
> 因为他现在和其他有朽者一样。
> 他的竖琴沉默了，但是他却还在梦想着，毫无防备。
> 他知道他必须有信心，但是他却无法拥有信心。

在道路的尽头，当他迎向太阳的时候，他身后的路却是空无一人。"只是在这个时候，他心中的一切都在叫喊：欧律狄刻！／没有你，我将如何生活，给我安慰的人！"但是，他的绝望平静了下来，因为"有一种药草的芳香，蜜蜂低低嗡鸣，／于是他睡着了，他的脸颊贴在被太阳烘暖的大地上"。

《告别我的妻子雅尼娜》和《俄耳甫斯与欧律狄刻》相隔了将近二十年，但是，第一首诗中提出的问题也正是第二首诗的精髓所在。然而，答案却是不同的。欧律狄刻，当诗人在返回大地之前看着她时，她呈现出一张灰色的脸、一双茫然的眼睛。她迷失了。雅尼娜的形象更物质化，她的身体的燃烧是可感的。火是第一首诗的元素，寒冷和黑暗是第二首诗的组成部分。这就是为什么来到阳光下是如此重要：这意味着回到生活世界。太阳、温暖的大地和睡眠都是安慰的体现。生命就在这里，确实存在着，只要生命存在，就必须以信任和感激来赞美它。

在《论神学》（他关于宗教的临终遗言）中，米沃什追随了年轻的密茨凯维奇，宣称夏娃有双重的特性。她是"自然的代表，将亚当拖进单调的生与死的轮回。/……因此，男人在爱的应许与死的应许前的恐惧，也许没有什么不同"。但是，她也体现了生命的精神维度，因为她"接受并同意了成为神之母的诉求"。夏娃的这两个方面是交织在一起的，一个方面逐渐变成另一个方面。在米沃什关于女性的诗歌中，尤其在那些谈论爱情的诗歌中，肉身性的主题，或者说对于"阳光烘暖的大地"的依恋这一主题，占据主导地位。"女人永远与大地联系在一起。"他在与雷娜塔·柯钦斯卡的一次谈话中这样说。在雅尼娜去世前一年所写的《忏悔》一诗中，米沃什写道："主啊，我爱草莓酱 / 和一个女人身体的幽暗的甜蜜。"他使用了与二十年前在《安娜莱娜》一诗中类似的表达：

米沃什与布罗茨基

我喜欢你天鹅绒般的私处，安娜莱娜，远航于你双腿间的三角地带。

向着你跳动的心逆流而上，穿过越来越野性的渗透了荸草花和旋花草之光的水流。

（NCP，第 414 页）

爱情，那"甜蜜的舞蹈"，它：

使得短时间内没有死亡
时间也不像一束纱线。
被投入深渊。

（NCP，第 406 页）

具有肉身的女人是死亡的标志，但她也许诺了灵魂和身体的和解，就像在《Ch. 神父，多年之后》一诗里所写的：

我在罪中的同谋，
苹果树下的夏娃，在令人愉快的花园里。

我爱你的胸部、你的腹部、你的嘴唇。
如何理解你的差异性和同一？
凸处和凹陷，如何互补？

（NCP，第 437 页）

《圣经》中的夏娃是所有女性形式的总和：

> 她是谁，她将会是谁，《雅歌》中的
> 宠儿？这是智慧 - 索菲娅，
> 诱惑者，母亲和教会？
> ……
> ……神秘的她
> 亚当在沉思的她，不能理解的人？
>
> 我就是这两人，两者。我吃了
> 知识树上的果实。我被大天使的长剑驱逐了。
> 夜里我感觉到她的脉搏。她的有朽。
> 此后我们一直在寻求真正的地方。

（NCP，第 403—404 页）

"苹果树下的夏娃"蕴含着女性与男性、智慧、罪、神圣、母性与安慰。她是一切，米沃什诗歌的叙述者在她身上找到了他自己。他为合一而奋斗，为亚当和夏娃的结合而奋斗，这是米沃什的伟大之处。"多么完美 / 万物皆如此"，他在《逐出乐园后》一诗中写道：

现在，你们俩

正在阁楼窗户边高贵的卧榻上苏醒。

男人和女人。或者一棵植物

被分成彼此渴望的雄性和雌性。

（NCP，第 407 页）

这里引用的大多数诗歌，都是米沃什在六十多岁时写的，其中他对女性身体吸引力的赞美最为直率。对他来说，这似乎是一段重新发现肉体之爱的时期。但这些诗歌的魅力有一种言外之意，仿佛维庸[1]的谣曲《昔日的雪》（"les neiges d'antan"）那样的感觉。这是基督教的夏娃，将亚当拖进死亡的那个人。对身体脆弱和腐朽的恐惧、对死亡的恐惧，转移到了女人身上：她是那个帮助男人逃离恐惧的人，同时，她也是这个恐惧的活生生的提醒。米沃什遵循天主教的传统，即使多年生活在一个邻近加利福尼亚式东方和其他宗教的地方，他也从未走出这一传统。

我在前面提到过，米沃什违背规则、冲破障碍，公开地谈论的那些话题，在波兰文学里曾经只能以一种隐晦而含蓄的方式来处理：作为波兰人意味着什么，以及关于犹太人、宗教和女性的问题。米沃什经常说，波兰文学不知道如何谈

---

[1]　弗朗索瓦·维庸（François Villon，约 1431—1474），法国诗人。

论犹太人，如何称呼上帝，如何描写爱情、身体和女性。波兰文学中很少有描写或创造女性友谊的例子。伟大的当代剧作家斯拉沃米尔·姆罗热克[1]曾经解释说，在他的戏剧中缺乏女性角色，这是因为"在这方面，作为一种勉强能够表达自己的文化与语言的继承人和产物，当他们想要试着去写（女性角色）的话，也会是那么的假，那么无能为力，那么幼稚，所以对此最好是什么也不说。甚至这句话——我的剧作里没有女人——听起来也是无助的……不，不是'没有女人'，而是我们不在那里，人们不在那里，真实不在那里。一种受诅咒的教养，一种受诅咒的无能，它是一种我们此生必须从中摆脱出来的东西"[4]。

米沃什有力地表达了对女性的波兰态度，即那种受到吸引又极力排斥的矛盾心理。这一点，在米沃什关于诗人安娜·斯维尔什琴斯卡（Anna Swirszczynska）（她在美国被称为安娜·斯维尔，尽管人们还不是太了解她）的诗文中很容易看出来。米沃什经常写到诗人和作家，但很少抱有类似的情感。他编选出版她的波兰语诗集，撰写一些关于她的文章，并且出了一本研究其作品的著作。他还与伦纳德·内森合译了她的诗集《与我的身体对话》（*Talking to My Body*）。集子里除了安娜·斯维尔的诗，还包括米沃什所写的导语，

---

[1]　斯拉沃米尔·姆罗热克（Slawomir Mrozek，1930—2013），波兰著名荒诞派作家、剧作家、漫画家。

他和另一位译者有关斯维尔作品和生平的谈话，还有米沃什所写的后记。他还在题为《在加勒比海一座岛上翻译安娜·斯维尔》的诗中，向她说话：

> 在香蕉园附近，在甲板椅上，靠近游泳池
> 在那里，卡罗尔，赤裸，以自由或古典式
> 泳姿划动着双腿，为问一个同义词
> 我打断了她。然后，我又一次沉浸在
> 私语般的波兰语，和沉思里。
> 因为思想和身体的短暂性，
> 因为源自我们共同命运的你那温柔的拥抱，
> 我唤你进来而你将出现在人群中，
> 虽然你在诗中写过："我不存在。"
>
> （NCP，第598页）

诗人妻子卡罗尔的泳姿，与他沉浸于波兰语的低语和谐一致，她的裸体令他想起安娜·斯维尔的"脚趾、女性私处、脉搏、大肠的哲学"。米沃什被她身体的快乐迷住了。"一头那样长而密的白发，"他在诗中写道，"让你可以骑上扫帚，找一个魔鬼情人了。"

在他的其他文学传记性作品中，他从未如此强调生命与全部作品的统一，强调真实性，强调诗歌作品的诚实，那

是以激烈方式说出的安娜·斯维尔的身体性和女性特质。正如我们已经说过的，这种女性特质既吸引又排斥他，这就是为什么他将她描述成一个骑着扫帚的女巫。对他男子气的自我而言，她是危险的，这也使她具有吸引力。他在后记中写道："当我读到她的诗句时，我逐渐被她非凡、强大、充满活力与快乐的个性所征服。""读她的作品，"他接着说，"就像在我们周围的人身上发现了一个从未被怀疑的、陌生的、令人钦佩的存在。也许我甚至爱上了她。"[5] 在波兰出版的《安娜·斯维尔》一书中，他称呼安娜·斯维尔为特里梅纳，这是亚当·密茨凯维奇的《塔杜施先生》里一个主要女性角色。"我可怜的、勇敢的、高尚的特里梅纳！"他这样写道，同时请求她原谅自己给她取了一个喜剧角色的名字。他绘出的肖像，摇摆于现实与文学、严肃与夸张之间，带着一种尊重的语气，以及一种领着他俩舞蹈的那个人俯视的态度。他对她的女性主义尤其不感兴趣，他将它作为一种团结的表示而非意识形态打发掉。与此同时，他又惊讶又兴奋地发现她是一位伟大的诗人。

在这里，重要的是回到他诗里的那句话："我唤你进来而你将出现在人群中。"米沃什痴迷于摆脱遗忘，想把人们从无名中拯救出来，这种无名就等于不存在。在他的书中，他一页又一页地回忆朋友、熟人、家人，甚至他小时候玩过的蝶螈——它们"已消失很久了"。他赋予它们以存在，"甚至一个语法王国里的名字和头衔 / 保护它们不被虚无侵袭"。
米沃什经常说，在他年轻的时候，他就已经对人和事的流逝
很敏感了。就安娜·斯维尔的情况而言，保护在"语法王
国"里还有另一层意思。由于他的努力，他在她的英语版诗
集的后记中写道，她"现在已是一个真正杰出的具有形而上
学倾向的诗人"。[6] 他把她置于波兰诗歌的崇高地位，甚至
（满怀希望地）把她置于世界诗歌的崇高地位。

　　安娜·斯维尔和所有的波兰人一样，二战的经历，尤其
是1944年的华沙起义，在她生命中烙下了深刻的印记。在起
义期间，她在一家临时医院当护士，力图让伤者和自己避免
伤亡，但往往事与愿违。她花了许多年才找到足以表达其城
市经历之悲剧的语言。米沃什对其《建筑街垒》（1974）一
书留下了深刻的印象，这是一部诗集，主要收录了这座城市
面临毁灭时的一幅幅速写，这些尖锐的诗歌使人不忍卒读。
每一首诗都像是一个悲剧的特写镜头，其中时间的碎片化尤
其打动人：没有连续性，战争中只有"此刻"。清晰的语言
和对现实强烈的投入使它们成为波兰诗歌对那场起义之灾难
的最好见证。不寻常的是，它们避免了波兰战争文学常见的
浪漫修饰。历史和宗教是波兰性的基本范畴，它们背后有着
悠久的文学传统和几乎是自动生成的一套语汇。安娜·斯维
尔在她的诗歌中确实表达了祖国的神圣性，却采取了一种非
传统和非宗教的方式。在宗教问题上，米沃什写道："她是

典型的波兰进步知识分子，持有不可知论者的态度，在她的作品中找不到任何进教堂的内容。"而这并不妨碍米沃什认为她的诗接近了绝对之物，"她的诗歌证实了在一个信奉天主教的波兰不被认可的规则。……在 20 世纪，达到另一个维度的最好诗歌——不管我们如何称呼那个维度——不是由忏悔式的，或说不是特别忏悔式的诗人写出的，好像一本充满大写字母的字典会麻痹那些完全忠实于教义的作者"。

米沃什在诗中纪念过的另一位女作家是让娜·赫尔施。《我从让娜·赫尔施那里所学到的》由十二个有关道德和哲学的句子组成，它们既是散文式的，又是说教性的。我愿引用第一、第四和最后一个作为例子：

> 1. 理性乃上帝所赐，我们应该相信它理解世界的能力。
>
> 4. 真理乃是自由的证据，谎言则是奴役的标志。
>
> 12. 在我们的一生中，不应因我们的错误和罪愆向绝望屈服。因为过去并不封闭，它在我们此后的行动中不断获得意义。
>
> （NCP，第 711—712 页）

米沃什没有提及他与让娜·赫尔施关系中私密的一面。这缄默标示了他回忆未跨越的界线。他很少提到在其情感生活中扮演过重要角色的那些女性。在私人信件中，例如，在一封写给雷娜塔·柯钦斯卡的信件中，说到《不可企及的地球》实际上是献给"她"的，[7]但在正式出版的作品里找不到这样的信息。正如我已经提到的，让娜·赫尔施在他流亡的最初阶段曾经帮助过他，并且解决了他在意识形态方面的某些犹豫。女权主义的著作经常引用约瑟夫·康拉德的一段话：每当他丧气地坐在办公桌前，总有一只手将一杯茶放在他的面前。米沃什的表现则不同：他留给我们的是她的头脑，而不是她的手。在所有的"截肢术"中，我觉得这一种是最好的。

约瑟夫·布罗茨基的文学批评很大一部分都给了两位女性诗人，安娜·阿赫玛托娃和玛丽娜·茨维塔耶娃。对布罗茨基而言，她们与曼德尔施塔姆和帕斯捷尔纳克一起，共同构成了20世纪俄罗斯文学的正典。不仅是这两位女诗人的作品，她们的生活也激发了他最高的敬意。另一个同样令他感到敬畏的人是娜杰日达·曼德尔施塔姆——诗人曼德尔施塔姆的遗孀、两部回忆录的作者。布罗茨基为她写过两篇文章，一篇写于她去世后。关于女性，他的作品风格与米沃什很不一样。米沃什有一种非常个人化和轻松的语调，他以一种悲伤而舒缓的方式向我们开口。他回顾过去的场景、气味和色彩，努力将它们提炼成语言。布罗茨基则专注于他所回忆的女诗人的具体文本。他的写作充满张力，像是对生活或作品中总在逃避的那个本质的近乎急切的追寻。他的联想富于诗意，叙述令人惊讶。

米沃什和布罗茨基的风格差异，可能是由于他们进入"过去"的方式不同而造成的。从米沃什的许多回忆以及他的小说《伊萨谷》中可以看出，他对"过去"有着完美的记忆。布罗茨基记得最牢的是诗歌。米沃什的记忆是叙事性的，布罗茨基的记忆则是抒情性的。他们记忆的差异，对应着他们在生活中"扎根"的差别。他们对待时间的态度最为不同。米沃什享受每一天，他是一个充满热情的人，一个赞美事物的人：赞美完美和谐的此时此刻，赞美存在。布罗茨基则不那么放松，因为他与他的家庭的"过去"的联系被切断，只留下了对童年的戏剧性回忆。而且他生着病。他的心脏问题往往伴随着一种特殊的敏感性。1994 年，他在瑞典逗留期间被迫去看了一位心脏病专家，他对医生说，他感觉自己就像一只受伤的、只想尽力活下来的动物。他随时都可能死去；每当他离开宾馆房间时，他都会把文件整理得井井有条。"急忙症"——那个与他面谈过的专家如此诊断。[8]

神经紧张并不是布罗茨基风格的一个缺点，只是他的性格特点。在他对米沃什的赞赏中，似乎也包含着对他热情拥抱生活的赞赏。米沃什很忙，但他似乎不像一个被时间压迫的人。布罗茨基却在与时间赛跑。在这场斗争中，他没有得到宗教或历史——无论国家的还是个人的历史——的支持。他那颗患病的心脏，不断地使他想起"命运"的剪刀。因此，当他写作关于诗人或作家的文章时（这是他大部分文章的主题），他并不追溯他们的生活；相反，他分析他们的作品，以这样的方式蔑视死亡，"因为语言是存在的最高形式"。

米沃什对安娜·斯维尔或丹尼丝·莱弗托夫 [1] 的女性特质很感兴趣，布罗茨基却根本没有写过这方面的东西。在他看来，茨维塔耶娃——"穿裙子的约伯"——是 20 世纪最杰出的诗人，甚至超过了奥登。她的诗歌的温度和加速度让他着迷——英译她的几首诗时，他对这两种特性表示过敬意。他的译文出色地表达了原作的张力，以及它们不断向前的逃遁。在他与所罗门·沃尔科夫的谈话中——"穿裙子的约伯"的表述即来源于此——他不允许将茨维塔耶娃的诗歌归入"女性诗歌"这样"次一级"的分类。"在诗歌里，一个女性的声音与一个男人的声音真的不一样吗？"沃尔科夫问道。"只有在动词结尾上的不同。"布罗茨基回答说，心里想到的只是俄语语法。布罗茨基认识到的茨维塔耶娃和阿赫玛托娃的女性特质的唯一方面，是"女性在道德要求上（比男性）严厉得多"，"（她们）对伦理失范、对心理和知性上的不道德行为更为敏感"。但是，茨维塔耶娃和阿赫玛托娃诗

---

[1] 丹尼丝·莱弗托夫（Denise Levertov，1923—1997），美国诗人。她出生于英国，后加入美国籍，任教于斯坦福大学。

歌的悲剧性基调，可以说是无性别的。"约伯是一个男人还是一个女人？"布罗茨基问。

茨维塔耶娃在二战期间自杀，幸运的是，阿赫玛托娃在战争中活了下来。布罗茨基在二十一岁时第一次见到她本人。对他来说，这是一个重大发现："我们之间建立了如此良好的联系，因为我知道我是在和谁打交道。在某种程度上，她也在我身上发现了某种属于自己的东西。反过来也是一样。"[9]他比她小了几乎半个世纪，他喜欢反复说正是她塑造了他。按照托马斯·温茨洛瓦的说法，布罗茨基将阿赫玛托娃"内化"了："他的道德选择，他的自我价值认同，似乎潜意识地取决于阿赫玛托娃。"在对布罗茨基讲述圣安娜故事的诗歌"Sreten'e"（英译版为《永别》）进行分析时，温茨洛瓦读出其中阿赫玛托娃的宗教性，尽管那不是作者本人的宗教信仰。[10]布罗茨基为纪念阿赫玛托娃诞辰一百周年所写的一首诗，很好地说明了这种影响，诗中有这样一句话："Boh sohraniaiet vsio"（上帝将会拯救一切）。在他的女儿出生时，布罗茨基给她取名"安娜·阿列克谢德拉·马利亚"，把他父母的名字和女诗人的名字联系在了一起。

布罗茨基在写他的短诗《狄多与埃涅阿斯》（"Didona i Eney"）时，心中想着的很可能正是阿赫玛托娃的《最后的玫瑰》。她在1963年写下了那首诗，开篇的题词引用了二十三岁的布罗茨基献给她的一首诗中的句子："你将会从某种角度写到我们"。她似乎正在实现这个预言。这是一首非常出色的诗，体现了阿赫玛托娃对于自己的期望，她认为自己是那样的女性，肩负着对于国家的责任。这首诗正是题献给布罗茨基的，发表在那年1月出版的《新世界》杂志上[11]。

"这是布罗茨基的名字第一次出现在刊物上，"托马斯·温茨洛瓦写道，"他是当时著名的'地下'诗人，所以几乎成了非官方圈子讨论的主要话题。"[12]但在布罗茨基受审后，这首诗再印时却没有了题词，不仅在俄罗斯，在波兰也是如此；《最后的玫瑰》最早的翻译出现在1964年，题词也被删除了。布罗茨基喜欢引用和背诵这首诗，他经常称阿赫玛托娃为"狄多"——"被遗弃的那一个"。《狄多与埃涅阿斯》通过自己的形式，表达了对她的敬意：叙述简略，韵律克制，这会令读者想起她的风格。这可能就是为什么米沃什将这首诗翻译成波兰文——这是他翻译过的布罗茨基唯一的一首诗。布罗茨基把米沃什的六首诗译成了俄文，但是，没有一首来自在本书开头我们讨论过的"安慰信"中提出的那份清单。米沃什在信末表示，他希望布罗茨基翻译二十三首诗。布罗茨基做出了自己的选择。在这一点上，他有自己的主见。

对于布罗茨基和他的朋友们来说，阿赫玛托娃是记忆的化身，为他们开启了革命前的俄罗斯文学传统的大门，而那时这一传统的见证人已为数不多了。他们在上面成长起来的那片土地，被恐怖和战争抹尽，又被审查制度进一步麻痹；因此，理解这些年轻人受到的影响并不太难，因为这种影响并不多，而且他们也热衷于强调这些影响。他们不仅要重建前辈们的思想，还要重建习俗、各种类型的诗歌及其精神性。阿赫玛托娃只是重建路上的向导之一，但布罗茨基和她一起亲聆过亨利·珀塞尔的《狄多与埃涅阿斯》；正是从她那里，他懂得了基督教是文化的基础；她不仅引导他走向《圣经》，走向古典传统，还引导他走向"英语方向"。她热爱莎士比亚（《最后的玫瑰》的灵感也肯定来自莎士比亚），她热爱拜伦，以及传统意义上的英国浪漫主义诗歌。

正是在这种语境下（英语传统、埃涅阿斯和狄多的语境），我想谈谈以赛亚·伯林在 1945 年 11 月访问阿赫玛托娃的动人情景。列宁格勒当时正从战时封锁的可怕经历中恢复过来，对即将到来的严酷毫无防备。伯林和阿赫玛托娃的相遇，出乎意料且非同寻常，以赛亚·伯林曾多次描述这次访问。谈话是以俄语进行的——伯林出生于里加，当时它还是俄罗斯帝国的一部分，他的俄语娴熟。当时有一个邻居与阿赫玛托娃坐在一起，光是等这人走就浪费了好几个小时。然后，这位俄罗斯诗人提议背诵她的诗，但她想从拜伦《唐璜》中的两章开始，因为"这两章对接下来的内容非常重要。……即使我熟悉那首诗"，伯林写道，"我也不可能说出她选的是哪些章节。虽然她是用英语读的，那发音也让我顶多能听懂一两个词。她闭着眼睛，背诵着诗句，满怀激情；

我站起来，看向窗外，好掩饰我的尴尬。也许，我后来想，我们现在诵读古典希腊语和拉丁语，就是这样的。我们被这些词语所感动，但当我们读出它们的时候，作者和听众却可能完全听不懂。然后，她读了她自己的诗"[13]。

阿赫玛托娃非常看重这次访问，但她为此付出了沉重的代价。她受到攻击，被禁止出版作品，遭遇了折磨和迫害。这就是为什么她觉得自己被抛弃了，像狄多一样，被伯林／埃涅阿斯抛弃：因为他离开，再也没有回来。在这个被记述的片段中，重要的是她对待诗歌的严肃态度。她的好友娜杰日达·曼德尔施塔姆写道："我第一次和阿赫玛托娃谈话，还是在皇村，我突然注意到，她谈起过去的诗人，好像他们还活着，好像在昨天还顺路到访过，朗读了他们刚写出的诗歌，喝了一杯茶……对阿赫玛托娃而言，复活已经死去的（诗人）先辈，是友谊的自然之举，是诗人与他的先辈之间一种活生生的且积极的关系——朋友和兄弟相聚在一个单身母亲的房间，那个房间叫世界诗歌。"据娜杰日达·曼德尔施塔姆所说，阿赫玛托娃梦想着与已逝的先行者，包括奥西普·曼德尔施塔姆见面的那一刻。与他们"共宴"——他们的妻子最好不在场。她忠实于她的文学先辈，试图重建传统，那传统正在受到来自战争、变革、国家的压迫、诗人逝世，以及同时代人的无知和冷漠的威胁。重要的是"我们继承自先辈们的火炬燃烧不灭"[14]。

布罗茨基也承担起这一责任，将诗歌的火炬传递下去。他称阿赫玛托娃为"哀泣的缪斯"，不仅由于她的诗歌悲剧性的高音，比如她的《安魂曲》，同时，或许也是因为她（以及布罗茨基）喜欢使用缪斯这个"老词"[15]。她早期的诗歌《缪斯》（1924）描述过缪斯的一次来访："那位带着牧羊人长笛的亲爱的客人"。

> 她来了。她注视着我并专注地
> 等待着，她的面纱在头上掀开。
> 我问她："是你将《地狱篇》
> 口授给但丁的吗？""是我。"她说。[16]

多亏了她，在严峻、刻板的苏联，缪斯女神不只是涅瓦河边的大理石纪念碑，而是诗歌景观中的人物。布罗茨基以天文学的缪斯乌拉尼亚之名命名了他的一卷诗歌；他写过的随笔则涉及历史的缪斯克利俄、抒情诗的缪斯欧忒耳珀，以及缪斯之母——记忆的缪斯谟涅摩绪涅。她们不是文学的饰品，也不是这位自学成才的诗人晚年博学的标志。她们是表明对新花样的拒绝和古典主义品味。显然，她们还是诗歌的象征。

在布罗茨基的许多绘画作品中——他有绘画的天赋，有一幅感人的早期自画像，画中的他表情忧郁，站在那里，双手插在口袋里，一位缪斯女神在空中盘旋，一只手搭在他的肩上，另一只手交给了他一把竖琴。缪斯女神看起来像一个非常可爱的年轻女子，一头金色卷发，身穿浅色长袍，头戴耳环，穿着凉鞋。她的非物质性，通过画上轻浅的线条表现出来，虽然她的睫毛似乎染过睫毛膏。在他 20 世纪 60 年代的许多画作中，布罗茨基给自己佩上竖琴或戴上月桂花冠。他没有刮胡子，头发蓬乱，被诗歌的象征环绕。在他的诗歌中，尽管他对待传统很严肃，召唤缪斯时却总是带有一点反讽——他每次谈及灵感和诗歌创造力几乎都是这样。他非常严肃认真地对待诗人的职业，但是从不自吹自擂。对他来说，缪斯女神就像阿赫玛托娃一样，是创作的同义词。

在他拜访阿赫玛托娃期间——他的学徒期，布罗茨基写过他最早的一首长诗，题为"索菲娅"，纪念当时在列宁格勒学习的波兰女性索菲娅·卡普钦斯卡·拉塔伊扎科娃。这首诗写于 1962 年，当时布罗茨基二十二岁。重要的是，这也是他以圣诞为主题的第一首诗。标题中的"索菲娅"，不像在米沃什笔下那样，充满智慧，而是一个具体的女人，是作者的灵魂和缪斯的混合体。索菲娅曾经是他的欧律狄刻，现在却已离去；而他仍然像俄耳甫斯一样，惦记着她，带着她的相片。以后他将多次回到俄耳甫斯的主题，包括一篇后期的专论里尔克诗歌《俄耳甫斯·欧律狄刻·赫耳墨斯》的随笔（1994）。在 1990 年的一篇文章《第二自我》中，布罗茨基评论过一个展览，在这个展览中，著名艺术家的照片与启发了他们灵感的那些女性的照片并排陈列。布罗茨基嘲笑这个创意；对他来说，缪斯与语言是同一的："也许正是希腊语中语言自身的性别（glossa）[1]决定了缪斯的女性身份吧。"在这篇文章中，布罗茨基不仅回到了俄耳甫斯，还提到阿赫玛托娃，并重复了我在上文引用过的短诗《缪斯》的主题。缪斯女神不是诗人的情人，她是诗歌的声音。"情人和缪斯之间的最终区别，在于后者不会死。缪斯女神和诗人之间的关系也是如此：当诗人离去，缪斯会在下一代中间找到她的另一个代言人。"《索菲娅》与《第二自我》的写作时间相隔二十八年，距离他写作论述里尔克的文章则有三十二年。在作者从一种语言到另一种语言的转换中——这对诗人来说无疑是一个极端的变化——他作品的主题，对典故、大师的引述，却有着惊人的稳定性。也许正是这种稳定性，以及对诗歌所要言说之物的清晰理解，使得布罗茨基可以一跃进入一种新的语言。那只是一个表面的转变，其本质却仍然如一。

布罗茨基在他的诗中称，对索菲娅的态度是"一种奇怪的爱"，但是爱情不是他的主要主题。《索菲娅》是一次成功的文学尝试，贯穿各种思想和动机，引用了许多诗人的

---

[1] "glossa"意为"舌头""语言"，为阴性名词。

作品，尤其是普希金和帕斯捷尔纳克的作品。爱情只是其中的一条线，虽然它已经以某种形式构成了布罗茨基后来所有的爱情诗的深层结构。布罗茨基的爱情诗，从一个遥远的地方，以一种时间或空间的距离感，诉说着过去的情感。《波兰舞曲》的结构就是这样，它由三部分诗组成，写作时间比《索菲娅》晚了十九年，也是献给卡普钦斯卡的。"谁从谁的身边跑开，真的重要吗？"他在诗里写道。对于爱情诗，米沃什也有一些怀疑：波兰诗人朱莉亚·哈特维希[1]记得，当她最初给他看她的诗歌时，他说："噢，关于爱情……爱情不是诗歌的题目。"[17]米沃什和布罗茨基都是以工匠的身份从事爱情诗的创作的，他们更多地考虑其他诗人已经写过什么样的文本，而不是考虑自己注意的对象。布罗茨基在《哀泣的缪斯》一文中写道："作为内容的爱情，习惯于限制其形式的花样。"而在《第二自我》中，他明确拒绝了对他的爱情诗做出任何传记式的解读："即使是最厌恶女人的诗人，或者最厌恶人类的诗人，也会创作出一堆爱情诗，哪怕仅仅是为了表示对职业行会的忠诚，或者作为一种练习……'对一个男人来说，一个少女的面容当然就是他灵魂的面容。'一位俄罗斯诗人写道……简而言之，少女就是灵魂的替

---

[1] 朱莉亚·哈特维希（Julia Hartwig，1921—2017），波兰诗人、翻译家。她早年在华沙和克拉科夫学习波兰和法国文学。战后在驻巴黎波兰大使馆工作。她也是法国诗人阿波利奈尔和奈瓦尔的研究专家和翻译者。

身。……这些都是以抒情诗的形式对灵魂的探求。接收者的专一性，以及手法或风格的稳定性由此而决定。……一首爱情诗就是一个人灵魂的结构。"

"接收者的专一性"，爱情诗的文字意义上的"单偶制"，指的是"M. B."——玛丽娜（·玛丽安娜·帕夫洛夫娜）·巴斯马诺娃，布罗茨基在 20 世纪 60 年代的挚爱，也是他儿子的母亲。我已经说过，他们结合的变化无常，对诗人的影响超过了监禁、审判和远至诺伦斯卡亚的流放。他们的结合和分离，是他多年来写诗的主题："我不过是你用手掌 / 轻轻掠过的东西，"他在《七诗节》（"Seven Strophes"）中写道，

> 我不过是你黑暗中凝视
> 可以分辨的事物：
> 开始只是一个模糊的形状，
> 接着——是某些特征，一副面孔。
>
> ……
>
> 我几乎是盲的。
> 你，出现，然后躲藏，
> 给我视力并使之增强。
> 如此，一些人在身后

留下足迹。如此，他们创造世界。
如此，在完成之后，他们
随意地、挥霍地，将其
作品，抛进世界的漩涡。

如此，成为速度、光、热、
寒冷或黑暗的猎物，成为
空间里的某个球体，没有标记
旋转复旋转。

（CPE，第 286—287 页）

　　布罗茨基将献给 M. B. 的诗收入诗集，并将这部诗集命名为《献给奥古斯塔的新诗节》（*Novoye Stancik Avguste*）。他认为这些作品是他最为重要的部分，他的朋友兼评论家列夫·洛谢夫对此表示认同[18]。书名的典故取自拜伦的诗题，意在强调诗的文学风格而非其作为传记的一面。盖瑞·史密斯（Gerry Smith）在分析诗集《无乐的歌》（*The Song without Music*）里一首诗后指出，它"阐明了俄罗斯男性诗人对于男女关系最典型的态度。这首诗是挽歌性的；也就是说，这段关系在它结束后被赞美。普希金的诗《我爱过你》（'Ia vas liubil'）是对失去之爱这个主题最典型的表述，在此之后，对这一主题的任何不同处理，似乎都是不得体的。时至今日，对于一个俄罗斯男性来说，写作关于长久而称心的关系的爱情诗，似乎都是不可想象的——特别是，如果这段关系还是合法登记的"[19]。布罗茨基也许会同意这种说法。《致苏格兰女王玛丽的二十首十四行诗》(*Twenty Sonnets to Mary Queen of Scots*) 其中的第六首是普希金诗句的变体："我爱过你。我对你的爱（它似乎 / 只是痛苦）仍然在刺痛我的大脑。"（CPE，第228页）写给 M. B. 的诗，更多是关于他的文学喜好，而不是他生活中的事件。它们是20世纪的文学中最美丽的情诗——充满感激、苦涩和绝望。

当然，在布罗茨基的全部诗歌作品中，还有其他有关爱情和女性的作品。它们的确谈论到身体和美，虽然采取了一种明显的反讽的方式。其中《罗马哀歌》中，有一首献给贝妮代塔·克拉韦里的诗，列举了"莱丝比亚，茱莉亚，辛西娅，利维娅，米凯利纳……短暂的女神们"，并欢呼"光滑的腹部，腿筋绷紧时的大腿"（CPE，第278页）。然而你也可以发现一种对肉体体验的厌恶，就像在《初次亮相》一诗中所描述的，那是两个完全孤独的人一次悲哀的性行为。[20]当他谈到自己的时候，他就像一部美国老电影的主角：一个有着痛苦经历的男人，孤独、喜欢挖苦、不够整洁，喝着烈酒，望着窗外。他压抑的感情，很少通过克制的外表流露出来，而且对于生活也不抱任何期望。在《我坐在窗前》这首诗中，他也像康拉德一样，对他的女人进行了某种"截肢

术"——他留下了膝盖:

> 我坐在窗前。窗外,一棵白杨。
> 当我爱时,我爱得很深。这不常发生。
>
> 我说森林只是树的一部分。
> 如果得到姑娘的膝盖,谁还需要整个人?
>
> ……
>
> 我坐在窗前。碗洗好了。
> 我曾经幸福。但那一去不返。
>
> (CPE,第 46—47 页)

这里提到的幸福,很可能是指与 M. B. 一起度过的时光,而"碗洗好了"冲淡了诗人悲叹的基调,以及"男子气"的痛苦。1982 年《献给奥古斯塔的新诗节》已经写就,但爱情诗的苦涩调子并没有在这时结束。《布赖斯·马琳》("Brise Marine")是另一首告别诗:

> 亲爱的,今晚我大胆走出屋子……
> 你的身体、你的颤音、你的中间名

现在，实际上不能搅动任何事情。

（CPE，第 364 页）

在趋于生命终点的日子，布罗茨基变得柔软了。他最后的几年似乎快乐了许多。他结了婚，有了一个女儿，他的职业生涯不再给他带来太多的焦虑。给他的妻子，他至少写过一首爱情诗，一首非常欢快、有趣的诗，题为《情歌》。最后一节是：

> 如果你爱火山，我愿是熔岩，
> 从我隐秘的源头无情地喷发。
> 如果你是我的妻子，我愿是你的情人，
> 因为教会坚决地反对离婚。

（CPE，第 451 页）

这首诗是用英语写的，所以，它很可能并没有否定盖瑞·史密斯的论点，亦即在俄语里爱情诗是不能为妻子写的。这也表明英语如何拓宽了布罗茨基的文学（和情感？）的可能性。

第二部　祖国与他乡

将流亡作为一种命运去接受，
就像接受一种无法治愈的疾病，
有助于我们看穿关于自我的幻觉。

第五章　在帝国阴影下：俄罗斯

对俄罗斯的态度是布罗茨基和米沃什友谊中一个讳莫如深的话题：对此他们从未公开讨论。米沃什经常说，他们两人克服了波兰和俄罗斯之间长期存在的分歧。但布罗茨基从来没有这么说过。

他们对于俄罗斯态度的差异，从一个争议中显示出来，这争议围绕名为"中欧"的实体。在 20 世纪 70 年代和 80 年代，一个旧的"中欧"（Mittel Europe）的概念，成了一种新的思想，这一概念在争取他们的国家主权的斗争中是有用的。"中欧"的概念对立于所谓"东欧"的概念——主张"中欧之存在"的人包括《国际文学》（Lettre Internationale）的编者、捷克作家安东宁·利姆[1]，密歇根大学教授、《跨界交流》（Cross Currents）杂志创始人拉迪斯瓦夫·马泰卡[2]，

---

[1]　安东宁·利姆（Antonin Liehm，1924—2020），捷克作家。
[2]　拉迪斯瓦夫·马泰卡（Ladislav Matejka，1919—2012），语言学学者。在捷克查理大学获得博士学位，1948 年移居美国。

波兰流亡者文学季刊《文学笔记本》（*Zeszyty Literackie*）创始人兼编者芭芭拉·托伦切克（Barbara Torunczyk），作家米兰·昆德拉、丹尼洛·契斯[1]、捷尔吉·康拉德[2]和切斯瓦夫·米沃什。这是一个精神上的共同体，如果不说是版图上的共同体——它由在俄罗斯统辖之下，融入西方文化的诸多国家组成，是一个多极、多种族、多语言的实体。

关于中欧的最重要、最具有基调意义的一些论文，是由切斯瓦夫·米沃什和米兰·昆德拉所写的[1]。作为该地区的公民，昆德拉列举了一些具有犹太血统和德语背景的作家。这一选择，也许是由他们复杂的民族身份决定的。但是，随着这项研究逐渐被人理解，其他名字也被增加进来，连同新的地区，甚至新的历史，其根植于过去的"中欧"概念，正在向未来倾斜。除了昆德拉所称的"波希米亚"，米沃什还加上了波兰和立陶宛大公国，康拉德则加上了匈牙利，契斯加上了巴尔干半岛。来自欧洲不同地区的作家们的合作，与来自波兰、捷克斯洛伐克以及匈牙利的持不同政见者之间的地区团结，完全是一致的。这种活动的目标，是唤起人们对一个"被禁锢的"（中部）欧洲的同情，以准备使其"回归"西方。

俄罗斯人——甚至包括那些批评自己祖国的人——都

---

[1]　丹尼洛·契斯（Danilo Kiš，1935—1989），南斯拉夫作家。

[2]　捷尔吉·康拉德（György Konrad，1933—2019），匈牙利作家。

不喜欢这个概念。原因有很多，而其中最重要的，是"中欧"这一表述不仅针对俄罗斯的政治，也针对着其文化和传统。而俄罗斯人尤其忠于他们的文化，相信它的普世性和伟大。这可能是布罗茨基这一代成长于其中的帝国的光环之组成部分。"没有人会觉得自己是犹太人，"布罗茨基的朋友、生活在列宁格勒的同代人柳德米拉·什滕恩（Ludmilla Shtern）这样写道，"倒是只有我们的祖国不断以这样或那样的方式，提醒着我们这一点。我们在俄罗斯语言、俄罗斯文化、俄罗斯文学和俄罗斯传统的熏陶下长大。……我们崇拜俄罗斯的自然，俄罗斯的森林和田野，俄罗斯的冬季和秋季，俄罗斯的伏特加，俄罗斯的罗宋汤、盐渍鲱鱼和土豆，以及俄罗斯'为我们放进烤箱的面包'（古米廖夫）……首要也是最重要的是，我们热爱与俄国有关的一切，俄罗斯语言和俄罗斯文化。"[2]

正是在这种语境下，作为一种对俄罗斯文化的辩护，我们应该看看布罗茨基的《关于陀思妥耶夫斯基，昆德拉为什么是错的》一文[3]。这是他对昆德拉一篇文章所做的回应，昆德拉在文章中把欧洲文化描述为一个理性的领域，而把俄罗斯文化描述为情感的领域。这种对立性的并置并不新鲜，在欧洲关于俄罗斯的写作中相当常见。昆德拉清楚1968年的反抗，当时俄罗斯的坦克出现在了布拉格的街头。布罗茨基认为，其中没有陀思妥耶夫斯基位置的所谓"欧洲文化"

的观念是可笑的。他宣称，他不接受西方和东方的划分，不接受以政治方法理解文化，用历史解释文化。坦克在文化领域不能成为论据；语言、文学、人类思想不受地理或政治制度的限制，他如此尖锐地写道。这次反击也许严重伤害了昆德拉，他一直（截至 2009 年）不准重印他的这篇文章。

在对昆德拉的批评中，布罗茨基没有提到"中欧"，但是 1988 年 5 月在里斯本召开的一次国际文学会议上，他直接触及了这个问题。这次会议由惠特兰基金会（Wheatland Foundation）组织，旨在将俄罗斯和东欧移民作家与非移民的同行召集在一起。俄罗斯与俄罗斯、东欧与东欧的遭遇，很快演变成俄罗斯人与"中欧人"之间的争吵。与会作家中俄罗斯方面包括作家列夫·安宁斯基[1]、谢尔盖·多夫拉托夫[2]、塔季扬娜·托尔斯塔亚[3]和约瑟夫·布罗茨基；属于"中欧"的作家则有丹尼洛·契斯、捷尔吉·康拉德、切斯瓦夫·米沃什、约瑟夫·什克沃雷茨基（Josef Skvorecky）和亚当·扎加耶夫斯基。还有其他一些受邀参会者，其中最直言不讳的是苏珊·桑塔格、德里克·沃尔科特、萨尔曼·拉什迪。他们坚定地站在"中欧"作家一边，为他们辩护，反对那些拒绝接受"中欧之存在"的俄罗斯作家。

---

[1]　列夫·安宁斯基（Lev Anninsky，1934—　　），俄罗斯文学评论家。

[2]　谢尔盖·多夫拉托夫（Sergey Dovlatov，1941—1990），俄罗斯作家。

[3]　塔季扬娜·托尔斯塔亚（Tatyana Tolstaya，1951—　　），俄罗斯作家。

对于中欧作家来说，他们俄罗斯同行的态度令人震惊。"俄罗斯人和中欧人之间惊人的碰撞——'中欧'这一术语是他们第一次听到"——这次交锋，米沃什在他日记体的《猎人的一年》一书中，做了简单记录。

中欧诗人、作家对他们表现出的敌意态度，是他们难以接受的；敌意激起他们无法掩饰的震惊；当然，因为俄罗斯人从小就接受那样的教育，他们相信自己是被所有人尊敬和爱戴的。……他们不理解他们的帝国主义思维达到了何种程度，或如同听众席里的萨尔曼·拉什迪所说，那是殖民主义思维。约瑟夫·布罗茨基试图为他们辩护，攻击"中欧"这一概念。……当然，这不是新闻：自从他与米兰·昆德拉展开论战后，已是众所周知的事情。他的朋友、同行，诺贝尔奖得主切斯瓦夫·米沃什，则与匈牙利、南斯拉夫、捷克和波兰的同行们团结一致，反驳他说，该是打破俄罗斯文学对提及"帝国"边界问题的禁忌了，然而，正是约瑟夫·布罗茨基本人，在他的诗歌里第一次使用"帝国"这个词来指称苏联。（YH，第237—238页）

米沃什的回忆精确并简练地总结了这场冷战后期发生的辩论的要点。在会议的开始，"中欧"的作家们似乎厌倦了他们所扮演的对立的角色，他们的热情之火似已熄灭；而且，尽管当时还没人料到，但他们的战斗已经取得了胜利。但俄国人很快激怒了他们，重新唤起他们的战斗精神。塔季扬娜·托尔斯塔亚，以及在她之后的其他俄罗斯作家拒绝接受"中欧"的概念，并且宣称只有单独的国家存在。她不断重复说，一个作家不得不写作；俄罗斯作家与东欧国家的占领之间，没有任何联系。康拉德、什克沃雷茨基和拉什迪立即回应：使用帝国语言的作家，应该认识到语言的帝国地位。托尔斯塔亚恼怒地回答说，作家与坦克没有关系。当苏珊·桑塔格表达对于俄罗斯人立场的批评时，此前一直担任翻译和调解角色的约瑟夫·布罗茨基加入了辩论。会议记录如下：

> 布罗茨基（被激怒，回答桑塔格）：当然，这（对"中欧"概念的拒绝）并不是出于帝国的立场。这么说吧，这只是我们俄罗斯人在面对这种情况时，所能采取的唯一现实的态度。称其为"帝国主义"，指责我们持有某种殖民主义的态度——殖民主义无视文化和政治的现实……我觉得这太目光短浅了。我还要补充一点。"中欧"这个概念并不有效。也就是说，如果我现在想象自己是一名苏联公民，凭空想象一下这个概念：好吧，我不会被触动。我不会被打动。这根本不起作用。

更重要的是，我们在这里——所有坐在这里的人——我们是作家，我们不是由我们的政治制度所定义，尽管我们可能无法摆脱它……一个俄罗斯作家不是苏联国家的代表。我请求你们把那些东西区分开来。也就是说，如果你问我们中的任何人——"你愿意把那辆坦克从东欧运走吗？"我想冒昧地代表我们全体人说，是的，马上。我们感到非常非常羞愧。

桑塔格：没有人认为你想要坦克。但你所谓的"现实主义（的态度）"，我只能称之为"帝国的傲慢"。……

布罗茨基：那么，什么是共和党人的谦逊呢？如果这是帝国的傲慢，如果这是唯一的可能性……

桑塔格：至少不能说"我不感兴趣"。……你怎么能不感兴趣呢？

布罗茨基：不是我们不感兴趣。我们只是认为，正因为这些国家在我们的统治之下，在苏联的统治之下，解放它们的唯一途径，只能是解放我们自己……

桑塔格：但你们现在说的是权力。我不是在要求你们解放这些国家。我请你以文学的名义发言。没有人会认为……

布罗茨基：以文学的名义，也没有所谓"中欧"这样一个东西。我们已经讨论过了。有波兰文学、捷克文学、斯洛伐克文学、塞尔维亚-克罗地亚文学、匈牙利文学，等等。好吧，即使以文学的名义，也不可能谈论这个概念。它是一个矛盾修饰法的例子，如果你要那么说的话。［在这里布罗茨基重复了托尔斯塔亚的观点，变得越来越生气，但是当米沃什加入讨论时，他的语气立刻发生了变化。接下来的会议记录如下：］

米沃什（打断布罗茨基）：Divide et impera.[1] 这是殖民主义的一个原则，而你支持的就是那个东西。

布罗茨基：分离。怎么说，切斯瓦夫？我不明白你的意思。你能具体说说吗？

米沃什："中欧"的概念不是昆德拉的发明。而你的执念，在于认为它是昆德拉的发明。根本就不是。正如苏珊·桑塔格所说，"中欧"，是由这些国家的被占领所激起的反对概念。它显然是一个反对的概念，作为苏联作家，你怎么能接受这个概念呢？它是一个对苏联非常敌对的概念！

布罗茨基：不，不，我完全接受，但是……

米沃什：我还要补充一点，作家的良知，比如一个苏联作家的良知，应该面对这样的事实，比如说希特勒和斯大林之间的条约，以及对我出生的波罗的海国家的占领。我担心在俄罗斯文学中存在某个禁忌，这个禁忌

---

[1]　这里米沃什说了一句法语，意思是"分而治之"。

就是帝国。

　　布罗茨基：我尽力想说的是，如果那么一个反苏的概念是有效的话，我会全力支持它。但是它却是非常不起作用的。这是一件事。第二件事：关于俄罗斯帝国的禁忌。事实上，在苏联媒体上，直到今天，你都不会遇到这个概念。这么说吧，从来没有人说过，苏联是一个帝国。

　　米沃什（转向观众）：我想补充的是，我的朋友约瑟夫·布罗茨基，如果不是第一人，也是第一批人中的一个，在诗歌中引入"帝国"这个说法。

　　布罗茨基：是，我当然知道这事。[4]

　　我将稍后再回到这个交锋的话题，但我首先想强调一下布罗茨基非常家长式的（和帝国主义的？）声明，即他所说，俄罗斯人需要在解放集团内的国家之前先解放他们自己。这种态度——除非苏联改变，否则什么都不会改变——是"东欧人"特别不喜欢的政治上的陈词滥调，因为这意味着让他们闭嘴。它已经远远落伍了：这些国家在一年后就将解放自己。他的这一声明也是布罗茨基作为一个团体——"我们俄罗斯人"——的一个代表，公开做出的少数几个声明之一。他对苏珊·桑塔格的愤怒，与他发现跟米沃什的意见相左时便立刻停了下来并迅速置身事外，形成了鲜明对比。米沃什也向他伸出了援手：俄罗斯诗歌有使用"帝国"一词的悠久传统，并不是布罗茨基引入了这个词。这位波兰诗人似乎在说：我批评的是俄国人，而不是布罗茨基，布罗茨基只不过是一个特殊的例子。不同寻常的是，布罗茨基的回答变得自相矛盾了。

他们对于"中欧"的看法，从来没有改变。米沃什不仅参与了这一概念的创立，甚至在苏联解体之后，在这一概念已经发挥其直接的政治作用时，他仍然在继续捍卫它。1992年，在罗格斯大学举行的一次会议上，他对那些刚刚解放的曾属于想象的"中欧"共同体的国家间缺乏团结表示遗憾。"我非常赞赏'中欧'的构想，"他说，"我的朋友约瑟夫·布罗茨基不同意我的观点。当我谈到中欧时，他就会说西亚——一种视角的分歧。"这是米沃什，而不是布罗茨基，公开指出他们之间意见分歧的又一个例子。说出"西亚"这个词时米沃什一定带着微笑。当他使用"朋友"这个词的时候，他的意图是为了缓和他们之间的分歧吗？"但是，有某种东西，"他继续说道，"我相信，它把德国和俄罗斯之间存在的那个特定区域内的国家联结了起来。它们有着非常动荡的过去，但也有着共同的遗产，比如他们的建筑。从立陶宛到杜布罗夫尼克，人们会感到某种联系。中欧的概念，是这些国家之间在某种程度上和谐共处的一个实验，至少在波兰、捷克斯洛伐克和匈牙利之间是这样；它是一个细胞核。

但是在今天，我们完全陷在了一些个别的问题之中。"[5]

我出席了这次会议，米沃什出乎意料地受到了这次会议的邀请，接替原本计划参加这次会议的布罗茨基——他在新泽西的收费高速公路上因迷路而迟到了。我记得讨论到有关"中欧"的问题时公众表现出的不耐烦——它已属于过去。布罗茨基没有就米沃什的观点进行辩论，而是继续使用"东欧"一词，并且，他说每个单独的国家都将由它们自身的价值，也就是由经济成就来评判，这样的时刻已经到来。他预测了统一后的德国将占据主导地位。那会是一个新时代的开始。

"中欧"的概念不符合布罗茨基的思想和政治上的地理。那次会议一年之后，在他逗留于波兰期间，波兰戏剧导演波格丹·托萨（Bogdan Tosza）问他，他认为欧洲的中心在哪里。"在维尔纽斯，"布罗茨基答道，"我研究过地图，欧洲的中心不偏不倚在那里。"托马斯·温茨洛瓦——我们要记得他是立陶宛人——当时就站在布罗茨基身后，他说："准确地说，是在维尔纽斯以北五十公里处，也就是著名主编耶日·基耶德罗伊奇出生的地方。"[6]从这些回答中我们可以看出，"欧洲的中心"并不是一个纯粹的地理概念。当契诃夫离开堪察加半岛，来到伊尔库茨克时，他在给哥哥的一封信中写道，他终于回到了"欧洲的中心"。布罗茨基和温茨洛瓦的话，表明了欧洲在他们心中的形象：俄罗斯构成了欧洲的一半，因此维尔纽斯是欧洲的中心。虽然米沃什跟温茨洛瓦一样出生在立陶宛，但他使用的是一种不同的精神地球仪。他的"中欧"从立陶宛延伸到杜布罗夫尼克，而他深爱的维尔纽斯，则位于"中欧"的边界。此外，对米沃什来说，"中欧"的概念其意义就在于没有一个中心，它是多极化的，有多个地方的中心，甚至是有"多个可转移的中心"，因为克拉科夫就取代了他年轻时候的维尔纽斯。20世纪90年代，从苏联解体中出现了一些新的国家，但是布罗茨基和米沃什都坚持自己地理上的确信。布罗茨基是在为承认俄罗斯的欧洲性而战，米沃什是在为以前被俄罗斯占领的、新解放的小国间的团结而战。因此，他保持着对"中欧"这一已经过时且淡去的概念的忠诚[7]。

然而，米沃什对"中欧"这一概念的忠诚并不意味着他认为俄罗斯不属于欧洲——恰恰相反。正如佩尔-阿恩·博丹（Per-Årne Bodin）所指出，昆德拉对"中欧"的想象是反俄的，而"米沃什通过立陶宛大公国的神话将东方基督教文化融入欧洲"[8]。他对国家的概念——一个从前的乌托邦——是一个多民族、多文化的实体，包括了俄罗斯，或者至少包括它的西部。照博丹的说法，由于长期给美国学生教授俄罗斯文学，米沃什放弃了波兰人对俄国的典型的受创心理的态度。他对俄罗斯的精神性很感兴趣，并且研究俄罗斯宗教哲学家。因此他做了两件事：首先，他把俄国人纳入了自己的世界观。其次，他将他们作为积极的一极，融入欧洲哲学话语之中。米沃什不仅将列夫·舍斯托夫与阿尔贝·加缪，还与西蒙娜·薇依一并比较研究；将谢尔盖·布哈科夫 [1] 与斯坦尼斯瓦夫·温森（Stanisław Vincenz）进行对照；同样，他将陀思妥耶夫斯基和斯威登堡并列。博丹写道，正是通过立陶宛大公国的概念，"俄罗斯语言、俄罗斯文化、俄罗斯哲学、俄罗斯宗教思想，被融入整个欧洲，以一种非常断然，有时甚至（从波兰的观点来看）有些挑衅的方式"。流亡哲学家列夫·舍斯托夫的角色尤为重要：米沃什经常写到他，强调正是舍斯托夫在他与布罗茨基之间形成了一个共同的知识平面。根据博丹的看法，米沃什的根本意识在关于俄罗斯神秘启示的语言中体现得最为充分——波兰文化缺乏这种精神的形式。"米沃什在陀思妥耶夫斯基身上，"博丹写道，"发现了舍斯托夫在他身上所发现的东西：对生命和其复杂性的亲近。这些都是不能用抽象公式或普遍规则来表达的。"他总结道："米沃什似乎在用俄罗斯的形象来描述他自己，他的宗教追求、启示、二元论，以及他自己反乌托邦的信念和观念。俄罗斯的形象成为诗人本身传记的一部分。"

米沃什将手伸向俄罗斯文化，是为了表达他所说的"我

---

[1] 谢尔盖·布哈科夫（Sergey Bulhakov, 1871—1944），俄国经济学家、东正教神学家。

体内的东方"（NR，第 143 页）。他不会毫无抵抗地接受这一部分，正如他在《故土》里所写，这本书有一章专门讨论俄罗斯。正如该书的副标题所示，该书是"对自我定义的寻求"，而俄罗斯构成了这一定义的重要部分，亦即其多变的边界。俄罗斯教会米沃什如何表达狂喜、如何趋近和接受神秘的感觉。然而，这种感觉需要克制。米沃什宣称，俄罗斯神秘主义作家表达了一种哲学，在这种哲学中，意图和行为之间的联系是被割裂的。俄罗斯文化的基础，米沃什在此重申道，正是俄罗斯的理智与情感的对立构成了俄罗斯的二元性，它将一种对于所有生命的伟大的爱，与对神的律令、命运或国家的服从结合在一起，因为世界是邪恶的，在此世没有正义。这种二元性意味着，一个人可以毫不矛盾地杀死另一个他真心喜欢的人——带着一种斯多噶式的顺从，他可以犯下最残暴的罪行，同时对受害者感到怜悯。在阐释俄罗斯文化的"本质"时，米沃什援引了亚当·密茨凯维奇的《先人祭》。这部 19 世纪波兰爱国主义的经典文本表达了波兰和天主教对俄罗斯帝国的排斥。他以一个（在英文中被省去的）附录结束《故土》这一章，其中引用了法国人屈斯蒂纳侯爵（Marquis de Custine）在《俄国来信》（*La Russie en 1839*）中对俄罗斯最为激烈的批评。作为亚当·密茨凯维奇的同时代人、一位虔诚的天主教徒，屈斯蒂纳表达了与波兰大移民时期在法国苟延残喘的那些人相同的意见：他们无法回到自己被吞并的国家，吞并似乎是永久的——吞并者就是那个俄国摩洛克[1]。他们代表的是传统的波兰人反对俄罗斯的态度，特别强调波兰与俄罗斯之间文化或文明的差异。因此，米沃什意欲将某种神秘主义和一种对启示的开放性（他的"东方部分"）整合进波兰文化，但同时又将它们视为一种分离理性与情感的危险的社会性割裂，与它们保持距离。应该在此加上一句，布罗茨基"崇拜"屈斯蒂纳，并计划为他的俄文版书写一篇导论。他的这种态度，常见于俄罗斯的"西化派"之中，他们把严厉的批评和对自己国家深切的热爱结合在一起。

米沃什一次又一次地回到自身内的这条边界，这边界以他对拉丁语和天主教的投入为标志。他意识到了自己对俄罗斯的双重态度，他对俄罗斯的某些方面很感兴趣，而对它的其他方面则更经常地排斥。他将他的这种疑虑和二元性普遍化，并将其投射于所有的斯拉夫文化。他坚持认为，所有的斯拉夫人都对自己的国家怀有一种矛盾心理，依恋与排斥、骄傲与羞耻、爱与恨并存。这些情感总是互相联系，构成了永远无法解决的矛盾。在他关于俄国的著作中，他不断地记起波兰，"德国和俄国之间的那个地区"。俄罗斯使他清楚地觉察到波兰的缺点，并予以谴责，进而动摇波兰人固执的自

---

[1]　摩洛克（Moloch），也译作摩洛神。原指约旦南部一个以活人为祭品的神，后通指造成牺牲的可怖怪物。

负，使他与波兰人的排外恐惧症、波兰的民族主义和"波兰的强迫症"拉开了距离（NR，第142页）。不忘俄罗斯，让他建立起沃伊切赫·卡尔平斯基（Wojciech Karpinski）所说的"他看待波兰历史的策略：一场既反叛又充满迷恋的游戏"[10]。对他来说，波兰和俄罗斯已经彼此生长到了对方之中，也许是因为他所来自的那个地区带有波兰和俄罗斯二者的标志。想到俄国，他不能不想到波兰——以及帝国的现实。

"彼此生长到了对方之中"这一表述，并不能很恰当地反映出波兰和俄罗斯之间的关系。引用密茨凯维奇的话，米沃什认为俄罗斯是一个深渊，无边无际，而且混乱不堪。而害怕被吞并、被吞没是"波兰人的强迫症"之一，也是一个被征服的帝国臣民的耻辱。

米沃什在20世纪70年代末，以苦涩和讽刺的笔调写出了这种焦虑：

> 在帝国阴影下，穿着古斯拉夫式的长内衣裤，
> 你最好学会喜欢上你的耻辱，因为它将一直伴随着你。
> 它不会消失，即使你改变了你的国家和你的名字。
> 失败的悲哀的羞耻。羊肉似的心的羞耻。
> 耻于乞怜的渴望。耻于聪明的伪装。

耻于平原上尘土飞扬的道路和当柴砍伐的树木。

你坐在破旧的房子里，把事情推迟到春天。

花园里没有花——有也总是遭到践踏。

你吃着薄松饼，一种汤汁点心，名为"防寒饼"。

而且，因为总是被羞辱，你憎恨外国人。

（NCP，第376页）

出自《拆散的笔记本》里的这个不同寻常的片段，解释了米沃什对俄罗斯作家在里斯本发言中的帝国主义腔调的"听觉敏感"，以及他为什么立刻支持萨尔曼·拉什迪、德里克·沃尔科特和苏珊·桑塔格反对殖民主义立场的反应，他们三人都属于少数群体，尽管是不同的群体。米沃什听出了俄国人善意的盲视，以及他们对待世界时的确凿不疑。虽然他成长于独立的波兰，但是在他出生时，波兰还是俄罗斯帝国的一个组成部分，他的出生证是用俄语写的。他目睹了他父母那一代人所蒙受的国耻，并始终记得他所属的人民经历的屈辱。据说，一个人会对自己的所作所为感到内疚，而对自己是谁感到羞耻。米沃什经常写到他的内疚——他是一位虔诚的信奉天主教的诗人。他也写到羞耻：当他流亡法国，作为诗人不被赏识时，他个人的羞耻；或者国家的耻辱——作为被征服的波兰人历史的耻辱。他知道生活在帝国阴影下是什么滋味，知道无权力意味着什么，被人——即便是善意的人——用坦克支配是什么滋味。他不喜欢用英勇的修辞去美化这种经历。

正是在这种语境下，我们可以再次仔细审视这样一个令人迷惑的事实：米沃什在谈到布罗茨基时，总爱加上一个定语"我的朋友"，而布罗茨基从来没有这样做。我们说过，布罗茨基尊重他们之间的年龄差异，米沃什则一直鼓励他更年轻的同行。但是，米沃什在措辞上总是非常审慎而且准确，而且，在他谈到布罗茨基的时候，总会重复"我的朋友"，无论是当面还是在文章中，无论是在布罗茨基生前还是死后，这是值得更深入地解释的。在关于他们关系的探讨中，我们可以发现一个与帝国问题有关的层面。米沃什的这种重复、这种坚持，似乎是针对某种预设的含蓄异议，是对强行出现在米沃什脑海中的某种东西的驳斥。正如我们在引用过的那首诗中所看到的，他感到，或者至少在自己身上看到了作为一个俄罗斯帝国臣民的耻辱的痕迹。而布罗茨基代表俄国。米沃什是不是在说：他是我的朋友，虽然他是俄国人而我是波兰人？当米沃什反复说到他们两人克服了他们国家之间的冲突时，布罗茨基总是保持沉默。当米沃什谈到他们的友谊时，布罗茨基总是保持沉默。这种沉默让我想起另一位波兰作家维托尔德·贡布罗维奇（Witold Gombrowicz）日记中的一个片段，他是一个擅长揭示羞耻和矛盾心理的专家。"与热纳维耶芙·塞罗和莫里斯·纳多在一起，"他在

1963 年的一则日记中写道，"晚餐吃得很少。松露菌汤和朗格多克奶油，公爵先生。我在说话，他们在听。嗯。我不喜欢……当我从布宜诺斯艾利斯到外省，到德尔埃斯特罗省首府圣地亚哥时，我是沉默的，而当地作家们在说话……一个滔滔不绝的人总是想证明点什么——一个外省人。"[11] 也许米沃什想要证明什么。他来自外省。

　　当然，来自外省不会导致米沃什在面对布罗茨基时感到自卑，他的另一个矛盾心理是他们两人之间存在的一种深刻的历史和阶级的隔膜，所以他习惯用"我的朋友"去克服这种裂痕。在另一首杰出的诗《1913 年》（由他本人和罗伯特·哈斯翻译）中，米沃什描述了两次旅行，一次是他想象的先人在 1913 年的旅行，其时世界处在崩溃的边缘，另一次是他自己在当时的旅行。他的先人要出国，他的"管家约瑟尔"也同行在同一列火车上，虽然是三等车厢；在他眼下去威尼斯的旅行中，他在圣马可广场喝咖啡，与"约瑟尔的孙子一起……/ 谈论着我们的诗人朋友"（NCP，第 424页）。在这首诗的波兰语原文里，Yosel（约瑟尔）——这是 Iosif-Joseph（约瑟夫）的意第绪语版本——没有用"管家"称呼，而是用了一个可能无法翻译的名词，意思是指一个替地主管理财产的犹太人佃户，比如管理一个客栈或者一个果园。原文里的那个词 pachciarz 通常有负面意义，包含主人和他的仆人之间糟糕的阶级、宗教和种族上的差异。正如米沃什在给布罗茨基的第一封信里所写的，他们来自同一部分的欧洲。而这首诗清楚地表明，波兰诗人想起了他们的关系的"地理"维度，在他坚持称布罗茨基为"我的朋友"时，他试图说明的是，那不重要。布罗茨基——当他称米沃什"切斯瓦夫先生"（Pan Czesław）的时候——也记着那个"地理"维度。

《在帝国阴影下》一诗中的"屈辱"主题，反复出现在米沃什的作品里。"我的国家将依然如故，作为帝国的后院 / 在外省的白日梦中滋养着它的屈辱。"他在《回到1880年的克拉科夫》（NCP，第427页）一诗中写道。俄罗斯也经常出现在他的诗中，尽管并不总是指名道姓。在1964年的《彼岸》一诗中，米沃什描绘了在他死后灵魂将走过的一幅风景，一幅既是地狱又是俄罗斯的风景：

> 然后我沿着车辙前行，
> 在一条坎坷不平的道路上。小木屋，
> 杂草丛生的荒野上破旧的房屋。
> 用带刺的铁丝围起来的种植马铃薯的土地。
> 他们好像在玩牌，我闻到了好像卷心菜的气味，
> 还有好像是伏特加，好像是垃圾，好像是时间。
>
> （NCP，第200页）

没有任何辉煌或者骄傲的丰碑。对他来说，有的只是暴力、贫穷和堕落。

米沃什对帝国的强权、历史和文化的反抗，从他对杰出的俄罗斯诗人奥西普·曼德尔施塔姆的态度可以清楚地看出。曼德尔施塔姆1891年出生于华沙，当时华沙是俄罗斯帝国的一个省会城市。1914年，曼德尔施塔姆出版第一本诗集的一年后，他对波兰爱国主义军队的建立做出了反应，写了一首针对波兰人的讽刺诗，并训斥"波兰，斯拉夫人的彗星"反射着哈布斯堡王朝，亦即异族的光芒。对曼德尔施塔姆而言，波兰人属于斯拉夫民族的大家庭，他们的祖国在俄罗斯帝国。这首诗，步普希金后尘，与他1831年的反对波兰诗歌的精神一脉相承，使得米沃什无法对曼德尔施塔姆产生亲近之感。

1937年，就在曼德尔施塔姆被逮捕并在送往集中营途中死去前不久，这位俄罗斯诗人写过一首无题作品，就是人们已经知晓的给斯大林的颂歌。这首诗引起过许多争论：曼德尔施塔姆的遗孀和安娜·阿赫玛托娃似乎试图压制该作品的出版，尽管曼德尔施塔姆本人对此作品颇感自豪。克莱尔·卡瓦纳曾写道，它的存在使我们心中这位艺术家的最后岁月的肖像，在多个方面变得更为复杂起来。[12] 事实上，这首颂歌是一个非常令人惊讶和困惑的艺术作品。其在结构上，遵循了品达的颂诗体严格的结构形式。它有七个诗节，每个诗节分别有押韵的十二行，音节和重音按照一定的规律变化；不幸的是，翻译的英语版只能反映作品的内容，而不能反映其形式。在诗里，显然有两个人、两个角色，一个是从事叙述的艺术家，另一个是"勇士"，艺术家必须对其"赞美、守护和珍爱"。有时，艺术家似乎比他所称颂的对象更为重要。下面是该诗的开头几行：

> 如果我为了最高的赞美拿起这炭笔——
> 为了绘画的永恒的快乐——
> 我会以巧妙的角度分开空气
> 既小心又急切。
> 为了使现在回荡在他的脸上（我的艺术近乎胆大妄为），
> 我想说一说，转变了世界之轴心的他。

诗中的"轴心"（axis）——（os'）是一个文字游戏，它合并暗示了诗人的名字 Osip 和斯大林的名字 Joseph，所以，才有诗里"胆大妄为"这个词。接下来，近乎反常的是一系列复杂的赞美，其中随时有诗人对自己赞美之举的反思，以及对自己死亡的预言。在颂歌的结尾，他说："我将复活……"[13]

米沃什对这首诗进行了尖锐的批评，同时也表达了对这位诗人其他作品的崇敬之情。他的随笔《评曼德尔施塔姆的〈斯大林颂〉》发表在克拉科夫一个很小的刊物《巨响》（NaGłos）上 [14]。如果不是《选举报》周末版转载，可能悄无声息就过去了。转载出自该报主编亚当·米奇尼克的提议，而米奇尼克告诉我，米沃什曾反对转载，因为他也认为自己写了"一篇政治不正确的东西"。《选举报》的编辑乔安娜·斯切什娜（Joanna Szczesna）为该报读者考虑，对这篇文章做了修改，比如，她删掉了几个有关布罗茨基的句子，那本是一些离题的话。这对我们来说是非常有趣的，因为这是米沃什典型的特点：不论在什么场合，随时可能想起已故的朋友。最重要的，也是最明显的删改是没有使用在《巨响》上发表时描述性的标题，换上了米沃什另外的话"不知羞耻，也不顾尺度"作为标题。这截取自文章里的一句话："毫无疑问，这首'颂诗'是一种丑陋的拜占庭风格，就其被用来颂扬而言，完全不知羞耻，也不顾尺度。"当这篇文章后来再被收进书里时，米沃什在编辑马雷克·扎勒斯基（Marek Zaleski）的建议下删掉了这句话：我认为，这是对他的批评者的某些论点的间接接受。《选举报》上发表的版本，其文章的意思并没有改变，只是语气变得更为严厉。一系列尖锐的批评随之而来。曼德尔施塔姆的辩护者包括俄语作家法兹尔·伊斯坎德尔（Fazil Iskander）、阿纳托利·纳伊曼和波兰评论家亚当·波莫尔斯基（Adam Pomorski）。米沃什对报纸编辑的删改非常生气。在一次电话里（"我是米沃什!"），他曾经对我说："看起来像是在抨击曼德尔施塔姆，米奇尼克本人已经解释过了。"[15] 米沃什给批评他的人写了一个回应，但是没有给《选举报》，而是发表在了另一份日报《共和国》，标题为"诗人和国家"。

这场争论澄清了米沃什对于曼德尔施塔姆，以及诗人在社会中地位的看法。他不满文章的删改和标题的改变，但是第二篇和第一篇在内容上没有区别，开头都是这样一个陈述："波兰——不只有波兰——将曼德尔施塔姆作为思想自由之烈士的传奇，但这并不符合事实。这更像是在古罗马时期的基督教殉道者中发现了一个异教徒，而他被恶毒的对手指控对凯撒缺乏忠诚。"（有意思的是，我们注意到这里用到了罗马帝国的背景，那正是曼德尔施塔姆和布罗茨基都喜欢援引的；正是俄罗斯让米沃什想到了罗马。）在第二篇文章中，米沃什承认曼德尔施塔姆写给斯大林的颂歌"技巧高超"，这也是他的辩护者经常提及的，但是米沃什接着说，考虑到那个歌颂的对象，"那个名字应该遗臭几个世纪的罪犯"，所有高超的技巧都黯然失色了。他还驳斥了俄国人提出的关于诗人和沙皇关系的中心地位的论点；这一观点甚至宣称他们之间存在某种平等。米沃什平静地描述了曼德尔施塔姆的命运，曼德尔施塔姆对 1917 年革命的支持和他的"布尔什维克化"，以及他对归属于人民的内心需求——对此，米沃什既没有讨伐的狂热，也没有他一贯的同情。尽管他发现俄罗斯人对国家的热爱令人钦佩，且"与波兰人对无政府状态的喜爱正好相反"，但是这首歌颂斯大林的诗还是引起了他的厌恶。米沃什也写过两首颂歌，一首献给瓦文萨，一首献给约翰·保罗二世，但他从来没有赞颂过暴君。在波兰浪漫主义的文学传统中，诗人可以抬高声音向上帝挑战，却从不将自己降低到暴君的平面。[16] 在回应《共和国》报上的批评时，米沃什宣称：波兰诗人捍卫他的无国家的民族的存在，而俄国诗人"考虑的是被国家所需要的强力"。

在从关于曼德尔施塔姆的第一篇文章中删除的一段题外话里，米沃什宣称，他没有机会与布罗茨基讨论这个问题，但是"对布罗茨基来说，那首颂歌问题可不小"。米沃什错了。布罗茨基非常欣赏这首献给斯大林的颂歌，至少有两项证词说明了这一点。其中之一来自与所罗门·沃尔科夫的谈话，那是在布罗茨基去世后出版的，没有得到他的授权。"按照我的口味，"布罗茨基说，"有关斯大林的最好的作品就是曼德尔施塔姆在1937年所写的颂歌。在我看来，这可能是曼德尔施塔姆写过的最宏伟的诗歌，甚至不止于此，这首诗歌可能是20世纪俄国文学中最具意义的事件之一。这是我的信念。因为曼德尔施塔姆的这首诗，既是一首颂歌，也是一部讽刺作品，从这两种截然相反的倾向的结合中产生了一种全新的品质。这是一件奇妙的艺术作品。"接着，他分析了曼德尔施塔姆在其文本中所使用的文学技巧，并解释说曼德尔施塔姆"采用了'诗人与沙皇'这一非凡的主题，这个主题贯穿于整个俄罗斯文学。在最后的分析中，这一主题在诗中得到了某种程度的解决，因为它表明了沙皇和诗人的关系是如何紧密。为了这个目的，曼德尔施塔姆利用了他与斯大林同名的事实 [Osip = Iosif = Joseph]。所以他的韵律具有存在论上的意义"（CJB，第31—32页）。

沙皇与艺术家/诗人之间的关系，也是沙皇与散文作家、电影制作者、作曲家之间的关系，这是贯穿于俄国历史的一个传统主题，尤其体现在斯大林主义的鼎盛时期。比如，斯大林对鲍里斯·帕斯捷尔纳克和德米特里·肖斯塔科维奇作品的著名干预，甚至已经成为一些传奇逸事的来源。布罗茨基延续了俄罗斯的文学传统：文学和国家之间没有间隔。诗歌是一种终极的现实，它"解决"某些事情，它的力量比物质的力量更强大。通过写诗，曼德尔施塔姆"侵入"了斯大林的私密领域。"如果我是斯大林，"布罗茨基以惊人的暴力对沃尔科夫说，"我会立即割断曼德尔施塔姆的喉咙。我会意识到他侵犯了我，僭越了界限，没有什么比这更可怕的，或者更令人震惊的了。"（CJB，第31页）在1993年写给詹姆斯·赖斯（James Rice）教授的一封信中，他也表达了类似的观点，只是没有那么强烈。这首诗，半是讽刺，半是颂歌，而不是表达恐惧或矛盾心理——它是一次有意义的反击。[17] 这显然是对这首诗的真诚的赞美，同时在过度的赞美之词中巧妙地包含了批评的暗示。布罗茨基惊叹这首诗对"沙皇"构成的挑战，以及诗人将自己放到一个与沙皇平起平坐的位置所体现出的胆大妄为。

我们如何理解沙皇与诗人之间的特权关系？安娜·阿赫玛托娃和玛丽娜·茨维塔耶娃都曾写过，普希金的名字抹掉了折磨他的沙皇的名字——他和沙皇生活的那个时期，被称为"普希金时代"。南非作家、诺贝尔文学奖得主 J. M. 库切也对语言与权力之间关系的问题很感兴趣。在思考政治时他写道："唯有以倒退到严格的形式主义为代价，才可能回避曼德尔施塔姆的真诚性的问题，及其政治和道德含义。"不过随后他得出了一个与布罗茨基类似的结论。斯大林似乎对伟大的俄罗斯诗人如何将他的形象传递给后代特别敏感。没有一个公认的伟大诗人在他的大清洗中被杀害，至少没有被有意杀害；这就是为什么斯大林要给鲍里斯·帕斯捷尔纳克打电话并询问曼德尔施塔姆作品的价值。这种关系是相互的：诗人也明白他们的语言的重要性。一首伟大的诗篇对于斯大林是一种威胁，用库切的话说，这也解释了"曼德尔施塔姆为掩盖这种威胁，不惜自我贬低地奉承，对斯大林是否高兴表现出过度的在意"。这些都是曼德尔施塔姆试图掩饰的"僭越冲动"。库切写道，从那种对峙来看，曼德尔施塔姆最后显得"在火力上被压住了，但也没有蒙受耻辱"[18]。

在米沃什看来，这首献给斯大林的颂歌的语调是非常可鄙的，但对布罗茨基而言却并不陌生。在离开祖国之后，他写了一封公开信，这封信带着浪漫的、普希金式的感伤，然而，其中的讽刺和傲慢却是典型布罗茨基（和普希金式）的风格：

　　　　我想请你给我一个机会，让我保持我在俄罗斯文坛的存在，至少作为一名译者，如我至今为人们所承认的那样。我属于俄罗斯文化，我觉得自己是它的一部分，是它的组成部分，无论我身处何地，都不能影响这最终的结果。语言比一个政权更古老，更无法逃避。我属于俄罗斯语言。至于国家，在我看来，衡量一个作家爱国主义的标准，不是看他是否站在一个很高的台子上宣誓，而是看他如何以他生活其中的人民的语言写作。

　　　　我在这个世界上所拥有的一切，都归功于俄罗斯。

　　　　我相信我会归来，诗人总会归来，无论身体的，还是纸上的归来。

　　　　我请求你给我一个机会，让我在俄罗斯文学和俄罗斯土地上继续存在下去。在我的祖国面前，我不认为我有罪。

　　　　最后：如果我的人民不需要我的身体，我的灵魂还是有用的。

约·布¹⁹ 敬上

在他自己的诗作中，有一首题为《朱可夫之死》（1974）的作品，就如曼德尔施塔姆的颂歌一样，他将挽歌性质的赞美诗（挽这位民族英雄之死）和讽刺（英雄平静地死在他的床上，却没有人为他的死亡哭泣）联系在一起。当然，赞美的音调要低得多——主角毕竟只是一位将军，而不是斯大林，整部作品的基调也更具讽刺意味。此外，其时诗人生活在流亡之中，不依赖于诗歌的对象，所以这只是某种诗的锻炼。但在十年前，1964年，布罗茨基写过一首诗，诗的题目令人惊讶："Narod"——意思是"国家"或"人民"。在布罗茨基的语境中，这个词使用时通常带有讽刺意味——它是苏联用于宣传的词汇中的主要构件之一。正如阿赫玛托娃的某些作品一样，这首诗表达了跟人民团结一致的主题。但是从布罗茨基的文学环境来看，这首诗被认为是一种parovozik（"小火车头"）。也就是说，这是一种意识形态上的让步，诗人这样做，是为了出版他的其他更重要的诗歌。列夫·洛谢夫在一篇名为《论阿赫玛托娃对"人民"的爱》的文章中，对这一观点进行了反驳，他不仅引用了阿赫玛托娃对这首诗的赞赏，还引用了她在《安魂曲》中的几行诗，其中同样使用了"人民"一词。《人民》一诗的基调是崇高的；苦涩与崇高的结合。[20] 这首诗，只在早期的地下出版物上发表过一次，布罗茨基后来就拒绝发表它了，连同其他早期许多他认为不成熟的诗歌。

米沃什也写过一首名为《民族》的诗，这首诗既是批判性的，又是悲哀的；这是他最经常被人引用的作品之一，不仅被他的赞赏者引用，也更经常地被他的批评者引用。它以如此惊人的文字开篇："当闪电审判它时，世界上最纯洁的民族。/ 在日常的劳作中，却显得轻率而狡猾。"它是这样结尾的："这民族的一个男人，站在他儿子的摇篮边，/ 重复着直到今天徒劳无果的希望之语言。"（NCP，第 91—92 页）这首诗写于第二次世界大战之后，表达了一个见证者在穿越了五年的死亡、堕落和失败后全部的痛苦和羞耻。

布罗茨基的诗《人民》或他写给勃列日涅夫信中的爱国主义，似乎并不指向俄罗斯国家。瓦伦蒂娜·波鲁希纳（Valentina Polukhina）称他为俄罗斯的继子，因为在他还生活于国内时，他就没有写过一首"公民"诗。[21] 在流亡期间，接受采访时，他经常表达对于俄罗斯的矛盾心绪。1987 年，他在斯德哥尔摩出席诺贝尔奖颁奖典礼时，对他的波兰编辑耶日·伊尔格说："波兰是这样一个国家，我对它的感情比对俄罗斯更为强烈……这显然是潜意识里的；说到底，我的所有的祖先，他们都来自那里，来自布罗迪（Brody），因此才有了我这个姓。"[22] 这是对波兰人所做的宣告。在接受立陶宛人采访时，他说，他的祖先曾经生活在立陶宛，说立陶宛语[23]。这两项声明都是真实的，旨在与俄罗斯保持一臂之距。但他也表示，对他来说，没有什么比俄罗斯更重要。"我是俄罗斯的一部分，而相反的说法也同样正确。我不想俄罗斯，在我内心，没有思考俄罗斯这回事，因为那就是思考我自己。"（StS，第126页）

布罗茨基与俄罗斯的关系不能被简单地定义为"爱"，他的矛盾心理在跟《选举报》总编辑亚当·米奇尼克的谈话中可以清楚地看出来。在继续讨论这个问题之前，我想说的是，对于一个在波兰文化中长大的人，很难从受害者或反抗之外的角度来理解和谈论帝国的问题。对波兰来说，帝国意味着压迫。即使是波兰帝国——波兰立陶宛联邦，或两国联邦——都被人认为是个一盘散沙的单一阶级的民主国家，拥有一个民选的国王和众多的独立贵族以及吵吵嚷嚷的小议会。每个波兰孩子都被教导说，波兰当时是一个独特的具有包容度与多样性的地方。将波兰进行的征服和占领视为文明化的使命，这样的善意的看法是同一观点的另一种版本，它是违背历史的，却在流行文化的层面横行无阻。这种文化是一个民族国家的文化，而今天的波兰——一个具有国籍、宗教、种族的国家——被理解为整个波兰历史上一直为之奋斗的最终目标。这种观点让我们很难理解约瑟夫·布罗茨基对于俄罗斯帝国的态度。

《选举报》的对话，发生在 1994 年 11 月 10 日，也就是布罗茨基去世前的一年半，地点在米奇尼克到访纽约做讲座占用的新校舍的一间小公寓。必须补充的是，米奇尼克是一个亲俄派，热心地遵循俄罗斯政治学，懂俄罗斯语言和文学。他也是一名前异见人士和政治犯，而在这场对话中，他和布罗茨基之间的分歧并不是米奇尼克的无知所导致的。我当时就在现场，我记得当时的气氛很紧张，这种紧张只是部分地反映在后来刊登于《选举报》的文字记录中 [24]。米奇尼克认同俄罗斯的反叛传统，在他看来，恰达耶夫和十二月党人就象征了那个传统，他把布罗茨基归入同样的品位和传统。米奇尼克对布罗茨基的看法，也是仰慕这位俄罗斯诗人的波兰人共同的观点：他必须是一位自由派人士、倾向民主的异见者。然而，布罗茨基总是重复说，他不是一个持不同政见者，而在跟米奇尼克的对话中，他也拒绝了这一假设；他只对俄罗斯的个人或文化的层面有兴趣。"如果我确实代表了什么倾向，"他说，"那也是对于文化的理解，它不受政治史的限制。"他被米奇尼克使用的概括分类激怒了，"我不认为自己是俄罗斯知识阶层的一员，"他说，"也许应该拒绝这些精神上的分类——俄罗斯、东方、西方……谁有权力谈论两亿人？"但是，接下来，他自己也开始概括了，而这原是他所指责对话者的地方（"你错了，亚当"），他所引发的关于俄罗斯前景的话语是非常悲观的。"今天的俄罗斯完全是一个新的人类学的动物园……在俄罗斯，一段历史发生了，而它无人理解，数百万人乃至几代人过着完全不应是他们的生活。正如阿赫玛托娃说过的——人类的生命就像一条被转向的河流，奔流在不同的河床上。人们过着那不属于自己的生活，然后死去。"

正如我已说过，布罗茨基在谈到他本人和他的家庭时，经常回想起阿赫玛托娃的这些话。这些话所描绘的俄罗斯是一个被破坏的、没有成就感的扭曲的国家。自由，只有外在于政治和历史才有可能存在，它仅仅存在于个人的生活里，仅仅存在于对强加的分类和行动的反抗之中。在1975年，布罗茨基说过，在俄罗斯重要的是个人之间的团结，是在"你可以信任的人"中间的"一种友谊的文明"。[25] 他想谈的，不是俄罗斯，而是具体的人，是他们的生活与成就。"我们是在绝对个人主义的精神下长大的，"他对米奇尼克谈到他所说的"可以信任的人们"时说，"这很可能是对我们俄罗斯人的集体主义的一种反拨。……来到美国后，我们中间的许多人——我不知道我为何喜欢用'我们'而不是'我'——弄明白了一件简单的事情：在俄罗斯，我们比真正的美国人更美国，更个人主义。在我们的意识里，美国作为个人主义的化身，是一个典型的类型。"他还自嘲地补充说："我是一只狗。当然，我拥有智力，但在生活中我通过嗅觉、听觉和视觉来引导自己。……我不再受公共意见的支配。"[26]

布罗茨基在这里回避了俄罗斯与政治的关系问题，仅仅宣称了自己非政治性的身份。他确实关心政治，但是他从未忘记俄罗斯的帝国范围，他的政治思想的表述也没有遵循西方自由主义者的道路。他对于"中欧"的态度，在这一点上便是一个很好的例子。遗憾的是，在与米奇尼克的对话中，有整整一个部分在剪辑时被删掉了，而且已无法找回，这一部分涉及俄德两国的密切关系，也涉及联结俄罗斯的欧亚地区与德国西边广大的平原地带。布罗茨基的简短说法使我想起了当时的俄罗斯和德国，以及它们对待波兰和处在它们之间的其他国家所持的共同态度。布罗茨基谈到他对俄罗斯神秘精神的强烈依恋，这种精神也是德国所共有的。这段对话，是在晚上很晚的时候，不知如何被对话会的参与者误解或者遗忘了，在随后的录音誊抄稿中被剪辑掉了。在场的波兰人，以及记录和剪辑对话会内容的那些人，对这样一个话题缺乏"倾听"，认为说话者是他们的朋友。他既然被认为是"我们"中的一员，他的想法自然会跟"我们"一样。

事实上他跟"我们"所想的不一样，另一个例子是布罗茨基对于乌克兰的态度。苏联解体似乎没有影响到他，他震惊于白俄罗斯，尤其是乌克兰脱离俄罗斯建立自己独立国家的决定。列夫·洛谢夫在他的布罗茨基传记中写道，布罗茨基对于俄罗斯的想象是"从白海到黑海，从伏尔加河到布格河"。对于乌克兰民族国家的建立，他的回应是写了一首诗，洛谢夫称之为"针对乌克兰人的长篇谩骂"。他继承的是普希金和曼德尔施塔姆关于波兰人以及向波兰人讲话的写作传统，据此，他对乌克兰人发表他的讲话；洛谢夫所引用的部分是粗暴的，充满攻击性的种族成见。这首诗的暴力可归因于布罗茨基的家族来自乌克兰，或者至少因为他们的姓氏来自现属乌克兰西部的布罗迪市。布罗茨基认为乌克兰是大俄罗斯的一个组成部分。基辅人的"罗斯"是俄罗斯建国的母亲，正如塞尔维亚人的科索沃是他们的摇篮一样。他激烈的谩骂激起了不安的科索沃人的联想。

布罗茨基在纽约皇后学院当众读过一次这首诗；有人从朗读的磁带录音上转抄下来，并在乌克兰的一家报纸上发表了（可想而知它引起的愤怒）。托马斯·温茨洛瓦告诉过我，他在听过这首诗后就建议布罗茨基不要发表。他听从了这个建议，没有发表；洛谢夫称之为布罗茨基唯一从政治上做过自我审查的例子。这种自我限制当然不是因为他害怕"政治不正确"——就像许多其他来自苏联的移民那样，布罗茨基对于国家在语言上的控制非常敏感，他认为，关于族裔、性别、种族和宗教的限制是一种新的压迫形式。他多次公开发表反对伊斯兰教和"东方"的言论，它们都在他的随笔文章《逃离拜占庭》里。[27]这些言论，反映出他的根深蒂固的信念：关于东西方之间的对立，以及欧洲文化优越性。所以，当他

"拒绝"东西方的分裂时，他的意思是想让俄罗斯留在西方。他不接受"中欧"的概念，也是因为这一概念会将俄罗斯进一步推向东方。米沃什也不想把俄罗斯挤出欧洲，但是布罗茨基的"欧洲"却更多地倾向东方。

到美国几年之后，布罗茨基开始用挽歌的模式写作关于俄罗斯的文章，仿佛俄罗斯对他来说只是一段回忆。[28] 虽然他极其热爱俄罗斯的语言，但很难想象，他会像米沃什那样写出一部俄罗斯文学史 —— 他对文学的热爱不具有地域和国家意义上的稳定性，而米沃什则有。布罗茨基的个人发展有种向外扩张的形式，超越俄罗斯，与其说是向西方的扩张，不如说是向拉丁文化的扩张。甚至在他年轻的时候，他就在"扩大他的言语范围"，伸向非俄罗斯的模式。离开他的国家之后，他有一段时间致力于俄罗斯语言的工作，推动他最心仪的诗人的传播 —— 曼德尔施塔姆、阿赫玛托娃、茨维塔耶娃。但是他逐渐远离了俄罗斯的话题。在他的第二部散文集中，几乎没有涉及俄罗斯文化的文本，而在最后一部诗集里，意大利变得比俄罗斯更为重要。"一个人旅行的次数越多，他的怀旧情绪就会变得越复杂。"在随笔《一个和其他地方一样好的地方》中他这样写道。由于他从未真正置身于政治或历史，他不会沉溺于怀旧。关于俄罗斯，就像他的家庭一样，他只是"间接地""拐着弯儿地"谈论 —— 特别是在谈论语言或帝国这一类问题的时候。

他经常重申的是，对诗人而言，最大的危险来源于自我重复和陈词滥调。纳伊曼写过，阿赫玛托娃喜欢说"不要重复，你的灵魂是丰富的"。这条建议不仅适用于写作，也适用于生活。布罗茨基总是寻求摆脱平庸。有一次在跟我的一次谈话中，矛头对准了某种陈词滥调。他说，俄罗斯人喜欢把一切都归咎于他们的政府，美国人则归咎于他们的父母，而波兰人归咎于历史。他在另外的地方写过，一个自由人不会责怪任何人。他极端厌恶对历史的政治化利用，这只是他对于生活所强加的重复性的整体排斥的一部分。他继承了俄国文学的传统，但是他始终没有扮演民族诗人的普希金式角色，也没有像索尔仁尼琴那样扮演"一个真正的俄国人"。他的俄国是一个"袖珍的俄罗斯"，属于她的诗人。对他来说，诗人才是真正的俄罗斯，一个政治、历史之外的俄罗斯。因此，他的态度完全是以人类为中心的、以个人为指向的，这导致了他的不服从，以及对满足那些最明显的社会要求的拒绝。最好的例子是他在十五岁辍学——这在他当时所处的社会阶层中是非常罕见的。他的抵抗几乎是身体上的，事实证明，在他的七年教育中他上过五所不同的学校。这与米沃什形成了非常鲜明的对比。这位波兰诗人按部就班地从他就读的每所学校毕业（在维尔纽斯大学他不得不补考法学院一门极难的课程），但他又非常自豪于自己的叛逆精神——一位神职人员曾把他赶出教室，因为年轻的米沃什眼里流露出傲慢的神情。布罗茨基从来没有声称他的反叛有什么好处。只是因为我神经紧张，他会说，还有我讨厌重复。

　　米沃什接受规则并在规则之内抗议，布罗茨基却经常是一个不可预料的人。例如，他拒绝扮演一个受害者的角色，在许多善意的介绍中，只要有人那样介绍，他就表现出明显的不悦。论者喜欢引用他在1964年受审时对法官问话的大胆回答："你从哪里知道自己是诗人？""我不知道……也许从上帝那里？"这被认为是一种反抗之举，但在布罗茨基的记忆里，这只是他对整个"司法"机构之荒谬感到尴尬而做出的一个诚实的回答。在国内流放期间，他写作、阅读、工作，他在后来将那段时期称为一生中最美好的时期之一（也许只是为了反对陈词滥调）。他离开自己的祖国之后，也并没有沦为一个因思念而憔悴的难民角色；在《我们称之为流亡的状态》一文中，他质疑过这种角色的有效性。有的批评家似乎想阻止他用英语写诗，而他对此置若罔闻。恰恰相反，他一再将自己描述为一个不可归类的人。在随笔《一件收藏》中，他写道："你是谁？作者用两种语言问自己。"然后答道："好吧，我不知道。女士们，先生们，算是一只杂种狗吧。这是一只杂种狗在说话。或者，是一个半人马。"（ORG，第150页）

　　半人马的形象经常出现在布罗茨基的诗歌中，是隐藏的作者形象之一。四首题为"半人马"的组诗，是关于不相容的几种元素的相遇。这组诗是布罗茨基获诺贝尔文学奖之后写的，却仍然表达了对生活的深切不安，而不是临时的短暂不适应。诗中的叙述者似乎在直视着死亡。在那组诗之后，另一首诗《半人马的墓志铭》（"Epitaph for a Centaur"）中，向生命告别的意味则尤为明显。这首诗颇具反讽性的开头几行写道："要说他不快乐，不是说得过分 / 就是说得不够：这取决于谁是听众。"（CPE，第369页）

如果我们认真对待布罗茨基的警句，即"诗人的传记只存在于他的作品"，我们可以把这些诗句视为他的自传的片段。这是马克·斯特兰德对这首诗的解释，在威尼斯死亡岛上的天主教堂，布罗茨基的葬礼弥撒上，他读了这首诗。这组诗中的半人马最能反映出布罗茨基对生活的不适应，这体现了他的"不妥协性、不相容性——那种证明 / 与其说是一个人的个性或美德，不如说是属于可能性的东西"（CPE，第369页）。这里所呈现的不适应，不是自由意志的结果，而是某种与生俱来的不相容性，是与他的人性不相容的"动物的部分"。这是许多例子中的一个，他解释说，他的不服从，只是因为他的无耐心，而不是他有多大的勇气。他一定为这个特点感到自豪，因为他看重个人和民族的本能的反叛，正如他关于波兰的声明，这一点将在本书下一章显示出来。

波兰哲学家齐格蒙特·鲍曼[1]曾经写道，祖国是那么一个地方，一个人像植物一样从其土壤中吸取养分，而不是像自由活动的动物那样。布罗茨基笔下的半人马总是在运动中："多年来，他像一朵云，在橄榄树林中游荡，/ 惊奇于一条腿，不动之母。"（CEP，第369页）即使是在他的祖国，诗人也无法安定下来，由于流离失所，他在流放中也不可能安定。对于布罗茨基来说，正是这种混杂状态导致了异化，因为那种状态意味着精神与物质的不相容。我相信，这就是他的方式，体现出他与心脏病以及随时猝死的危险共存的生活实质。死亡的来临在《半人马的墓志铭》一诗中，而不仅仅在标题中，有着明确的预示。这首诗是如此结尾的："他死得很年轻——因为他动物性的部分 / 比他的人性还脆弱。"在这里，死亡的悲怆也被反讽性地削弱了：半人马的身体的物质性与他的精神性相抵触。身体会散发出一种难闻的气味，生病，让他失望，是野蛮、好斗本能的温床。这种人与动物元素的结合使半人马成为一座行走的废墟，一块移动的纪念碑，既坚固，又脆弱。这是布罗茨基引用古典的一例，在他的作品中，有许多对于古典的引用，半人马本身也是古典历史的一个符号，但他的这种引用，是高度个人化的、自传性的。半人马最重要的特征是其双重本性，这使他不能

---

[1] 齐格蒙特·鲍曼（Zygmunt Bauman，1925—2017），波兰哲学家。著有《现代性与大屠杀》《立法与阐释者》等。

完全属于任何一个领域。布罗茨基的心脏，渐渐失去了他那种不服输的精神。他不仅不属于俄罗斯或者美国，还被悬置在生与死之间。

在希腊文化中，半人马属于怪物的范畴[29]，而欧洲文化与诗歌则延续了半人马的怪物形象。学者阿加塔·阿拉斯凯维奇（Agata Araszkiewicz）在评论波兰诗人苏姗娜·钦珊卡（Zuzanna Ginczanka）时指出，在莫里斯·德·格兰、莱孔特·德·莱尔以及何塞·玛丽亚·德·赫里迪亚[1]的作品中，有一种将半人马作为暴力但聪明的怪物书写的文学传统[30]。钦珊卡也因为"单腿"被拒签——她死于大屠杀，由于她的异国长相，无法假扮非犹太人。她最出名的是她悲剧性的、反讽的、无标题的"非全死"似的诗（"Non omnis moriar"[2]-like poem），但她留下了一本题为《论半人马》（*O Centaurach*）的诗集。布罗茨基把一幅男半人马和女半人马的旧画钉在他纽约的书房墙上。这些形象，对他来说不仅意味着某种杂种性和矛盾心理，也意味着边界的跨越和双重性。"双性化"，如米沃什所说的，体现在语言和文化问题、

---

[1] 莫里斯·德·格兰（Maurice de Guérin，1810—1839），法国诗人。
   莱孔特·德·莱尔（Leconte de Lisle，1818—1894），法国诗人。
   何塞·玛丽亚·德·赫里迪亚（José Maria d'Hérédia，1803—1839），出生于古巴的法国诗人。

[2] Non omnis moriar，是贺拉斯的诗句，意为"非全死"，这里喻指苏姗娜·钦珊卡人虽然死了，而诗留存了下来。

对俄语和英语的依恋，以及对作为帝国的俄罗斯和美国的依恋上。这种依恋经常通过帝国的细节透露出来——半人马式的自画像，或碎裂的雕像，正如在《残躯雕像》（"Torso"）一诗中所写。布罗茨基不断地回到这样的意象，仿佛在帝国的象征中、在帝国的废墟中找到了家。与民族国家不同，帝国也许能使它本身幸存下来。民族国家也许会消亡，帝国则意味着不朽。

帝国的符号重复出现的一个原因是，他的童年是在涅瓦河堤岸上那些荒弃的仿古典大理石中间度过的。列夫·洛谢夫在他论述布罗茨基的书里，有一章是"作为教育手段的城市"，写到年轻的约瑟夫成长于圣彼得堡，那里随处可见帝国符号，许多符号都被融入城市最重要的建筑，从他的公寓窗口就可以看见。在孩提时代，布罗茨基面前就有一个理想的祖国形象——那是一个帝国，基于古典的对称、相同主题有节奏的重复、力量与不朽的和谐统一的帝国。这些帝国的符号一直深留在他的视觉记忆里。在他的"一个半房间"高高的天花板和墙壁上，是灰泥刷出的装饰花环；仙女和缺损的躯干雕像，倒映在运河。在他年轻的时候，布罗茨基写道，"西方"这个词，对于他意味着冬天的威尼斯，那是"冬日海边一座完美的城市，圆柱、拱廊、狭窄的通道、冰冷的大理石台阶、剥落的露出红砖的灰泥墙壁、丘比特、灰尘覆盖了眼珠的小天使：这是做好了御冬准备的文明"

（ORG，第 15 页）。大理石、灰泥、纪念碑，不断出现在布罗茨基的诗歌中。即便是列宁格勒漫长冬季的雪，也能让人想起帝国——如"雪，这可怜之人的大理石"这样的诗句，出现在他关于母亲的诗《缅怀》（"In Memoriam"）中。一排排大理石雕像倒映在河中，对他来说就是帝国的象征，正如《残躯雕像》一诗中所写：

> 假如你忽然漫步于蔓草石路
>
> 感到大理石胜过草色青青，
>
> 或看见嬉戏的仙女与农牧神
>
> 铸在青铜像上比在任何梦中更欢愉，
>
> 让手杖从你疲乏的手中坠落吧，
>
> 你是在帝国，朋友。
>
> （CPE，第 78 页）

这首诗写于 1973 年 1 月，是布罗茨基在美国最初的那几个月。它仿佛在说，我到达了。一幅被毁坏的帝国景观，将成为家园。

布罗茨基反讽性地将他离开俄罗斯形容为从一个帝国转到另一个帝国。但是，由于"帝国"一词很早便出现在他的诗歌中，我们可以将它作为他全部作品的一个框架。在布罗茨基诗歌创作之初，他就写过关于帝国的作品，分别是在

《来自东方》（"Ex Oriente"）和《黑海书简》（"Ex Ponto"）里。这些短诗，是普希金献给奥维德的诗体"书信"的变体，也是关于布罗茨基本人流亡的预演——这是任何俄国诗人几乎都会自动触及的主题。反之亦然：流亡诗人的形象，唤起帝国的主题。1968 年 1 月，二十八岁的布罗茨基写了一首诗《我主的纪元》（"Anno Domini"）（CEP，第 5—7 页），在诗中他进一步发展了穿着罗马装束的帝国主题。帕兰加（Palanga）位于当时属于苏联的立陶宛，通常认为它是写作这首诗的地方。叙述者是一个孤独的人，被迫与他所珍爱的一切分离，在帝国的一个悲伤的省份写作。这个悲伤的、帝国之省的语调，是布罗茨基所有立陶宛诗歌的特点[31]。

不仅仅是立陶宛引发了帝国的话题，他对这个词的重复，使瓦伦蒂娜·波鲁希纳将她论述布罗茨基的著作中的一章起名为《诗人对帝国》（"Poet versus Empire"）。美国、古罗马、希腊、拜占庭、威尼斯或墨西哥，所有这些地理名词都与帝国形象有关。作为一个昔日的帝国、如今的废墟，威尼斯尤其吸引布罗茨基。这些"帝国"诗歌的叙述者，总是一个疏离的、反讽的或愤世嫉俗的观察者——布罗茨基这个角色，可能得之于普希金的诗歌。而帝国本身，或者更准确地说，它的边界（因为叙述者从来不在帝国的中心）正处于一种解体的状态。20 世纪 60 年代，在布罗茨基写《我主的纪元》时，苏联已在衰落，却只有诗人的想象力和敏感性才

米沃什与布罗茨基

能及时捕捉和描述。布罗茨基是一个极其聪敏的人，而他的诗性智慧甚至超过了他纯粹理性的力量。这不是一个政治的问题，而是诗歌的问题。

无论是在诗歌还是在散文中，布罗茨基从未放弃过帝国的主题。他完成于生命最后阶段的两部戏剧（也是仅有的两部），其情节都发生在普通的帝国场景中。米沃什在提到布罗茨基对"帝国"一词的使用时，像往常一样，以最大的善意理解他的朋友。布罗茨基说，他要净化俄罗斯语言，使之免受污染，回到"经过检验的、清晰的词语：帝国、暴君、奴隶"[32]。在关于布罗茨基诗歌的第一篇英文评论中，米沃什说："'帝国'是布罗茨基的一个故意戏谑的词语。……对于俄国人来说，他们的国家也是一个帝国，也许是骄傲的来源，而对美国人来说，他们有一种捶胸顿足的奇怪习惯，它也许是羞耻的来源，然而现实是不可回避的。对布罗茨基而言，'帝国'还意味着一个幅员辽阔的大陆，以及他所喜欢的纪念碑。"[33] 米沃什懂得布罗茨基对帝国的爱，尤其是对其空间的爱——空间的开放性；但对他本人来说，他每次说出这个字眼，都不得不咬紧牙关。他的诗作《墓志铭》听起来像是对布罗茨基的回应。这首诗还没有被翻译成英语，其中，米沃什写道，当帝国陷落，一如实际发生和应该发生的那样——大量的雕像随之毁灭，而我们听到被征服的人民空中的哭声——他们没能活到见证"那野兽的痛苦的时刻"。

布罗茨基一想到捷克斯洛伐克被入侵就感到羞愧——仿佛他也有责任；米沃什同情被征服者的痛苦。他写作《墓志铭》一诗，是在柏林墙倒塌前三年。那时他无从得知，这是那个压迫了他几乎一生的帝国最后的几年——这个帝国受到了"时间及其迟缓而轻蔑的判决"的谴责。[34]

正如我已提到过的，对于布罗茨基那一代人来说，"帝国"这个词是苏联的别称，[35] 其所包含的情感与智性成分非常复杂。一个控制着十一个时区的国家，其力量令人骄傲，其幅员之辽阔激发了人们漫游的热情和感激的情怀。这之中有对文化和语言的热爱，也有一种拒绝，拒绝它所施加的压迫。布罗茨基同时代的人，包括未发表过作品的诗人、具有音乐家天赋的地质工作者、善写小说的电气工程师，与其说置身于苏联，不如说生活在俄罗斯文化里。他们依附于帝国，依附于其地理和历史的宏伟，但是，对语言的充分占有、对文化的所有知识，才是他们建立社群归属感的途径，甚至是唯一途径。他们必须向国家提供的是对传统的尊重，而这意味着帝国主题的延伸：帝国是这一文化的重要组成部分，是它的骄傲和耻辱。

根据米沃什的看法，彼得堡的古典建筑是布罗茨基的艺术根基，然而，布罗茨基所使用的语言，却并不是"对称性的"。他是在反对苏联官方语言的伪古典主义，这使得他的语言是反古典主义的，支离破碎的，像一片废墟。它反映的是那个"晚期帝国"。不同于米沃什平静而有力的话语，布罗茨基的话语追寻着普希金的"疯狂的折中主义"。列夫·洛谢夫这样定义布罗茨基的风格特点：语调、主题和文化背景上的不断变化。[36] 西尔维娅·莫洛伊 [1] 说，他的这种语言，"永远饥渴，永远欠缺，永不满足" [37]。帝国在解体，叙述者患病且孤独。于是，帝国的主题就与废墟和死亡的形象联系在一起。根据米哈伊尔·洛特曼 [2] 的观点，正是帝国的解体解释了布罗茨基在语言和风格上不拘一格的特点。"一个被毁灭的（帝国）整体，造成一种毁灭的话语，主题、引文、语言与风格的一个大熔炉，其中包括基本的微粒、暗示和典故。" [38] 布罗茨基语言的流动性，是他从一个面临崩溃的帝国中逃脱的适应机制。

米沃什是对的，他认为，诗人的角色在这样一个帝国与在波兰是不同的，波兰是那样痛苦地执着于历史的一个国家。布罗茨基拒绝历史和政治，因为他肩负着对语言——帝国最宝贵财富——的责任。这是帝国的"不朽"之所在。"因为文明是有限的，"他在一篇关于德里克·沃尔科特的文章中写道，"在每个文明的生命中，都会面临一个'中心不再保持'的时刻。在这样的时刻，阻止其解体的不是军团，

---

[1]　西尔维娅·莫洛伊（Sylvia Molloy，1914—2008），英国艺术家、学者。

[2]　米哈伊尔·洛特曼（1952—），俄国作家。俄国文化符号学首创者尤里·洛特曼（Yuri Lotman，1922—1993）之子，著有《论布罗茨基》。

而是语言。罗马就是如此，在此之前古希腊也一样。在这种时候，坚守的工作是由外省和城郊的人来完成的。与通俗的看法相反，城郊不是世界的尽头——恰是世界散开的地方。它对语言的影响，不少于一只眼睛。"（LTO，第164页）因此城郊，跟普希金致奥维德的"书信"中所写是一样的。在那里，我们也可以发现存在于时间之外的帝国的边界、其延伸的空间、其地理及强力。诗人的作用是写作，因为语言跟音乐一样是普世的：总是由元音和辅音组成，尽管可能出现一套新的词汇，甚至不同的字母表。正如他在《科德角摇篮曲》中所写的：

> 帝国的变化紧密连接着
> 娓娓的话语、飞溅唾液间的
> 柔软摩擦音
> （CPE，第119页）

这种令人惊讶的稳定的"语言的"自我认同（这是他提出的唯一自我认同）尽管带有反讽意味，也解释了布罗茨基从俄语到英语这一种帝国语言的发展轨迹。帝国使他感兴趣的，是其语言达到的客观范围。

两名年轻的俄罗斯电影制作人，在布罗茨基去世前两年拍摄了一部纪录片，证明了这样一种依恋。他们邀请他去威尼斯，在那里拍摄他漫步、聊天、跟他的朋友叶夫根尼·莱因一起尽情欢笑。有一个场景，布罗茨基站在一座运河大桥上，身穿雨衣和粗呢上衣，看上去就像一个英国人。他对着摄像机说——虽然苏联解体了，俄罗斯语言依然保持着其帝国的个性，就像英语仍是一种帝国的语言，虽然大英帝国已不存在。他说，我同时使用着两种语言，英语和俄语，或者更确切地说，俄语和英语，因此，我的世界观是双重帝国的。停顿了一会儿，带着一种搞笑式的微笑，他补充说："你可以说我是一只双头鹰。"[39] 这句话，很好地说明了布罗茨基的能力，他能运用反讽，诗意地（且形象地）表达一个需要几页纸才能说清的观念。双头鹰当然是俄罗斯帝国的象征，但也远不止于此！布罗茨基也不止有两个脑袋：他至少是三个帝国的公民，如果不说是四个的话。他出生于苏联解体五十年前。他以美国公民身份去世，他居住在那个帝国的边界内。在他死后，他被埋葬在威尼斯——一个前帝国，或更宽泛地说，是在曾是罗马帝国的土地上。在他生命的最后几年，正是最后那一个帝国不断吸引了他的注意。他正是安息在那里，作为原初帝国的一个公民，因此，他是所有这几个帝国的语言托管人，无论其字母表是什么。

第六章　约瑟夫·布罗茨基与波兰

今天我们很难想象布罗茨基青少年时期的苏联与外部世界有多么隔绝。十五岁辍学后，他经常远行，在西伯利亚和中亚从事带有地质探险性质的工作。后来，他经常去莫斯科和立陶宛拜访朋友，还去高加索度假。今天，这些领土属于独立的国家，但在当时它们都是苏联的省份。在苏联境内的旅行也并不是那么容易。卡车上用大写字母写着旅程的起点和终点，集体农庄的社员就像彼得大帝的农奴一样被拴在他们的土地上。但是布罗茨基并没有抱怨；对他来说，跨越内部的边界并不算困难。对他来说，真正的边界，或说真正让他感到麻烦的边界，是以布格河为界的波兰边境，因为在它背后就是"西方"了。

布罗茨基并不是俄罗斯的一个典型代表；事实上，在他身上没有什么谈得上是"典型的"。就像他在《我坐在窗前》一诗中略带反讽地写："我的歌走了调，我的声音也沙哑，但至少还没有合唱能将其重唱。"（CPE，第46页）虽然如此，他与波兰的关系却是波兰与俄罗斯之间长久以来相互影响的政治和文化历史的一部分。20世纪俄罗斯的其他大诗人也感到了深入不同文化的必要：鲍里斯·帕斯捷尔纳克着迷于格鲁吉亚，奥西普·曼德尔施塔姆着迷于亚美尼亚。布罗茨基那一代人在20世纪50年代和60年代也向波兰伸出了探寻之手。在那一代人的成长时期，原本牢固的意识形态正在无形中缓慢地流失。1956年，波兰"十月事件"和匈牙利暴动事件动摇了"社会主义联盟"。虽然波兰是一个独立国家，不属于苏维埃的加盟共和国，但它当时却牢牢地"位于"苏联之内；甚至有一首顺口溜说"小鸡不是小鸟，波兰不是外国"。与苏联内部的任何一个国家相比，波兰在文化、艺术和智识上都要更为开放——向着西方。俄罗斯知识界和他们的波兰朋友也的确尽其可能地利用了这种开放。

这一情况——就像那时的一切重要事情一样——反映在一则俄国笑话中。笑话开头是一个问题：群交对于一个瑞典人、一个波兰人和一个俄国人来说有什么不同？在瑞典，群交是指一个瑞典人同时与几个人发生性行为。在波兰，群交是指一个波兰人告诉他的一群朋友他在瑞典目睹了群交。而在俄罗斯，群交是指一名俄国人讲述他如何在一群人当中听一名波兰人描述他在瑞典目睹群交的经历。

显然，这个笑话说明，俄国人只能间接地接触到曼德尔施塔姆（布罗茨基紧随其后）所说的"世界文化"。不仅仅是俄国人：二战前后出生的整整一代苏联知识分子也是这样，他们来自苏联不同的加盟共和国。在 20 世纪 60 年代，托马斯·温茨洛瓦和他的许多朋友一样，"阅读的西方文学作品几乎都是波兰语版：普鲁斯特、卡夫卡、穆齐尔，甚至托马斯·曼，因为这些书在（苏维埃的）立陶宛没有任何其他的语言版本。我们在黑市或在商店里买书；在黑市我们甚至能够买到贡布罗维奇或米沃什的书……我的一些朋友，其中有些是初出茅庐的作家，有些只是聪明人，为了了解世界上正在发生什么，很早就学会了波兰语。我知道这听起来很奇怪，但是，即使波兰的《人民论坛报》也是有用的……更不用说《华沙生活》《横截面》，特别是《创作》月刊……对我和我的朋友们来说，这一切都始于 1956 年 10 月之后"[1]。那时苏联部分书店对一些"去冷战化"的新近波兰出版物开始开放。

　　尽管温茨洛瓦和布罗茨基生活在苏联不同的地区，而且直到 20 世纪 60 年代末才互相认识，但出于地缘政治的必然性，他们对于"世界文化"的探索遵循的道路却是相同的——都借道波兰。布罗茨基的传记作家列夫·洛谢夫宣称，诗人学习波兰语就是为了阅读加缪和卡夫卡。"在那些日子里，"布罗茨基在一次访谈中说，"大部分西方文学作品，以及有关西方文化事件的新闻，在苏联是无法获得的。

而波兰，即使在那个时候也是整个阵营中最幸福、最快乐的营地。那儿的人能够获得更多的信息，他们出版各种杂志，一切都被译成了波兰语；读者出版社天知道在印刷什么好东西。我记得，我当时在阅读马尔科姆·劳里的作品，一点普鲁斯特，一点福克纳，还有我第一次从波兰语读到的乔伊斯。所以，这是一个很现实的考量：我们需要一扇通向欧洲的窗户，波兰语正好提供了这样一扇窗户。"[2] 在另一次访谈中，他说："被翻译（成俄语）的东西非常少，我们从波兰的期刊，比如从《波兰》《横截面》或《大头针》了解世界上正在发生了什么；我们都读得非常认真。"[3]

与苏联期刊相比，一些波兰的期刊，尤其是《横截面》，行文轻松、语带讽刺、非常诙谐，上面还满是时尚的照片和关于西方艺术、文学和哲学的文章。《横截面》以发表西方短篇小说译作而闻名，《创作》介绍西方文学，《对话》则发表一些新的外国戏剧。在一个"语调沉重并自我抬高的俄罗斯诗歌食谱"之外（LTO，第360页），苏联知识界的年轻成员感到这些波兰期刊在智识和艺术上的鼓舞，被它们的轻松活泼所吸引。例如高乌钦斯基的诗歌和他的短剧，以其超然的态度和"荒诞主义"的欢乐带给人深刻的解放。对俄国知识分子来说，波兰成了"文化势利眼"（彼得·法斯特语）追逐的目标，一些人甚至成了"波兰迷"（伊琳娜·阿德尔盖姆语）。[4] 举例来说，托马斯·温茨洛瓦和他的朋友喜欢波兰的东西，他们之间会嬉戏地说一点波兰语；每当布罗茨基来到维尔纽斯，他就会进入那种他非常享受的有趣说话方式。波兰作家安杰伊·德拉维奇（Andrzej Drawicz）说，当他在列宁格勒第一次见到布罗茨基时——20世纪60年代初——布罗茨基"对波兰简直就是痴狂"，而且"他坚持认为波兰就是他那一代人的诗学"。[5]他对俄罗斯的依恋，以及后来他对美国的依恋，都充满了矛盾心理。托马斯·温茨洛瓦认为，布罗茨基真正热爱的只有三个国家：意大利、波兰和立陶宛。[6]

温茨洛瓦告诉我，他们那一代人在成长的过程中，非常欣赏波兰对纳粹的抵抗和浪漫的起义，布罗茨基早期一些诗歌就证明了这一点。例如，在他1960年的诗《歌》中，提到波兰音乐的两个主题：圣歌和关于卡西诺战役[1]的歌曲。纳粹对波兰的入侵也构成了他的《九月一日》（1967）一诗的背景。

> 在波兰边境，德国人竖起铁栅栏。
>
> 他们轰鸣的坦克，像指甲抹平
>
> 一块巧克力锡纸一样，

---

[1] 1943年1月17日开始，美英盟军尝试攻取卡西诺山，以突破德国在意大利的古斯塔夫防线，但进攻三次都被击退。此役有波兰人参战并付出巨大牺牲。

碾平波兰枪骑兵。[7]

　　这些诗歌描绘的二战的画面，不同于苏联电影、书籍和绘画中不断庆祝的画面。也许，这些画面给布罗茨基提供了独特的纪念战争破坏的方式，这些曾是他的童年，甚至青年时代的标志。

　　一部分对波兰的关注仅仅在于其地缘政治的位置。布罗茨基喜欢说，立陶宛是他在正确的方向上迈出的第一步——走向西方。而波兰则意味着更进一步。温茨洛瓦和布罗茨基提及的许多西方书籍，在俄罗斯只能通过波兰语阅读。诗人们到底多熟练地掌握这门语言，以及到底理解了多少他们渴求的文学作品（乔伊斯！普鲁斯特！），肯定是因人而异的（温茨洛瓦可能是阅读西方文学波兰语译本的那些人里最有成就的一个），但是，的确是通过波兰语，俄罗斯的知识分子包括布罗茨基在列宁格勒的那些年轻友人，才得以见识西方长篇小说、短篇小说，并了解到存在主义和其他一些西方的"主义"。

　　在波苏关系中，波兰成为俄罗斯通向西方文化的中介算不上什么新鲜事。可以说，波兰自古以来就是俄罗斯的西方视域。通过那个"边界"，（西方的）观念和词汇得以进入。"（口头和书面）波兰语（在17世纪）成为西欧语言（包括拉丁语）和俄语之间一个天然的语言中介，"A.V. 伊萨茨申科（A.V.Issatschenko）在他的斯拉夫语言文学史的一章里这样写道，"早期俄语大部分借自日耳曼语和罗曼语族，带有明显的波兰语发音痕迹……直到 19 世纪，波兰语一直是俄罗斯和西方之间的中介语言……很长一段时间，在文学方面，波兰也是享有盛名的典范。波兰的韵律学在俄国被机械模仿，那里的格律诗作者（大多数出生在波兰），使用的是斯拉夫教堂创立的波兰语作诗规则。"[8] 这种模仿很快就被放弃了，因为波兰语和俄语的韵律学原则非常不同 —— 俄语和德语或英语的韵律相似度要大得多。这在一定程度上解释了英语诗歌对布罗茨基的吸引力。同时也解释了他为什么将波兰诗歌称为"具有斯拉夫灵魂的法语诗歌"[9]。

波兰作为西方文化传播者的重要性，随着俄罗斯政局的变化而变化。在 20 世纪 50 年代和 60 年代，这一角色再次变得至关重要。苏联的孤立放大了波兰所带来的"西方"的吸引力。出入波兰非常困难，但也确实发生了一些直接的人际接触，例如，曾在苏联求学的波兰人 —— 因为与他们的友谊，对于包括布罗茨基的一些人来说，通向"世界文化"的道路容易多了。在 1972 年移居外国之前，他从未越过西部边境进入过波兰。他感到沮丧和压抑。但他确实与波兰有过直接接触，接触者便是一位年轻的波兰女人：索菲娅·卡普钦斯卡。他早期的诗，1960 年至 1965 年之间所写的几首诗，都是献给她的，且包含了波兰主题[10]。

米沃什与布罗茨基

卡普钦斯卡后来做了卡托维兹大学的教授，名字采用了婚后姓氏"拉塔伊扎科娃"，记得她是在 1960 年 11 月第一次见到布罗茨基的。[11] 在接受胡萨尔斯卡（Husarska）采访时，布罗茨基这样谈到卡普钦斯卡："我认识一个来自波兰的女孩儿，她叫佐斯卡（Zoska）；那时她在列宁格勒求学。她嫁给了一个物理学家，一个体格健壮的男子，所以这是一次危险的相识。她知道我在写诗，所以她给了我——或者更确切地说，是我在她的公寓里听了康斯坦丁·伊尔德丰斯·高乌钦斯基朗读自己的一些诗的录音。我非常喜欢。……我对他的诗歌很感兴趣，所以开始翻译。"然而，从布罗茨基写给卡普钦斯卡的信中判断，似乎根本不存在一个体格健壮的丈夫。他们的关系所面临的主要危险，来自那死板、不能移动的边界，在这名年轻女子返回波兰后，那道边界使他们多年里无法相见。

在写给卡普钦斯卡的一封信中，布罗茨基称西部边界为"一道红线"（1963 年 3 月 15 日）。"没有人离我这么远（因为你在华沙），即使我漫游越过亚库夏时也是如此。"他在 1962 年 1 月 16 日的一封信中这样写道（亚库夏指西伯利亚东边的那部分地区）。1962 年 10 月 10 日，他写了一首诗，献给"佐·卡"，言及"一道边界"，而在那一时期的另一封信中（未注明日期），他说："要是你知道我多么经常地想起波兰就好了。我有一种奇怪的感觉，在一个晴朗的日子，在这里可以见到波兰。太近了。"[12] 这是一种巨大的挫败感的源头：如此之近，却又始终遥不可及。正如我之前提到的，在1990年，当布罗茨基终于从美国来到波兰时，据说，他说过："太晚了，而且不是从正确的方向来的。"（LL，第47页）

他并不怀疑波兰属于西方。在上文引用过的1963年3月15日那封信中他写道："我相信，在你们中间，在西方，生活更正义，更自然。你无须付出英雄般的努力才能获得平静。这完全内在于你们的生活，能比在我们这里更早地实现……我必须告诉你，"他接着说，"我毫无保留地爱波兰，我写了一些（关于波兰的）诗，搁以前我恐怕早就被枪毙了。但我爱波兰，用我十分之一的灵魂爱，而此刻我表白的感情有十分之一的力量。这很可惜，也不可惜，因为剩下的十分之九是我对自由的爱，它就是一切。"

他无法接受边界的刻板，虽然他对自由的热爱并没有严格的政治色彩。"红线"分隔了政治制度相同的两个国家，波兰实际上并不属于西方。正如他后来所说，波兰人毕竟不是真正的外国人。在跟沃尔科夫讨论安娜·阿赫玛托娃与波兰画家约瑟夫·恰普斯基的关系时，布罗茨基惊叹道："恰普斯基是一个波兰人，一个斯拉夫人。对一个俄国诗人来说，他是一个怎样的外国人啊！"（CJB，第230页）而当卡普钦斯卡给他写了一封信，证明她完全理解他的诗时，他为一个"外国女人"的理解而感动。而且说到底，他在自己

　　　　　　　　　　　　米沃什与布罗茨基

的国家不也觉得像一个外国人吗?"我坐到黎明时分,我写了一首诗,然后,我走到大街上,看见人们,我的那些潜在的读者,我明白了我完全就是一个外国人。"他在给她的信(1963年3月15日)中这样说。他的流亡并没有改变他在俄罗斯的形象:"不管我写的诗是关于约翰·多恩,还是关于园子里的甘蓝叶球:(在俄罗斯)我总感到写作与生活之间可怕的分裂。当我发现自己到了这里(美国)时,这一切就变得自然和简单了。在这里我真就是一个外国人。"[13]

这些写给索菲娅·卡普钦斯卡的信,表明布罗茨基本人对作为外来者和普通斯拉夫人的双重身份的意识,也说明了他是如何理解波兰的西方特征的。波兰人的日常生活被一种不同的文化所支配。照他的说法,这是一种建立在持续交谈基础之上的文化。1963年10月11日,布罗茨基在一封写于"圣彼得堡"——有时候他也称其为"列宁格勒"——的信中,记述了波兰诗人兼翻译家塞韦伦·波拉克(Seweryn Pollak)的女儿、年轻诗人乔安娜·波拉科娜(Joanna Pollakowna)的一次到访。"我的天哪,你们是多么懂得交谈呵,你们每一句话都是那么动人。没人能抗拒这种交谈。他们总让人觉得,他们把手放在你的胸前,直视着你的眼睛:这就是你们(波兰人)说话的样子,这就是你们言语的力量。"在阿纳托利·纳伊曼的公寓发生的交谈,乔安娜·波拉科娜对布罗茨基、艾拉·科洛波娃(Era Korobova)和纳伊曼一直说着阅读普鲁斯特的事。她说的是波兰语，一种"温柔而准确的语言，温柔而准确——真是一种绝妙的结合"[14]。

随着语言一起到来的是它的文化。年轻的苏联知识分子广泛阅读波兰诗人诺维德、高乌钦斯基、辛波斯卡、格罗霍维亚克以及哈拉塞莫维奇的作品；并对波兰散文作家、波兰电影，特别是安杰伊·瓦伊达的电影和波兰女演员发生兴趣。他们还听波兰爵士乐。每当提到索菲娅·卡普钦斯卡时，布罗茨基总是强调，是她向他介绍了高乌钦斯基和其他波兰诗人的作品。"我从高乌钦斯基开始，"他在一次访谈中说，正是在这一次访谈中他提到这位波兰学生危险的丈夫，"然后我继续翻译了朱利安·图维姆、耶日·哈拉塞莫维奇、斯坦尼斯瓦夫·格罗霍维亚克、兹比格涅夫·赫贝特和齐普里安·康·诺维德。我甚至想过翻译米可拉伊·雷伊（文艺复兴时期一个诗人）。我非常欣赏波兰诗歌。"根据列夫·洛谢夫的说法，布罗茨基对波兰巴洛克时期诗人的阅读，为他后来吸收约翰·多恩和英国玄学派诗人的写作特点做好了准备。他热爱诺维德，非常欣赏诺维德与茨维塔耶娃的相似之处。将波兰诗歌翻译成俄语的优秀翻译家阿萨尔·埃佩尔（Asar Eppel）说，像诺维德、高乌钦斯基或辛波斯卡这样诗人的诗，在俄罗斯的"诗歌宝库"中并不存在[15]。布罗茨基翻译这三位诗人以及其他几位诗人的作品，扩宽了他的同行及本人的词汇和风格。

那一时期许多俄罗斯诗人靠翻译谋生，布罗茨基便是其中之一。他翻译希腊、西班牙、捷克、意大利等语种的诗歌，不论什么诗，只要是编辑和期刊让他翻译就行。但是他翻译的波兰语诗歌远多于其他任何语言的诗歌（后来英语诗歌占了上风），而且似乎优于从其他语种翻译的诗歌（维克多·库勒语）[16]。离开俄罗斯后，他继续翻译了一些波兰语作品，包括六首米沃什。在纽约最后几年，他翻译了亚历山大·瓦特的《老鼠》、赫贝特和辛波斯卡。后两位诗人的作品他是翻译成英语的。在 1964 年受审时，他不仅说自己是诗人，还说自己是波兰诗歌译者。正是在翻译过程中，他精通了这门语言。而且，就像后来用英语进行写作的预演，他也用波兰语写过一些打油诗，大部分是一些题词或戏语。举个例子，我想引用他写给佐斯卡的迷人题诗《预言》（1965）：

> Pani o wielkiej urodzie
>
> mieszkającej w pagodzie
>
> chińskiej——
>
> mlle Kapuścińskiej.

这里所引部分很押韵，字面直译为：

> 献给一位

惊人美丽的女士

她生活于一个中国人的宝塔

卡普钦斯卡小姐。

斯坦尼斯瓦夫·巴兰恰克为本书而翻译的谐趣诗句如下：

给我们的大美人，

她是如此傲慢，

她住在一个宝塔，

只喝苏格兰威士忌和苏打水

（两个中国人的——

天啊！）

她比大多数索菲都可爱，

而我是她的战利品。[1]

布罗茨基写的另一首波兰语小诗是几句圣诞问候语，还有一幅大天使画像，是送给安杰伊·德拉维奇和他的妻子薇拉的。它是这样的：

以悲伤之眼看着

---

[1]　巴兰恰克的译诗，同布罗茨基的原诗一样，也是两行转韵。

每一个地方，约瑟夫·布罗茨基［原文如此！］向你们
德拉维奇夫妇，致以新年最美好的祝愿。[17]

我觉得，对布罗茨基来说，一种语言的使用总是与押韵联系在一起：押韵是语言的心跳。语言是有生命的东西，带着节奏和声音。

1993 年，在给佐斯卡写信的三十年后，布罗茨基的波兰语仍然保持得不错，其时他在波兰接受了一个荣誉学位。这再次证明了他在语言方面的非凡天赋，以及他吸收各种文化的非凡才能。"我是一块海绵。"他在与胡萨尔斯卡的谈话中说。就跟其他事情一样，他也照自己的方式行事。他对波兰语的学习并不让人想到通常的语言课程：他的学习是积极的，无所不包。1964 年至 1965 年流放阿尔汉格尔斯克地区期间，他阅读了《横截面》周刊（纳塔莉亚·戈尔巴涅夫斯卡娅把自己所订阅的刊物寄给了他）。1988 年 6 月 14 日，布罗茨基从纽约给安杰伊·德拉维奇写了一封信，他回忆道："在 1964 年到 1965 年的某个时候，戈尔巴涅夫斯卡娅给我寄了一期《横截面》，我在乡下（指他流放的地方），那期刊物的封面印着一张我见过的最漂亮的面容：好像是一位来自克拉科夫或者格丁尼亚的女设计师，特蕾莎·维耶热比安斯卡。我希望，"他接着说，"从外貌方面说，这个国家没有发生太大的变化。"（StS，第 16 页）对他来说，如同法国有一

个玛丽安娜[1]，波兰也有一张女人的脸。

显然，波兰是许多文化产品和文化标准的一个来源：为了融入西方文化，苏联知识界所需要的，不仅仅是文字语言。毕竟，文化包括物品、音乐、嗅觉和图像。回顾他写的那些信件时，佐斯卡发现，几乎每封信里，都有布罗茨基要她寄送蜡烛的内容。这表明，我相信，他有审美意义上让他的生活显得完整的需要。文字、声音、图像和光，他都想拥有。不仅仅波兰人给他提供过蜡烛。安娜·阿赫玛托娃也曾从锡拉库萨给他带回两支漂亮的蜡烛，请安纳托利·纳伊曼寄到他在诺伦斯卡亚的流放地[18]。

布罗茨基与佐斯卡保持了多年的联系，而且，在他的要求下，她把波兰和外国古典音乐的唱片和书籍寄给他，这些唱片在波兰很容易买到且相当便宜。在与我的一次谈话中，她说，布罗茨基在提及 W. H. 奥登的随笔里说是"一个朋友从莫斯科"寄给他的那本英语诗歌选集，其实是她给流放中的布罗茨基寄去的，书上还有诗人的照片。在接受胡萨尔斯卡的访谈中他说："我开始阅读英语，那时我生活在北方，在被管控或者说被流放的地方，有人给我寄来一本 20世纪英语诗歌选集，以及约翰·多恩的诗歌和布道集。我便开始弄这些东西。"佐斯卡在给我的一封信中解释说，她

---

[1]　玛丽安娜是法国的国家象征，代表着"共和的胜利"。

先是将这本诗歌选集寄给了生活在列宁格勒的朋友，让他们把它转送到身在诺伦斯卡亚的布罗茨基。那本书标志着一个转折点：布罗茨基放弃波兰语，转而开始专注于英语。吊诡的是，这却是波兰对他的生活发生影响的一个非常重要的例子。

布罗茨基非常投入地研究这部诗选，它成为他的诗歌大发现的源泉。其时他的英语还不是太好，需要"大石头"一样的词典的帮助。在关于奥登的随笔文章里，他描述过这些发现。后来，在斯彭德伦敦的家里，布罗茨基与奥登共进晚餐。由于奥登落座的椅子太低，斯彭德太太就将《牛津英语词典》垫在上面。布罗茨基写道，他是"唯一有权将《牛津英语词典》当作自己的座位的人"（LTO，第 383 页）。

当蜡烛和书籍被送到身在俄罗斯的布罗茨基手上时，布罗茨基的诗歌也到达了波兰。安杰伊·德拉维奇是第一个将它们译成波兰语的人。事实上，波兰是第一个发表布罗茨基诗歌的国家。洛谢夫在他的传记中写道，布罗茨基一生中，在波兰出版了十五本诗集和散文，"超过其他任何语种，包括他的母语"（LL，第 46 页）。在苏联，布罗茨基首次亮相是在 1960 年，在地下出版物上。1962 年，他的儿童诗集《小拖船谣曲》在科斯提奥出版，这是他第一次在自己的国家正式出版作品。那时他二十二岁，写诗已经差不多六年了。两年后，他的诗开始发表在俄罗斯移民报刊：对他的审判使他的诗不可能在自己的国家出版。[19] 在美国，他的诗最早发表在 1964 年的《新领导人》上，在他被判流放之后。[20] 当然，在发表之前他就已经很出名了，主要由于地下出版物，它们影响范围很广，包括在波兰。斯坦尼斯瓦夫·巴兰恰克第一次读他的诗，是在 1963 年的波兹南；大约那个时候，我在华沙见到一个地下刊物的手抄本，里面有布罗茨基的三首诗。在俄罗斯，他同时代的许多人背诵他的诗，甚至发生令他恼火的事：他的诗被谱成歌，在私人公寓演唱。在这个"前古腾堡时代"（娜杰日达·曼德尔施塔姆语），人们熟记他的作品，尽管他还是"未发表作品"的诗人，但他比许多印刷量巨大的同时代诗人更出名。

1963 年，德拉维奇所译的布罗茨基的诗歌出现在《当代》周刊。他与波兰人的早期友谊，尤其与安杰伊·德拉维奇，以及跟诗人维克托·沃罗希尔斯基和维托尔德·达博罗夫斯基的友谊，持续终生。1993 年，在卡托维兹大学仪式上安杰伊·德拉维奇和布罗茨基进行了多次热烈的对话，这位俄罗斯诗人好几次感动得流下热泪。[21] 布罗茨基说：

> 这（在卡托维兹发生的一切）是我一生中最强烈的感受之一。在我的生活中，我有过两次类似的经历。第一次，大概是在 1970 年或 1971 年，当时我得知一位我非常敬重的诗人、英国诗人 W. H. 奥登正在为我的一本

诗集撰写序言；第二次，是我在 1987 年获得诺贝尔奖的时候。那是在伦敦。我去了英国广播公司（BBC）的广播电台，对我在俄罗斯的读者说了一些话。有人打电话到电台，说着波兰语。我被叫去接电话。电话是维克托·沃罗希尔斯基打来的，当时他（在牛津）与莱泽克·柯拉科夫斯基在一起。维克托说："祝贺你。我还要感谢你为我和德拉维奇写的诗。""什么诗？"我问。他说："《戒严令之歌》。""啊哈，"我说，"那个啊。不必客气。"然后他说："你不知道哇，不明白那是怎么回事。"原来，有人从报纸上剪下了这首诗的英译，然后，在他们被监禁的时候，将它塞进了牢房的门里。毫不夸张地说，这给我留下的印象，超过诺贝尔奖以及与之相关的一切。因为我此刻是在回忆，这第三件事，令我如此震撼，就是昨天（在卡托维兹）维斯皮安斯基剧院的经历。[22]

布罗茨基似乎从来不曾得到过那么多真诚的赞赏，像在卡托维兹一样，他失去了平日的淡定。他后来解释说，他知道该如何应对敌意，但那一次，他是被友情彻底征服了。因此流下了热泪。

在接受卡托维兹大学授予的荣誉博士学位时，布罗茨基说："波兰于我是如此珍贵。"他用英语发表演讲——他决定不用俄语，担心可能冒犯波兰人的民族情感。他说，拜波兰人所赐，他才懂得什么是独立。这句恭维话意义重大，因为它出自 20 世纪下半叶最独立的人。他一定想到了政治独立：他属于那样一代人，从波兰那里学会如何摆脱当时意识形态的束缚。值得注意的是，一个独立、反叛的波兰形象是久已存在的俄罗斯文化包袱的一部分。布罗茨基喜欢赞许地重复引用阿赫玛托娃的一个说法，这个说法在我看来是相当贬义的。阿赫玛托娃引用曼德尔施塔姆的话说，波兰人不知道如何战斗，但知道如何反抗。这话有一段悠久而令人不快的历史，曾被叶卡捷琳娜大帝和其他波兰占领者用来嘲笑波兰的抵抗努力。（据传闻，俾斯麦说过，波兰人是政治上的诗人、诗歌上的政治家。）但是，对于布罗茨基，或者对于阿赫玛托娃来说，这意味着，波兰人不同于俄国人，永远会坚持反抗、永不放弃，无论反叛的结果如何。布罗茨基甚至在波兰语词汇中也找到了证据："niepodlegtość"，意为"政治和社会的独立"，在他看来，它代表了一个特殊的概念，可以翻译成它的词源意义（如他所相信），表示"永不屈服于某件事"。他用英语把它译成"un-prone-ness""un-submissive-ness"。他就是这样认为的——这也是他在卡托维兹大学演讲的主要题目——波兰人的反叛已经由语言学的必然性决定了。

在表达对波兰式反抗的感激之情时，布罗茨基强调了波兰人天生的、非自愿的、命中注定的不服从的本性。波兰人没有办法：他们不得不反抗，即使反抗是不合理的选项。在卡托维兹的演讲中，他赞许地谈到这种本能："既不是你们武器的力量，也不是你们有意识选择的反抗，导致了那种政治体系的崩溃，而是因为一个词，niepodległość，或仅仅是它的前缀 nie（意为'不'），愉快地触发了你们对它的本能反应。"[23] 如果我对此说法略感不安，那是因为我们来自一种文化，这种文化看重亚里士多德在政治学上提出的"意志自治"概念，即"有意识的选择"胜过"本能反应"，无论这种本能反应多么高尚。固执的本能优于自由的意志吗？波兰人审慎的抵抗，那有周密的计划并且是成功的抵抗，其价值是否被低估了？真的只是那样出于本能吗？此外，布罗茨基的说法让我想起他对十二月党人起义的否定态度，尤其是对于他们失败的事实（他把失败归咎于他们的性格）。他在解释普希金对普加乔夫起义的蔑视时，嘲笑十二月党人的努力"没头脑"[24]。波兰公众把他的卡托维兹演讲看作一篇长篇赞美。

　　布罗茨基赞扬个人的顽强和反叛，但对于整个国家呢？有意思的是，我想这里存在一种出身于帝国文化的人们面对帝国边缘的勇敢人民，尤其那些多次争取解放却以失败告终的人民时的矛盾心理。布罗茨基一直敏锐地意识到俄罗斯的帝国特性，并从根本上颠覆了帝国对于他的情感上的吸引力，一直以局外人自居。但他仍认为波兰是个"小民族"，波兰是个"小国"，至少，他在兹比格涅夫·赫贝特意大利版诗集序言中是这样写的。[25] 小当然是相对的（波兰有四千万居民），我想，他所认为的"小"，源于波兰在跟俄罗斯的关系中所显示出的政治上的"弱"。不论情愿与否，这是一种扫视某个反叛小省的帝国主义凝视。

布罗茨基的帝国视角也许是他与某些波兰人无法建立友谊的原因之一。古斯塔夫·赫尔林-格鲁津斯基是波兰的一位流亡作家，他的作品是关于古拉格的最重要的证词之一。1981 年在罗马，就在波兰实施戒严令后不久，他在一次晚宴上见到了布罗茨基。两人是由另一位流亡者，芝加哥出生的作家兼翻译罗纳德·斯特罗姆（Ronald Strom）叫到一起来的，他希望他们成为朋友。"这顿饭完全搞砸了，"赫尔林后来写道，"甚至是以一场争吵结束的。……事情关系到戒严令，布罗茨基谈到它时，在我看来，带有太多俄国式的理解……不过，也许是我太容易被激怒？无论何时，当我回忆起在特拉斯泰韦雷（Trastevere）那天晚上的情景时，这种怀疑都不能使我平静下来。"[26] 我相信，这是发生在一个多疑的波兰流亡者和一个俄国人之间相当典型的一次会面。帝国的伤口被揭开了。

俄罗斯人有一种习惯，时常接受波兰文化的优越性（源于拉丁文化的影响以及与西方另外的接触），同时却又声称俄罗斯在道德和宗教问题上的优越。这里只需提到陀思妥耶夫斯基就够了，他鄙视波兰人，认为他们缺乏真正的精神性。这肯定不是布罗茨基的态度。然而，布罗茨基的某些说法（他喜欢笑着说"那些波兰人"，并微微耸肩），使我想去向布罗茨基的同时代诗人、他们诗歌圈子的一员阿纳托利·纳伊曼求证，询问他们对波兰的"看法"。"别自欺欺人了，"他说，"波兰对于俄罗斯并不重要。"[27]的确，在纳伊曼的书《回忆安娜·阿赫玛托娃》中——这本书涉及从20世纪50年代末直到20世纪60年代中期列宁格勒和莫斯科的文学文化、阅读、知性和艺术上受到的影响——唯一提到波兰的地方，就是阿赫玛托娃所引曼德尔施塔姆关于波兰人只知道如何反抗的话。然而，纳伊曼也学过一些波兰语，阅读波兰语书籍，并将波兰诗歌翻译成了俄语，包括辛波斯卡的作品。[28]同样，另一本描述布罗茨基及其朋友的青年时期的书，是柳德米拉·什滕恩的《布罗茨基：个人回忆录》。什滕恩这样描述她的那些学习波兰语的朋友："不是说波兰文化对于这些俄罗斯年轻人具有什么特别吸引力。仅仅是因为在俄罗斯波兰的杂志被允许合法发行，而且波兰语和我们的语言很接近。这些杂志是我们了解西方世界的窗口。"[29]

　　正如我们所看到的，波兰的语言、诗歌和与波兰的接触对于布罗茨基远比对什滕恩或纳伊曼重要得多。但他有关波兰的感受的所有陈述都来自他写给波兰人的文本，包括演讲、信件、波兰人对他的采访。在构成布罗茨基作品最重要的部分——诗歌中，有关波兰的主题自他移居国外后就终止了。在他的随笔中，也没有关于波兰或波兰文化的任何内容；他的随笔关注的是在美国生活中对于知识和诗歌的兴趣。我已经提到过他的早期诗，其中许多是题献给"佐·卡"（索菲娅·卡普钦斯卡）的，并包含波兰主题。《戒严令之歌》等于是他写给朋友们的一封信。另一首稍后的诗，《波兰舞曲：变奏》（"Polonaise: Variation"）也是献给卡普钦斯卡的，含有波兰（和波兰音乐）的主题，但是波兰舞曲本身就是俄罗斯音乐里一个常见的形式，曾经是俄罗斯的第一首圣歌。也许，涉及的主题不应成为检测文化影响的唯一方式。例如，安·谢尔贝格（Ann Kjellberg）就认为，布罗茨基有关立陶宛的诗与有关"波兰舞曲"的诗非常类似，"在精神上"与米沃什的诗《献给 N. N. 的挽歌》很切近，后者是布罗茨基欣赏的一首诗，他把它译成了俄语，并且每年都在他的大学诗歌课上讲授这首诗[30]。这首诗里有一句"心却不会在我们以为它应该死去时死去"，布罗茨基把它用作他的第一部随笔集《小于一》的卷首题词。按照布罗茨基的看法，这是 20 世纪最伟大的一行诗。但是，我们无法找到这两位诗人彼此之间存在任何明确的直接的文学影响，在他们的诗歌中，他们没迁就对方文学上的品位。他们

　　　　　　　　　　　　　　　米沃什与布罗茨基

彼此欣赏，这正如他们的友谊一样重要，他们各自以自己的方式写作。他们彼此间的赞赏，在他们的诗歌中没有留下什么痕迹。

布罗茨基在关于奥登的文章中谈到过文学影响的问题。"他阅读人性。"（LTO，第365页）他写道。1989年，在与米沃什的对谈中，他说过类似的话："你读过的一切，会以这样或那样的方式影响你，或不知不觉或直接或以其他方式，但一般是不知不觉。"（CCM，第106页）在另一次谈话中，他愤愤地回答过一个关于约翰·多恩对其影响的问题："他确实影响了我。他当然影响了我，但我是谁，以致约翰·多恩应该影响我？在我的诗里，你不会看到这种影响。至少我不认为你能够看到……一个人所读到的任何东西几乎都会有一定的影响。"[31] 他对采访者的不耐烦，我猜想，正是他对于强加给他一个诗歌前辈所做出的一种反应；他想建立属于自己的谱系。他的诺贝尔奖获奖演说，一开始就致力于说明他所承认的影响：曼德尔施塔姆、茨维塔耶娃、弗罗斯特、阿赫玛托娃、"我深爱的奥登"。"在我（写得）比较好的时候，"他说，"我认为我就是他们全部。"他补充说，他不只是以自己的名义说话，而是作为一代人的代表，"这一代人出生之时，正是奥斯威辛焚尸炉满负荷工作之时"。这一代人奋斗并最终重建了这一文化的延续性——它"一度被焚尸炉和群岛上无名的坟墓所中断"（OGR，第44—55页）。

为了重建它，他们需要在时间上返回文化的过去、在空间上回到外部。波兰，以其诗歌以及对西方的开放，构成了"外部"的一部分。

波兰帮助布罗茨基与他那一代人重新融入不断流动的欧洲文化。波兰带来了各种不同的文化模式和语言，波兰语以及其他语言，丰富了他的习惯用语。波兰让他从"自我抬高的俄罗斯诗歌的食谱"中得到缓解，并为他提供了荒诞的幽默、诗学上的"魔幻现实主义"，以及丰富多彩的事物。所有这些都有助于"拓展他的措辞"。[32]与其谈论影响，人们更应该谈论的是"海绵般的"吸收、利用、交换、转化、对话与延续。因为影响如同瀑布一样，预设了不同的、从高流到低的等级——布罗茨基热爱波兰文化，并且充分利用了这种文化；波兰文化也吸收了他，使他成为自己的一部分。

"波兰人是一个幸福的民族，"他在 1993 年说，"在半个世纪里，他们已经有了三位伟大的诗人：米沃什、赫贝特和辛波斯卡。"（StS，第 7 页）事实上，他与波兰的关系中最稳定的部分就是诗歌。"我的波兰来自书本，"他在卡托维兹演讲中说，"对我而言，波兰是一种思想状态或心灵状态，而不是一个警察国家或民主国家。"他与波兰流亡者有着深厚的感情，他们共通的无家可归状态带来了新的友谊。1982 年，在芭芭拉·托伦切克的邀请下，他担任了在巴黎新创办的文学季刊《文学笔记本》的编辑委员会委员。他最亲密的波兰朋友都是编辑、诗人和翻译家：沃罗希尔斯基、达博罗夫斯基，以及德拉维奇。在他到了西方后，这个朋友名单中就增加了托伦切克、巴兰恰克、扎加耶夫斯基，当然也包括米沃什。这些后来形成的友谊构成了布罗茨基与波兰关系的第二章。他不再阅读波兰语了；可以说，他不再需要它。而这三位诗人——巴兰恰克、扎加耶夫斯基和米沃什——都是流亡者，代表着一个版图之外的波兰，"来自书本的波兰"：一个为所有的诗人而存在的国度。

他与波兰人的友谊，构成了米沃什所称"诗人的兄弟情谊"之历史重要部分。布罗茨基、巴兰恰克、扎加耶夫斯基，以及米沃什，他们相互合作、帮助、翻译，促进了彼此诗歌的创作。这里特别要提到斯坦尼斯瓦夫·巴兰恰克，我这本书即是献给他和他的妻子的。他把布罗茨基的诗歌和随笔译成了波兰语，使布罗茨基稳居波兰语经典之列。因此，当布罗茨基1993年来到波兰时，他面对的已是一群对其作品了然于胸，并赞赏有加的公众。

布罗茨基强调波兰人对于"独立"之本能的重要性。对他而言，正是对独立的追求——尽管它不是唯一的原因——摧毁了强权的根基。"并不是索尔仁尼琴终结了强权，"布罗茨基在与亚当·米奇尼克的对谈中说，"是（团结工会时期）波兰发生的诸多事件（终结了它），当时克里姆林宫发现自己处于一种极不寻常的境地——一种矛盾的状态。克里姆林宫意识到，如果派军队去，它会失败，但是，如果不派军队，它也会失败。对于理论家来说，矛盾心理是最大的灾难。它一出现，就会吞噬一切：因为它摧毁行动的意愿。那个'但是'出现的那一刻就意味着终结，整个体系的终结。"[33]

布罗茨基是对的：苏联的崩溃始于它的西部疆域。1945年5月，二战结束时，美国驻莫斯科大使馆的年轻的工作人员乔治·凯南（George F. Kennan）在一份内部备忘录中预测，苏联可能无法吞下它新近吞并的西方版图。"不应忘了，"他写道，"将西部那些地区吸收进去，也就是将大俄罗斯、白俄罗斯和乌克兰民族边界之外的所有地区都吸收进去，俄罗斯曾经这样尝试过，但都失败了……这些西部地区，曾经是产生俄罗斯社会民主党之主体的温床，列宁便是靠它掌握了权力……事实证明，沙皇体制无法消化（它们）。"凯南认为，对于西方被征服地区的吸收，破坏了俄罗斯的政治传统，即"专制权力的无限集中、政治思想上的拜占庭式经院哲学、与西方世界互斥的自我隔离，甚至包括成为世界第三罗马的神秘梦想"[34]。他预言，这些地区将出现"民间瓦解的阴云"。它们果然到来了。这也是布罗茨基说过的，只不过，像往常一样，是以他不同寻常的方式说出来的而已。

第七章　一如既往的孤独：美国

传统西欧人的地理想象将美国形容为"自然"。从 16 世纪开始，欧洲就认为自己代表的是与美国相对立的一种文化，美国则被视为历史和传统之外的领土。这种并置一直构成了欧洲对美国进行描述的基础，尽管表示这种反差的术语略有变化。让·鲍德里亚的著名作品《美国》可以拿来作为一个例子。这个新大陆（在经历好几个世纪之后仍然被认为是"新的"），被视为一片"星际沙漠"，布满高速公路、汽车旅馆和矿藏，与法国和欧洲其他地方丰富的文化形成鲜明的对比。这种欧洲和美国之间的对比，也在美国内部起作用，成为政治冲突的主要根由。它出现在城市文化与郊区文化的冲突中，出现在这个国家中部与两个海岸、南部和北部的冲突中。有关政治、宗教和风俗的欧洲民意调查，结果与纽约、波士顿或旧金山的非常相似。欧洲是美国体内的一个坚硬的内核。

20 世纪 60 年代初，当米沃什到达加利福尼亚时，欧洲和美国之间的距离要比今天更遥远，而在欧洲人眼中，美国知识分子地位是相当低的。虽然他在美国一流的大学伯克利分校教书，但是他觉得自己身处偏远之地。他去那里只是出于不得已。"不是我选择了加利福尼亚，"他在《拆散的笔记本》里写道，"是加利福尼亚被给予了我。"（NCP，第 364页）他来这里只是为了一份工作，就像此前和此后许多的经济移民一样。他需要谋生，需要养家糊口。他知道 20 世纪的美国产生了一种文化，但是他认为那只是一种大众文化。甚至在他的童年时期，"电影就意味着美国的扩张"，而今天"不同国家的艺术家和作家前往美国，寻找机会"（ABC，第26—27 页）。他明白，他将是推动这种扩张的人之一，因为他是那样一代中一个重要的声音：他们放弃法语及其一切文化，转向英语。英语将成为他获得认可和文学最高荣誉的语言。美国在他身上发现了它自己的诗人。

　　加利福尼亚欠了米沃什很多，米沃什在西海岸的邻居伦纳德·内森在悼念这位波兰诗人的挽歌中这样说。他还提出如下问题：如果那四十年米沃什生活在其他地方，他的诗歌是否会不一样？但要回答这个问题是不可能的。米沃什来到伯克利开始担任教职时，已经是一个完全成熟的诗人和作家。他后期作品的某些主题和关注点实际上构成了他创作的第二阶段，似乎跟写作的地点大有联系。伊瓦·宾科夫斯卡

（Ewa Bienkowska）研究和总结过米沃什观察世界的广泛视角，以及他对人类生活普遍性的认识[1]。他的思想是开放的、包容的，他不断观察周围的环境，而且毫无疑问，他最充分地利用了在加利福尼亚的四十年。因为他的写作，加利福尼亚作为一片狂喜的土地得以出现在波兰诗歌中，就像米沃什最著名的一首诗《礼物》所写的那样："如此幸福的一日。/雾早早散去，我在花园里劳作。"（NCP，第277页）但是，为了维持自然—文化的对立，加利福尼亚主要还是被描述为"炙热的不毛之地"，未被选中的天性不驯的土地。

起初，米沃什在那里的生活非常艰难。他感到跟波兰及他的读者隔绝的痛苦；他的妻子长期患病，不仅是身体上也是精神上的病。他的一个儿子也患了病。很少有熟人到访加利福尼亚，他觉得好像生活在另一个星球。"湾区的景色、岛屿和摩天大楼城市都很壮观，却仿佛是在月球上。"（ABC，第59页）尽管如此，他还是宣布他需要在所居之地扎下根来。他曾生活于许多不同的地方、国家和房子。"我在这里。"他最有加利福尼亚味道的著作《旧金山海湾幻象》（*Visions from San Francisco Bay*）便以这样简明扼要的句子开头。为了抵抗移居之初的迷茫之感，他写了这本书；这是一个清醒的决定，接受所有正在发生的事情，一种打算定居下来的尝试。"我在这里"这句短语赋予他的"视野"一个物质的维度：在那个"月球似的地方"扎下根的坚实基础。

"我在这里，这三个词包含可说的一切——你从这些词开始，然后你回到它们那里。这里的意思是，在这个地球上，在这个而非别的大陆，这个而非别的城市，这个所谓我的时代，这个世纪，这一年。我注定不在其他地方、其他时间。我摸着我的桌子，以此不让自己觉得我的身体是短暂的。这是非常重要的，毕竟，生命的科学取决于逐渐发现基本的真相。"（VF，第3页）

"摸着桌子"意味着对一个固定点的寻求，如此一个人才可能确定自己的方位而不致迷失。它是书桌，因为诗人正是通过写作而建立并逐渐扩展自己安身立命的空间。因为正是空间形成了《旧金山海湾幻象》的中心概念。米沃什引述了他的亲戚、诗人奥斯卡·米沃什的话说：我们所有的想法都能在我们关于地方的概念中找到它们的起源。书中有一章谈到了"面对过于辽阔空间"的问题。他的想象总是空间性的。"我的脑海里有着许多城市和国家，"他写道，"而它们与每天围绕着我的环境相互关联。人的想象力是空间性的，它不断在记忆或想象的景观中构建一个整体；它总是从最近的地方开始伸向更远的地方，绕着一个单轴一层层地或一股股地转动，它开始于双脚接触到的地面。"（VF，第6—7页）时间也很重要，因为一个人出生时最先接触的大地，形成了原初的地图，即使被流放也牢记心中。在《从太阳升起的地方》中，米沃什写到"忠诚"："即使我从两个大陆的许多国家收集地球的图像，我的想象也只能依据它们出现在某片森林或群山的东南西北的方位来跟它们打交道。"（NCP，第293页）幸福的可能性也是被空间所决定的，因为"它的条件之一就是不能僭越某种谦卑的人的尺度"（VF，第37页）。甚至自我意识也取决于空间，因为它包含向自我中心的运动，且不幸是徒劳的，因为"人永远无法确定那个中心是否真的存在，或者，是否跟真正的自我同一"（VF，第39页）。空间里的运动总是支持着、规定着和围绕着我们的生命。

在欧洲，空间孕育意义，因为一代又一代人驯服并命名了它。这种意义，对诗人来说是可以理解的，因此这里的空间与其说属于自然，不如说属于文化。在加利福尼亚和美国其他地方，情况则不一样，因为自然是无所不在的，它是"无尽的空洞，无处不在，甚至出现在城市中"（VF，第141页）。在人文学院（Institute for the Humanities），他在与布罗茨基进行的小组讨论中，参与者之一、《纽约书评》的编辑罗伯特·西尔弗斯（Robert Silvers）问过米沃什他对美国的态度。"我对语言的坚持，对波兰语的坚持，某种程度上也是一个象征，象征着我对某些不美国的态度的坚持，"米沃什说，"不美国。因为我对大自然无法生出任何柔情……我不喜欢将自然浪漫化，如果我必须选择，我选择历史的世界。因为历史是人的，它把我们裹进语言、传统、文明所构筑的某种茧中，而在人类创造的世界和自然之间，存在着某种深刻的对立，自然本身不知道什么是善、什么是恶。"西尔弗斯对此抗辩道："但你在书中写过，大地之美是可以治愈你的某种东西。"他接着引述米沃什的诗歌《河流》，它写于此次小组讨论会之前不久。米沃什回答说："但是美在自然之外。"[2]

　　米沃什感到大自然是充满敌意的，它不断威胁着人的脆弱身体。无情的饥饿和干渴、疾病、"死亡的羞辱"激起了诗人的反抗，他写道："人是值得钦佩的，因为他遭受那么多苦难，却仍然是无畏的。"（VF，第150页）美国，这个"欧洲的私生子"，是穷人建立的，由不幸福的人建立，推动他们需求的是物质上而非精神上的东西。这就是为什么对米沃什而言，移居美国是一次文化之外的航程，完全不同于移居法国。人类的时间在加利福尼亚留下的层次太少了。因此，即使他意识到在加利福尼亚正在发生的事可能是未来之事的征兆，他在学生抗议运动和技术革命的那段岁月里写作，对他而言也没有足够的文化可保护人类对抗自然。人类是无数种属中的一种，人所面对的自然，"是与意义对立的，完全无法理解"（VF，第68页）。只有通过人的不懈努力，意义才能产生。

　　米沃什将自己的移民状况推及人类全体，并称美国是一个最大和最终极的流亡国度。长期以来它就是一个无家可归者的大陆。"在美国，人类个体更早被从地上剥离，且比其他任何地方规模更大，这就使得美国无意中成为现代生活的一个先驱。……这片流亡的土地几乎成为所有流亡的范式，尤其是那远离由上帝划分等级秩序的精神世界的流亡。"宗教的统治和建构也是围绕着空间的。"欧洲文明建立在某种宗教真理的空间对等物之上。有一个垂直的模式——天堂，大地，地狱，还有一个水平的模式——骑士寻找圣杯的冒险之旅，十字军的传奇。"（VF，第207—208页）没有宗教的空间是无意义的，毫无用处，是一个乌有之地。

《圣经》的回声并不是偶然的，《旧金山海湾幻象》是一本宗教性的书。米沃什自问他是谁、他的忠诚将把他引向何方、他想成为谁、最后他会成为谁。现在包围着他的世界，不再是童年时代那个以教堂为中心的小村庄。加利福尼亚充满各种宗教、宗教狂热，以及对各种精神形式的绝望探索。米沃什对此采取了他所谓的典型的双重态度：对其他宗教保持开放和好奇的态度，同时对自己的天主教信仰保持全部的忠诚。他的好奇心，他对人类多样性的意识，并没有使他走向其他宗教，而是使他认识到其他宗教无可置疑的存在权利。这在流亡者中不是一种太常见的态度：正如敏锐的波兰作家杨·布翁斯基恰当指出过，一个流亡者的处境会迫使一个人依靠反对某个东西来定义自己，尤其是反对西方，因为这是一个人保持自己独特性（originality）的唯一方法。[3]米沃什没有归附那些新的宗教，没有倒向西方，不让自己被新世界彻底收编；但是他有强大的好奇心，而这成为智性和诗性创造力的根源之一。他在自己的内心所寻求到的稳固立足点为他创造了一个基础，有了这个基础，他就不会像其他许多移民一样，狂热地反对新的事物。"我在这里。"他说，"我知道我是谁。"然后他打量自己的四周。

在这里，他所在的地方，他建起他的"希望和心愿的小家园"（VF，第 11 页）。他的小家园以他的工作来编织，仿佛蜘蛛使用丝线。一切都需要努力和创造——文化、日常生活、生活秩序的维持，这些总会受到充满敌意的外界的威胁。没有什么是明白无疑、一劳永逸的，即便是从前被认为"自然而然"的事。移民，尤其是进入一种非文化的状态，会打破旧有的僵化习俗。童年时代最真实、最亲近的风景，结果被证明不过是想象的产物，与加利福尼亚最"极端"的风景一样，不同的只是它们被吸收得更早而已。最后，米沃什在他的《米沃什词典》中写道，加利福尼亚的风景与他童年时的立陶宛的风景融合在了一起，但空间并不井然有序或具有等级性。我们应该羡慕但丁：这位流亡诗人的世界有一个中心——耶路撒冷（或佛罗伦萨）——天堂就在这中心之上。我们的世界变动不居，人类这种植物受偶然性的支配，把根扎在碰巧找到的某个地方。

"一切都取决于一个人和他的内在健康。"米沃什在给布罗茨基的第一封信中写道。"一切"包括他生命的意义。在这里，加利福尼亚，空间是最大的敌人：太多的空间跟太少的空间一样会造成限制。这就是为什么流亡者与囚犯和隐士是同类。居住在俯瞰旧金山湾的高山上，很容易产生这样的问题：我是谁？这个问题，对于美国文学和文化，同样是一个基本的问题，其回答是：一个被剥夺了继承权的人。他每天早晨都必须重新驯化这个生命中偶然遭遇的地方，他必须赋予那个地方以某种意义，因为唯有这样才能使这个地方获得意义。他所熟悉的加利福尼亚，由如下事物组成：

> 灰色的黏土，干涸的河床，
> 稻草色的小山，如侏罗纪爬行动物般
> 聚集的岩石：对我来说，这就是
> 此地的精神所在。
> （NCP，第364页）

而且它不仅看起来像是月球与爬行动物的世界之交叉点，实际上更危险：

> 在死亡谷，干涸的湖床上，盐闪烁着光芒。
> 保卫，保卫你自己，鲜血滴滴答答地说。
> 从坚固的岩石中，没有智慧生长出来。
> （NCP，第215页）

然而，自然只是米沃什所看到的美国的一部分，特别是在他看着旧金山湾时，这一点就尤为明显。这里还有他颇为欣赏的另一面：盎格鲁-撒克逊的民主传统。他经常赞扬美国宪法，正如他说的，那是由受过良好教育、知识渊博的人所制定的。在宪法中，"人类的平等和每个人享有幸福的权利并不只是什么供人崇敬的遗迹"。他没有忘记自己的流亡者身份，总是在向那些更为不幸的兄弟表达他的团结意愿。在美国，令他反感的是"为了生存而战的恶魔般的性格，在这里几乎是以赤裸裸的形式出现的"[4]。这是一个极端的国家，富甲天下之人与一贫如洗之人的国家，有着庞大的监狱系统，到处都是倒霉的可怜人。他记得他们，就像记得在美国建立之初被消灭的那些人一样。他通过自己的经历和身体看取这一切。米沃什所说的"我"甚至对整个大陆都充满了同情。

在《旧金山海湾幻象》中，米沃什将距离、孤独和沮丧转化为纪律和力量。美国向他提出了一个挑战，要他以这种方式去适应，以保持他的自我。他将自己裹进传统的茧中，以克服在新世界失去自我的危险。他写过，他把自己关在一个小小的空间里，因为只有这样，他才能俯身书桌，他才能继续他的工作。他受到历史的保护——它的对立面是自然。历史是由人创造的，存在于他们的生活中，并保存在他们的记忆里。他就是这样在诗歌和散文中呈现它们的。

举例来说，1985 年 10 月 16 日，他参加了曼荷莲学院的一个座谈会。他与彼得·维雷克（Peter Viereck）和约瑟夫·布罗茨基同时出现在讲台上[5]。讨论的题目是"历史会开口说话吗？"，涉及历史与诗歌的关系。"我的诗歌，"米沃什说，"浸透对时间之流的反思。对我来说时间的流动就是个人生活，以及事件和个人生活的意义……对历史的反思是一种记忆的练习。我们反思个人生活时，常常会注意到我们对自己采用的那些托词。当我们试图理解自己的私人生活时，常常会缺乏清晰性，甚至会自欺。因此，最后审判的观念是非常健康的。"他对历史的看法，常常是个人化的、个人主义的：它包含在个人的生活之中，而它的意义（甚至它的存在）则取决于神圣的存在。上帝不会在历史上采取行动，但是会为历史提供保证。"在我看来，一种赋予历史以意义的强烈愿望，是与宗教信仰的丧失、与宗教想象力的丧失联系在一起的……体现出一种想看清历史方向的需求。"他坦承他没有任何关于历史的理论，也没有对于它的终结的确信。为了支持他的说法，他援引了乔治·奥威尔的小说《1984》里的人物奥布赖恩和温斯顿之间"小小的谈话"："过去是什么？过去就是被记录下来的东西。""奥威尔想说的是，"米沃什总结道，"如果过去的事件，无论是我们的个人生活，还是我们的历史，在上帝心中都不存在，那么，它们就是可以被转变的，并且可以为当权者服务。"[6]没有上帝，就没有历史。

　　杰出的法国语言学家埃米尔·邦弗尼斯特（Emile Ben-veniste）曾经说过，历史只能用过去时态的第三人称来书写，不能带有说者和听者、"我"和"你"之间所表达的关系。在他的诗歌中，米沃什经常反抗那种没有个人历史的东西，那种"践踏民族的大象"和"别名不过是灭绝的东西"。[7] 他的历史总是不同的、个人的；总是通过具体的、个人的生活的过滤，被检视和保留在记忆中；概括只发生在这一切之后。这里只需提及他的诗《鲜花广场》（"Campo de' Fiori"）就够了，在诗里，犹太人的灭绝通过一个人的死之孤独来揭示，这个人就是乔尔达诺·布鲁诺；而诗歌采取的是一个看到了这种关联并在向我们讲话的叙述者视角。一个人的分离性和特殊性是历史的基础，它是人类历史（anthropo-history），完全是人性的。在这种视野中，我们看到了他的某些最重要的信念：深刻的宗教感、对社会生活的一种反体制的态度、将个人的生活作为衡量社会公正尺度的坚持。米沃什拒绝将历史看作对卑劣行径的辩护甚至解释，拒绝将历史看作救赎或阶级斗争。历史是时间的流动，表现为彼此分离的生命面对外部处境的方式。他的态度是古典的，甚至可能是保守的，因为他回到了这样一种观点，即历史是由人类的性格和他们体现在日常生活中的道德选择所支配的。在《被禁锢的头脑》里刻画的几个作家的肖像，或者他在维尔纽斯的朋友、诗人特奥多尔·布伊尼茨基生命和死亡的历史，就都类似于 17 世纪的"人物"：在极为残忍恶劣的外部条件中，那些抉择和人的沉浮，连同他们各自的缺陷和德行得以戏剧性地展现出来。米沃什和他的同时代人同处于一个黑暗时代，而他的裁判是仁慈而宽容的。一个人的性格固然很重要，但是运气也必不可少。而其中有些缺点可能被证明是好事。他经常重复说，他没有陷入那些时代中更占主流的正统思想，是因为他的孤立感、他的固执、他的自我主义。这些对他起了很好的作用。

米沃什关于历史的思想，曾在曼荷莲学院当着布罗茨基的面表达过。这是一种有趣的"不交换意见"的方式，是诗人避免交锋、强调共识的典型事例。那次布罗茨基首先发言，维雷克紧随其后。米沃什礼貌性地同意了他们的几个次要观点。但他本人的历史观却大不相同，尽管他在表述时没有体现出挑起论战的热情。布罗茨基在回答米沃什的问题时，也继续他自己的思路，没有引起任何的争论。他们是独奏家，各自演奏不同的乐曲。他们对历史的看法相差巨大，也许大得他们无法公开辩论。[8] 在另外一些场合，布罗茨基也谈到历史，比如在他关于卡瓦菲斯的随笔里，"历史"一词同等地适用于国家的作为和私人的生活。在这两种情况下，"历史都包含记忆、记录和阐释"（LTO，第 57 页）。然而，他通常只是"间接地"、通过诗的联想接近历史的话题，避免说教。他在曼荷莲学院那晚的谈话，以及他的随笔《克利俄剪影》（*Profile of Clio*），一开始扼要地概括了奥登的诗《向克利俄致敬》，然后将历史的缪斯克利俄与天文女神乌拉尼亚并置，不过布罗茨基认为乌拉尼亚是地理的缪斯，因为她支配空间。生活和艺术的基本区别在于，生活是由重复、日常惯例组成的。另一方面，艺术鄙视重复，拒绝日常惯例，因为重复很快就会变成陈词滥调。艺术的一大优势在于它总是必须令人惊讶，总是具有启示性。历史就是艺术，因为"克利俄是时间的缪斯，正如诗人（奥登）所说，在时间里没有什么事情会发生两次"（OGR，第118页）。在罗格斯大学的会议上，他痛苦地补充了他的这一判断："历史永远不会重演，原因很简单，历史的一个主要手段就是谋杀：每次都有不同的人死去。"[9]

在布罗茨基的写作中，他拒绝历史。他指出它的偶然性、它的暴虐性：对他而言，历史不是由人有意为之的创造。"现实本身一文不值。是感知将现实赋予了意义。"（LTO，第152页）他在《克利俄剪影》中写道，历史学家只能研究那些已经不复存在的东西，因此也就无法确知什么。他也无法预测尚未发生的事情。在历史中，只有惊奇是可以肯定的：我们总是对历史感到惊讶，因为在我们以重复为基础的生活中，我们从来不接受历史的不确定性。我们在历史中寻找理性，却总是成为它的牺牲品。乌拉尼亚则更为友好："任何在平面上的运动，如果不受物理必然性的支配，总是一种空间性的自我确认，无论是建造帝国还是旅游观光。"（LTO，第 398 页）对布罗茨基而言，历史，犹如大自然对于米沃什，总是构成危险 —— 是一种盲目的、无意识的力量，碾碎人的骨头。他对历史的逃离，就像米沃什对自然的逃离一样，是通过文化来实现的，但他对文化有着不同的理解。我们对历史的抵御 —— 对彻底毁灭的抵御 —— 包含在语言之中。诗歌，作为语言的最高形式，它教化和组织时间，并发现过去，俯首于我们祖先的阴影前。诗人必须无视历史，因为它在粗俗中奴役人类，并最终杀死他们。"从根本上，天才不需要历史。"（LTO，第 153 页）对历史的逃避就是对受害者角色的逃避、对任何一种决定论的逃避，也是对无情时代的逃避。

在布罗茨基看来，波兰人有权一心想着历史，因为他们是历史的受害者。至于他本人，他不需要它，因为他从帝国的角度来看待这个世界 —— 而帝国，即使在它崩溃之后，仍然存在于它的艺术和语言之中。他不想讨论犯罪和惩罚，他拒绝以政治和国家为题的讨论，似乎它们只对小的、从属的民族国家有价值。另一个他不愿接受"对因果的历史性思考"的理由是，在帝国的内部，他自己就是一个"小国"，一个受害者，一个少数派。他不想接受这样的角色，也不想提出受害索赔。在《克利俄剪影》中，他写道，他虽然从种族上是犹太人，但他并不认为自己等同于二战中被杀的犹太人，而是认同两千万被杀的俄罗斯人，因为他们的人数更多。他那位出身很容易被纳入殖民主义造成的可怕苦难模式的朋友德里克·沃尔科特，也持类似立场。在他看来，历史是指认罪行，历史无情地将人与他们的过去联系在一起。作为对可耻的、要求报复的历史的替代，沃尔科特提出了另一种叙事或者说神话，从持续而不间断的在场中，敞开时间，创造一个与旧世界同等的新世界。他的长诗《奥麦罗斯》（"Omeros"）表明，加勒比海诸岛的世界跟希腊一样具有史诗性，因为它包含着一次航行，一次返乡的旅程，对祖先、神灵的敬畏。他拒绝线性思维，联结今天与过去的直线[10]。因为直线，用彼得·维雷克的话说，"是两点之间最长的距离。也是最血腥的"。[11]

沃尔科特对待历史和叙事的态度，经常受到来自美学方面的质疑。诗人兼评论家威廉·洛根（William Logan）在一篇针对沃尔科特诗歌的尖刻评论中写道："且不论那几段傲慢的破碎三行诗节，（《奥麦罗斯》）笨拙的叙事就足以毁了它。"[12]我将在讨论本土"听力"的问题以及对"非本土"（non-native）诗歌的排斥时，再回到这篇评论。现在我只需指出，沃尔科特跟布罗茨基一样，都是在从文化中寻找自己的身份，而不是像米沃什那样在他自己的宗谱中寻找历史。或者，更准确地说，沃尔科特和布罗茨基是将他们的宗谱放进了文化之中。但是他们也并非在每件事上都意见一致。在米沃什与布罗茨基就"中欧"问题进行辩论的那个会议上，沃尔科特也发言了。他开口说话之前一直在犹豫："在友谊和意识形态之间，我遇到了很大的困难。我认为这是意识形态的一个惩罚。"这次的冲突在他心中引起"一阵阵的愤怒，以及在愤怒与憎恶之间交替的情绪……帝国主义的声音主导了这次会议，其范围波及每一个欧洲部落，每一个欧洲国家的代表，范围不断扩大。这不只是一种有关祖先和传统的历史性的姿态，它走到了'文明'的整体名义之下。我指的是一种腔调……一种进步的线性概念和文学实验：它们与神职人员和西班牙征服者的狂妄自负没有什么不同。你们欧洲的作家仍然保持着那样的腔调，继续高举某个旗帜、十字架或者书本的责任。我没看到宽容，没有看到想象力的宽展，甚至粗鄙地说，也没有福音派信徒的远见。你们的帝国是什么意思？听了当代作家们所说的这一切，只是加深了我的一个看法：对于它所有的战争、博物馆、文学、革命而言，欧洲和俄罗斯的地方性（provinciality）在不断地增长。作家不是历史的继承者"[13]。

我们应记得，俄罗斯代表团和"中欧"作家之间的辩论，在代表一个帝国的那些人和代表多个被征服民族的那些人之间，制造了一个分裂。沃尔科特的发言，是在米沃什和布罗茨基交换意见之前，他注意到双方都有一种优越感，都认为自己的文化是优越的，首要的是作家的传教士式角色，他们的传教士精神总是会得到可怜的皈依者的回报。萨尔曼·拉什迪和苏珊·桑塔格同样也持批评态度。"我把这一点作为一种思考告诉俄国作家，"拉什迪说，"如果你在一个庞大的帝国生活并写作，即使在帝国内部你只处于一个弱势的地位，你也很难看到它以外的东西。"苏珊·桑塔格延续了这一思路并指出，殖民者的权力在于描述被殖民者的能力：如果你说中欧不存在，而那里的作家却宣称中欧存在，你难道不需要面对这个质疑吗？

正是在这一点上，布罗茨基开始恼火起来，他说："（俄罗斯作家的立场）当然不是帝国式的立场。"但是四年后，他在罗格斯大学召开的会议上发表的言论，却隐含了这么一层意思：俄罗斯注定要么成为帝国，要么什么都不是。"问题在于，地理，至少是欧洲的地理，没有给历史留下太多的选项（这里，克利俄被乌拉尼亚统治）。国家越大，它的选项就越少。选项要么是变得强大，令人生畏，像抹布一样拧住邻国的脖子；要么变得无足轻重，四分五裂，陷入贫困。在本世纪的七十年里，俄罗斯一直扮演着前一个角色；现在是它扮演第二个角色的时候了。"[14] 他没有讨论民主、公民社会、社会发展，似乎将所有这些名词仅仅当作宣传。跟普希金、曼德尔施塔姆以及里斯本会议上他的俄罗斯同行一样，布罗茨基并不把俄罗斯看作一个社会，而是一个国家。他衡量了这个国家的力量。他既不支持它，也不支持它的帝国野心。但是，一个国家不希望"无足轻重，四分五裂，陷入贫困"，这不是很容易理解吗？

　　布罗茨基从国家的角度来看待俄罗斯，这并非偶然。他延续了俄罗斯的文化传统：毕竟，俄罗斯第一部文字史就是随着俄罗斯国家的发展而形成的。在俄国沙皇亚历山大一世的鼓动下，尼古拉·卡拉姆津 [1] 撰写了多卷本的《俄罗斯国家史》，确立了（或表达了）国家制度对于民族制度的优先地位。在这里，与波兰的比较又是有用的。布罗茨基继承了作为国家历史的历史概念，并从它逃进了个人主义。米沃什的历史是作为民族历史的历史，也是一个民族抵抗的历史；这样的历史，其作用是维护波兰人的尊严，因为他们生活"在帝国阴影下"。这就是为什么在他与布罗茨基的讨论中，他说 divide et impera（分而治之）。他追溯到拉丁语，追溯到罗马历史——对他来说，苏联是一个帝国。对布罗茨基来说，它也是一个帝国，尽管他生活在它逐渐衰落的当下。他就是从那里逃出来的。

　　我之所以回到并围绕"帝国"的主题，部分原因是布罗茨基对第二个帝国——他最终定居的地方——的态度。我

[1]　尼古拉·卡拉姆津（Nicolai Karamzin，1766—1826），俄国作家、历史学家，以 12 卷本《俄罗斯国家史》著名。他由于其温和的保守主义也被称为斯拉夫派精神之父。

引用过托马斯·温茨洛瓦的评说，他认为布罗茨基热爱的是波兰、立陶宛和意大利，而对俄罗斯和美国的态度相当复杂。在布罗茨基的宣言中，他总是强调，他和他那一代人将作为个人主义化身的美国理想化了。他的文章《战利品》（"Spoils of War"）主要致敬他青年时代记忆中美国物质富足的象征："美国之音"播放的威利斯·康诺弗（Willis Conover）的爵士乐节目、联合国善后救济总署的包装食品、美国电影。"我敢说，对于'去冷战化'，《人猿泰山》系列电影比赫鲁晓夫在苏共二十大上的报告和之后的讲话加起来的作用更大。"（OGR，第8页）他的这个定义——美国是一个个人主义的大陆——他保持到了最后，即使他也对美国的因循守旧、大众文化、粗俗感到困扰。而他可自由离开，以及他是一个自主个体的事实，使他将这个国家置于俄罗斯之上。1990年，他总结道："什么是帝国？当我思考这个问题时，脑海中出现几件事，不只是服从于某个政治制度或受制于某个政治权威的疆域。我还想到一种空间：在其中存在某种关于时间的概念，存在一个起作用的基本观念。对我来说，美国是一个个人主义的帝国。这一现实的核心观念就是：人类的自主性。或者说：可达到完全自治的主权。"[15]

从上面的引语可以清楚地看出，对于布罗茨基来说，帝国这个词既不是褒义的，也不是贬义的，它只是陈述了事实。正如我们从他的剧本《弹珠》（*Marbles*）中得知，一个政治制度在不打扰它的公民时就是最好的。空间于是就与自由结合起来了。与米沃什对加利福尼亚的看法不同，他绝不认为那里空间太大，而且空间肯定也不造成限制。在他的诗作《科德角摇篮曲》（"Lullaby of Cape Cod"）里，布罗茨基写到空间和自由的结合点，我们可以把这首诗看作与米沃什《旧金山海湾幻象》在功能上对等的表达。这两部作品只有情境上的相似之处：都标志着那样一个时刻，诗人已然接受了自己的容身之地。当然，在体裁和篇幅上它们是不一样的，尽管《科德角摇篮曲》主题的复杂性和多样性并不亚于米沃什的那部散文著作。在米沃什那里，"桌子一角和钢笔尖的触感"的问题标志着旧自我与新环境的相遇。而布罗茨基面前的桌子上还放着一瓶威士忌，这表明了两位诗人在适应新的环境上的差异。（我应该补充一句，仅指在写作上，因为在生活中米沃什比布罗茨基更喜欢威士忌。）移居并没有改变他们：他们仍然是自己。米沃什在传统和宗教中找到力量，而布罗茨基无法找到平静。

《科德角摇篮曲》是布罗茨基最著名和最受欢迎的作品之一（CPE，第116—129页）。在一次访谈中，他将它说成是"抒情组诗。它更像是演奏钢琴，而不是歌唱咏叹调"。它确实富有旋律，而且在第一节中提到雷·查尔斯[1]。在俄语原

---

[1] 雷·查尔斯（Ray Charles，1930—2004），美国音乐家、钢琴演奏家，布鲁斯音乐的先驱。

文中，《科德角摇篮曲》由十二个部分组成，每个部分包含五节，每节六行。令作者有些懊恼的是，他的朋友、杰出的诗人安东尼·赫克特（Anthony Hecht）的英译本有九十三行。在同一个访谈中，布罗茨基说，写这首诗是因为纪念（美国建国）两百周年："我想——好吧，我为什么不做点什么呢？"[16] 然而，诗的内容并不是庆祝性的。而且这首诗也并不像米沃什那本书那样以"我在这里"开头。作者也出场了，但是更为隐晦，就像在第四节诗里那样："想到幸存是很奇怪的，但这就是发生的事。"而从开始，我们就见证了一个现实的场景，仿佛他在暗示：这里就是我所在的地方，科德角半岛上的一个小村庄——"帝国的东端"。时值 7 月，夜色降临，晚上又热又闷。诗人坐在窗边（这是我们的诗人在诗中反复出现的位置）；他正喝着威士忌，希望酒能让他睡着。这首诗的最后一个幻影是一条鳕鱼过来与他一起饮酒。这里对移居国外"我在这里"这件事的接受，有着布罗茨基一贯的反讽和痛苦的调子：

> 在一个废弃的篮球场上
> 一只游荡的鸟儿在铁篮筐的
> 乱网中生下脆弱的蛋。
> 薄荷和木樨草的味道清晰可闻。
>
> （CPE，第 117 页）

移居国外被描述为帝国的"转换"。它是逐渐发生的，起初是跨越"边境禁卫兵"的防线，然后，是随"涡轮机"发出的嗡嗡声，驶入"带羊肉气味的云层"：

> 空间蟹行着撤退，时间冲锋向
> 最前方，向西流去，
> 像是往家走，漆黑无光，
> 夜的沥青弄脏了外衣。
> （CPE，第117—118页）

到达的地方是新的，"这里没有人 / 可供你的双眼适当地停留"，孤独一如既往：

> 你手中的工具仍是同样的笔和墨
> 一如从前，林地植物没有呈现
> 叶片的变换，而同一种旧轰炸机冲出
> 云层驶向鬼知道
> 怎么选好的、仔细瞄准的地点。
> 此刻你需要的就是一杯酒。
> （CPE，第120页）

这首诗，结构严谨但非常真实，自嘲地呈现出作者的孤独，他与疾病和时间流逝的搏斗，以及他对新的帝国清醒的注视（尽管饮酒的主题贯穿整首诗）。轰炸机是一样的：

> 军团紧密列阵，
> 同伴们互相依靠着，直立入眠。
> 马戏团在市场聚集。
> （CPE，第 122 页）

他已经抵达这个世界的尽头：

> 无处可去。
> 其他地方也无非是广布的
> 星群，逐渐燃烧殆尽。
> （CPE，第 122 页）

这是一个新的地方，但两个帝国都在同一个地球上，就像头和尾，它们在海底彼此相连。它们之间没有深渊，只有空间的延续。

> 由如下组成：爱、秽语、混杂的
> 灰烬、死亡的恐惧、软骨症，
> 腹股沟之间的危险，一具直立于

> 海边的身体是空间的包皮，
>
> 任精液淌过。脸颊银色的泪痕，
>
> 人突入时间；人是他自己的目的。
>
> （CPE，第 127 页）

　　我们能说些什么呢——关于布罗茨基对美国、对移民、对帝国的态度？从一开始，在他的早期诗歌中，帝国的主题就已出现，那时他认为帝国是一个非历史的、非政治的实体，一个我们每个人都需要单独面对的摩洛克——我们只有以独立和个人主义来自卫。这里没有宗教性，因为上帝的帮助不在期待之内。

　　布罗茨基似乎在说，一个小国家迫使一个人走向各种形式不一的团结，走向历史中的共谋关系，它隐藏起生命的真实本质、根本的孤独和脆弱。帝国趋于不断的衰落，在那里你看到的是人类和国家的赤裸裸的状态。诗人唯一能让自己感受到的团结，是同情。这就是他歌唱摇篮曲的原因。但是，对他来说，他是孤独的，在这片

> 广袤的陆地，与之相比
>
> 你微小的体积，让你荡来荡去，
>
> 从墙到墙，仿佛聆听一首摇篮曲。
>
> （CPE，第 128 页）

他疲倦，筋疲力尽，异常孤独，他的思想被死亡吸引。对这个新地方的接受，并不是一种胜利——这个地方并不是真正新的，胜利也不是真正可能的。他听到"鳕鱼的温柔之歌"：

> 时间远比空间伟大。空间是一种事物。
> 而时间，在本质上，却是思想，是关于事物的
> 清醒之梦。生命自身是
> 时间的种种变奏。鲤鱼和鲷鱼
> 是它的血块和蒸馏物。更浓烈
> 更本源的物质，包括
> 海波和旱地上的苍穹。
> 包括死亡，那个标点符号。
>
> （CPE，第 124 页）

第八章　带外国口音的诗歌

切斯瓦夫·米沃什和约瑟夫·布罗茨基都在美国度过了大半生。甚至在他们到达美国之前，英语在他们的创作中就发挥过很大作用。在英语环境中，他们跟它的关系变得更为密切。渐渐地，他们开始将英语用于他们诗歌的翻译。在生命的最后阶段，米沃什用英语亲自翻译了自己的大部分诗歌；而在生命的最后几年，布罗茨基直接用英语写诗。对于那些"背负"对母语忠诚的浪漫信念的诗人来说，这样的发展着实标志着一种进化。

米沃什和布罗茨基都来自欧洲的同一地理区域——波罗的海与喀尔巴阡山脉之间的狭长地带。他们自我认同的主要工具是他们的语言。但他们的家庭经历却完全不同：米沃什在一个多语种的环境中长大，布罗茨基则成长于单语种的环境。米沃什说过，他对波兰语的忠诚使他抵抗立陶宛语、俄罗斯语和白俄罗斯语，而他从小就听到这些语言。在这样多语种的环境中，他的家族一直讲波兰语，至少有四百年。这是一种地方性的、词汇和发音都很特殊的波兰语，不同于华沙或克拉科夫的口音。他很早就学习了俄语，在学校学过七年多拉丁语。他认为，这两种语言如同相反的磁极给他的波兰语施加了压力：有力的俄语"加强了他的措辞"，古典的拉丁语则使他的语气更加克制。[1]他童年的语言是他的财富，是他的自我保护，是他的"茧"。这种语言必须得到保护，抵御标准波兰语的影响，后来则是要抵御英语的影响。

布罗茨基的情况几乎相反。尽管他的祖父母辈的人可能会讲希伯来语和意第绪语，他的母亲会讲拉脱维亚语、德语和法语，而他的父亲，他猜想，曾经学过拉丁语，但他本人年轻时却成长于一个单语种的环境。造成这一单种语言环境的原因有很多，最重要的是在斯大林时代，任何一种多样性都要付出沉重的代价。布罗茨基成长于一个"反世界主义"的年代，正如反犹太政策在政府宣传中所讲的那样，他的父亲因为犹太血统而失去了工作。在他的作品中，他没有提到父母是否会讲意第绪语或希伯来语，但从他的诗《在水库的两个小时》（"Dva chasa v rezerwuare"）来判断，他一定听到过他们说意第绪语，或带有意第绪语口音的德语。他从未对意第绪语或希伯来语表示过任何兴趣，也没有对犹太人的其他事情有过兴趣。俄语是他童年时代的唯一语言。从年轻时起，他就试图摆脱这种"单语种状态"。

欧洲文学史上有过很多双语种的时刻，我们这两位诗人都非常清楚。"几个世纪以来，"米沃什写道，"在几个欧洲国家，文人都擅长双语言，他们的方言被拉丁语改变，反之亦然。"（TB，第 19 页）在俄罗斯，包括普希金在内的浪漫主义诗人用法语写作和交谈，波兰浪漫主义诗人亚当·密茨凯维奇在俄罗斯以使用法语即兴创作而闻名。然而，正是浪漫主义本身破坏了这种二元性，并使诗人成为其民族记忆的守护者。中/东欧的浪漫主义者忙于创造统一的民族文化，为民族国家而战，而一种成功的民族文化有赖于从民族的习俗、仪式和语言中提取真实的品格。吟游诗人必须表现出独特的民族本质。诗人的缪斯女神把她那件古色古香的束腰外衣，换成了一件朴素的农民装束。而她也变得更加变幻无常：她轻易地拒绝诗人的灵感。诗人的伟大从此依赖于他那跟人民割不断的联系和忠诚的本真性。同时也依赖于诗人在国族苦难中的在场。

对于亡国的民族，19—20 世纪是严峻的考验，它们必须把自己的本质交到诗人手中。而这些诗人则必须与他们所服务的国家团结一致，保护这种结合，因为他们所需的真实品格来源于它。他们从自己的童年寻找灵感，沉浸在自己的语言中，回忆度过早年生活的庄园，因此产生了对流亡的深深恐惧，这是这些诗人经常遭遇的命运。流亡意味着写作的孤独：没有读者，诗人会是什么？于是有一种对于贫困、失去灵感之源、远离故土和远离鲜活语言的恐惧。正是出于这种恐惧，切斯瓦夫·米沃什在写给布罗茨基的第一封信中说了那些话。流放并不会扼杀缪斯的声音，他说；但这并不意味着诗人就能用非母语写作。米沃什和布罗茨基一直宣称他们对母语的绝对忠诚。但是，只有米沃什坚守了这一信念。

即使是在他年轻的时候，布罗茨基就被英语诗歌和诗人深深吸引。他觉得自己受到了周围事物的限制，一直在寻找超越语言边界的典范。他的大师之一，安娜·阿赫玛托娃了解并欣赏英语诗歌，但是，即使在遇见阿赫玛托娃之前，布罗茨基和他的同代人就对美国的电影文化、文学、爵士乐和科技颇为着迷。他们对英语的活力非常敏感，因为它背后是两个帝国，具有真正的全球影响力。在他上学的短短几年，布罗茨基的英语成绩得了个 F，但他很快就设法弄到一些英国或美国的书籍或唱片。在 20 世纪 60 年代的列宁格勒，为数不多的外国学生是外国书籍的最重要来源。布罗茨基第一次在他的诗作里引用英语，是 1961 年在他的诗《彼得伯斯基罗马》（"Petersbursky roman"）中作为题词。两年后，1963年 1 月，他为罗伯特·弗罗斯特的去世写了一首挽歌。弗罗斯特的诗歌被收录在一部英语诗人选集中，这书是布罗茨基从波兰学生索菲娅·卡普钦斯卡那里得到的。在 1963 年 10月 11 日的一封信中，他告诉她，从这本选集里他读到了"两个伟大的爱尔兰诗人"，叶芝和乔伊斯，而这本选集成了他

"最珍贵的书，虽然我只看懂了一半"。他的桌上摆放着阿赫玛托娃、帕斯捷尔纳克、罗伯特·弗罗斯特的画像，还有索菲娅·卡普钦斯卡的。早在 1961 年，他就在写给她的信上用英语签名（信是用俄语写的）："永远属于你的（原文如此！），约瑟夫·布罗茨基"。这是他定居美国后使用的名字。当时，这个新的名字还只是一个有趣的笔名，一个生活的幻想而非一个移民计划。约瑟夫·布罗茨基对自己这种生活幻想的坚持，不仅从写给卡普钦斯卡的信中得到了证实，他还以同样的方式在写给安杰伊·德拉维奇的信上签名。就在写了纪念弗罗斯特的挽歌之后，他又写了一首诗，标志着他在寻找自己的声音方面迈出了根本性的一步：《献给约翰·多恩的大挽歌》（"Bolshoya Elegya Dzhonu Donnu"）。这是一首杰作，直接指向英国玄学派诗歌的传统。在写给卡普钦斯卡的一封信中，他提到了这首诗："这是我最好的诗，我相信，也是当代诗歌中最伟大的作品。只有上苍知道，我是如何在这样的条件下把它写出来的。"（1963 年 3 月 15 日）

很多评论家强调英语诗歌对布罗茨基早期作品的影响，尽管在他来到美国时，他的英语知识仍然有限。但是，他的英语也已足以使他对于自己作品的英译感到不安：有些诗确实翻译得很好，但他从中辨认不出自己声音的调子。这不是他的诗。他对一首诗有整体性的见解。他不接受形式和内容的分离——形式和内容，对他来说总是不可分割地交织在一起。他的作品在形式上是复杂的，讲究押韵、有节奏、有韵律，充满了跨行连续，以及由韵律带动的密集意义。从一开始，他就介入到对他的作品的翻译，要求准确呈现内容，又不以牺牲形式为代价。对他作品的翻译成为一个非常困难甚至不可能完成的任务。在他和他的译者之间，有过许多紧张的冲突。他的译者多是英语世界中最著名的诗人：安东尼·赫克特、霍华德·莫斯[1]、理查德·威尔伯[2]；但是布罗茨基更喜欢翻译语言不那么个性化的译者，在他们的译本中他自己的声音可能更突出[2]。逐渐地，他开始亲自翻译自己的诗歌，尽可能将更多内容压缩进俄语的韵律形式中。他不求直译，而是在韵律要求和思想的流动造成的张力之间，寻求一个最佳的译文。"翻译是寻求一种对等物，而不是替代品。它要求风格上的同质性——如果不是心理上的同质性。"（LTO，第 140 页）他本人的翻译完全浸透了俄语诗法的传统，结合奥登式的讲究押韵的智性抒情风格。他试图像使用俄语一样使用英语，并刷新他的诗歌。在英语里，就像在俄语里一样，他把所有的语域（registers of speech）转换为韵律形式，许多以英语为母语的人则认为这种韵律形式已经过时或显得古怪。这样一来，他的译诗实际上成了"新的诗"，

---

[1] 霍华德·莫斯（Howard Moss，1922—1987），美国诗人。曾经担任《纽约客》杂志诗歌编辑近四十年。

[2] 理查德·威尔伯（Richard Wilbur，1921—2017），美国著名诗人、翻译家。曾两次获得普利策奖，1987 年当选为美国第二届桂冠诗人。

译文无疑更接近于译者的意图而不是原作，它们更符合英美诗歌的"听觉"和历史。

这种对待翻译的态度，其问题性质显然源于诗歌语言的性质。诗必须是可理解的，因此，它必须由可理解的词语组成。但是，为了诗性的表达，它必须包含不寻常的词语或表达方式。诗人必须表达一些新的东西或使用一种新的方式表达，但这些新的东西也必须置于众所周知的东西之内。希腊人已经指出过这种二元性，亚里士多德在他的《诗学》中就已经对此作了解释。无数代诗人和评论家都曾明确地以不同方式说明了这种张力。当布罗茨基宣称他的写作是为了取悦先人的影子时，这正是他所想到的。但同时，他也害怕重复。诗的语言是一种背离，一种对日常语言的偏离，但是，这种背离或偏离必须保持在一定限度内。这些界限始终是一个需要协商的问题：它们总是由每一首新诗重新设定。"在文学中，"杰出的波兰诗人兼翻译家斯坦尼斯瓦夫·巴兰恰克写道，"只有从一种新的表达方式中才能产生一种新的思想：要说出任何明确的东西，你必须打破常规。而这恰恰是一个外人无法办到的，因为，如果打破常规真有什么意义，那就只有打破那些束缚你的常规，而不是束缚别人的常规。如果一个本土作家故意违反语言，这叫进步；如果是外人干的，那叫词语误用。"[3]

布罗茨基面临一个问题：如何跟他的新读者交谈。因为新读者是他最有兴趣谈话的对象，而不是他过去的读者。时间飞逝令布罗茨基感到压抑。他抱怨翻译活动自身的性质已决定了只能触及那些已经陈旧而遥远的作品。他常常感到不得不修正别人对他作品的翻译。后来为了避免冲突，他开始亲自翻译自己的诗[4]。他的译文比翻译家的版本更粗粝，更有节奏，比翻译家的语域更为丰富，它们更容易被他的美国读者，尤其是他的英语读者所接受。其内容不那么清晰，更神秘，押韵惊人，非同寻常。它们听起来更本真、真诚，富有旋律、能量和一种原创性的拙朴。他的翻译令人惊讶的同时又令人兴奋。他的译者不懂得如何重现这种特性和力量——这都是他自己的——所以，布罗茨基最终亲自翻译了自己的诗歌。每首诗的翻译，都类似于一次爆发，尽管偶尔也有失手。

他的第一部由他本人编选的诗集 1980 年在美国出版，这已经是他在美国定居八年之后。诗集名为《言辞片段》，在所收三十七首诗中，只有一首是直接用英语所写，即《挽罗伯特·洛威尔》（"Elegy for Robert Lowell"）。这也是他用英语写作的第一首诗，一首致敬之作。事实证明这是一个开始，用他所称赞的诗人的语言和风格写作的开始。这部诗集还收录了布罗茨基本人翻译的两首诗，十首他参与翻译的诗，以及二十四首由不同诗人署名翻译的诗。然而，即便在这些情况下，布罗茨基的参与也是重要的。德里克·沃尔科特被认为是《明朝来信》这首诗的唯一译者，但是他曾在多个场合表示自己不懂俄语，这首诗的翻译实际上是布罗茨基完成的。布罗茨基对这首诗进行了逐行翻译，只是后来接受了沃尔科特的建议，作了一些小小的改动。在八年后出版的《致乌拉尼亚》（*To Urania*）一书中，语言的占比完全倒了过来。在四十六首诗中，有十二首直接用英语写成，二十二首由布罗茨基本人翻译，八首由译者和作者共同署名，只有四首是由译者单独署名。布罗茨基第三部也是最后一部诗集《如此等等》（*So Forth*），是在 1996 年他去世不久后出版的。该书收录的诗歌，只有一首由译者署名，七首由作者和译者共同署名，其余诗作（共计三十五首）要么是布罗茨基本人翻译，要么是直接用英语写作。在这本书中，布罗茨基摒弃了把译者名字放在诗歌下面的惯例，而只在版权页上提到译者的名字。这样，他终于不用再将呈现自己诗歌英文形式的责任转交他人了。书中的一切，读起来就像全部是布罗茨基本人所写的了。

至此，我们可以说，这是 Iosif Brodskij 真正转变为 Joseph Brodsky 的时刻，他成为一名英语诗人。在他去世四年后，他的助手兼遗产执行人安·谢尔贝格出版了他的《英语诗歌选集》（*Collected Poems in English*），在这本厚达五百多页的书中，她只收录了布罗茨基本人确认、翻译或以英语写作的诗歌。译者的名字印在书的末尾。有趣的是，在最新的作品集中，切斯瓦夫·米沃什也以同样的方式处理他的诗作。诗歌译者汉斯·马格努斯·恩岑斯贝格[1]称之为"文学苦力"，翻译在美国的酬劳非常糟糕，但还从来不曾这样被推到一边。布罗茨基意识到可能会有反对意见，在《言辞片段》的一个注解中谈到了这个问题。他说："我要感谢我的每一位翻译，感谢他们花费大量时间把我的诗译成英语。"他说："我冒昧地修改了其中一些译文，使它们更接近原作，尽管这可能是以牺牲它们的流畅性为代价的。为此我要加倍感谢译者们的包涵。"5

事实上，他几乎没有遇到过什么包涵。在这一点上，我们有来自一位翻译家、英国诗人丹尼尔·韦斯波特（Daniel Weissbort）的精彩证词。他写的书《来自深情的俄语：英语里的约瑟夫·布罗茨基》，也可换一个书名，用韦斯波特的话说，就是《布罗茨基的麻烦》。这位英国诗人翻译了布罗茨基的几首诗，由此引起多次激烈的交锋。布罗茨基的死震惊了韦斯波特，他回顾了他们之间的冲突，并对比文本提出了一些问题，为自己曾经所处的地位感到痛苦。布罗茨基会要求他如此这般翻译一首诗，然后再修改他的译文，"剽窃"其中一部分，有时甚至全盘拒绝。韦斯波特慷慨地提供了各

---

[1] 汉斯·马格努斯·恩岑斯贝格（Hans Magnus Enzensberger，1929—2022），德国诗人、作家。曾获毕希纳奖。作品被翻译成四十多种语言出版。

种版本的对比，清楚地表明了布罗茨基是在用英语写作，他的才华、精力和对文本的所有权，弥补了他不可靠的"耳朵"，这是任何译者都无法企及的。《来自深情的俄语：英语里的约瑟夫·布罗茨基》一书，半是回忆录，半是有关翻译实质的沉思，是一本关于20世纪后半叶英语诗歌的重要著作。

布罗茨基有些抗拒一种被广泛接受的信念（尽管这也是他自己坚持的，但只是在口头上），即认为诗人只能以自己童年的语言进行创作，而且，因为诗歌取决于原生的耳朵，译者必须在译入语的诗歌历史里，找到其对等物。人们的期望是，在译入语的传统之中，对等物能够"奏效"。但布罗茨基的努力却指向了另外的东西：他自己的译本与俄语原版非常相似，也与他自己的英语诗歌非常相似，充满复杂的韵律和有节奏的图像。他糅合了高雅的风格与不那么高雅的风格，糅合了反讽与感伤、典故和口语。更重要的是，他把俄语诗歌的形式转换到了他的英语诗歌，反之亦然[6]。"布罗茨基的麻烦在于，"韦斯波特写道，"他根本不明白，他所要求的是一种不可能的东西，他想把俄语的文本批发进口到英语零售商那里，英语必须被俄语化才能适应这一点。"[7]他的诗歌迥异于英美读者所习惯的东西：它不是自白派的，它是智性的，是反讽的，同时，它还是热辣的，强制（读者）屈从于它的内部运动。它的形式是挑衅性的：他使用的押韵，往往倾向于他的发音；他把英式英语和美式英语混在一起。他的英语丰富而灵活，但那完全是他自己的。他把自己的俄罗斯腔调引入了英美诗歌的语言中。

他以不妥协且过于任性的方式从事这项工作。在诗歌朗诵时，他吟诵自己的诗歌，仿佛自己是一个说唱歌手，或者更确切地说，说唱歌手与独唱者的混合体。起初，他只用英语写作随笔（他的随笔语言也很有诗性），偶尔也写诗——挽洛威尔的诗，关于贝尔法斯特战争、南斯拉夫战争、波兰实施戒严令的愤怒和悲伤的诗。但是他的"曲目"在增加，并且扩大到新的体裁：诗性"歌曲"、儿童诗、游记。在他生命的最后（他去世于五十六岁生日前），他主要用英语写诗。他处在一种匆忙的状态之中。正如他在 1991 年自嘲地说过，他不希望自己因为那些旧诗的译本而为人知晓，因为那样的话，"你就会跟那些根据你五年或十年前的东西对你形成看法的人握手。从某种意义上说，这促使你偶尔用英语写一首诗，向那些伙计表明你是谁或谁做主"[8]。他死得太早了，这使我们无法看到，这个大胆的实验能够带他走多远。

他常常焦躁不安，与美国文学界的许多代表性人物发生冲突。在他移居美国之初，他就抨击过诗人 W. S. 默温和克拉伦斯·布朗（Clarence Brown）以自由诗的形式翻译曼德尔施塔姆。在与我的一次谈话中，罗伯特·法根说过，布罗茨基曾经激怒他的同行，以他的傲慢、讽刺和吸引他们女朋友的方法。其中一个知名诗人向法根承认，有一次他把一首诗作为礼物或说一种敬意的表示邮寄给布罗茨基，而布罗茨基将它修改之后寄了回去。法根还说，米沃什的做法非常不同。他远离纽约的紧张空气，保持着一种加利福尼亚的平静，没有什么过分或死板的信念。对美国诗人来说，他引起的争议要少得多 [9]。

然而，问题主要在于诗歌，而不是人品。随着布罗茨基诗歌特异的语调变得越来越明显，批评他的人也越来越多。他去世后，持保留态度的声音也越来越大。理查德·埃德尔（Richard Eder）在《纽约时报》上写道："英语是一把大提琴，承受不了重击。"约翰·贝里（John Bayley）在《纽约书评》上说，这位诗人咄咄逼人，爱打击他的读者。斯文·伯克茨在一篇对布罗茨基其他方面持积极评价的评论中指出："他的某些晚期诗歌不时发出刺耳之声。"英国诗人克雷格·雷恩（Craig Raine）写了一篇文章，讽刺性的标题为《易于膨胀的名声》（"A Reputation Subject to Inflation"），他想让他的读者相信，布罗茨基是一个糟糕的诗人，一个非常平庸的思想家，也是一个事业狂。他的主要论据是说，布罗茨基的"耳朵"显示出"外国的笨拙"。约翰·西蒙（John Simon）在一篇特别轻蔑的文章《回顾布罗茨基》（"Brodsky in Retrospect"）里说："事实证明，英语对诸多不同的外国散文家都很友好，比如约瑟夫·康拉德、伊萨克·迪内森[1]、弗拉基米尔·纳博科夫，但是布罗茨基写的是诗，而这……可能需要一副更灵敏的耳朵。"不过，早在 1908 年，也曾有一个英国评论家指责约瑟夫·康拉德是一个"既没有国家，也没有语言"的人[10]。这是那个评论家出名的唯一原因。

许多评论家对比了英语和俄语的语言学参量，毫无疑问地证明了布罗茨基试图实现的东西是不可能的。连他最亲密的一些朋友似乎也对他努力的结果感到不快。谢默斯·希尼在布罗茨基去世后所写的一首纪念诗《奥登式》（"Audenesque"）中写道：

> 再不必急着使用双关语，
> 或匆匆穿过你所有那些
> 堆起来的、拥堵的跨行连续
> 当你到达山顶之上。
>
> 鼻子朝天，脚踩地面，
> 发动英语如一辆汽车。

布罗茨基也受到了伊夫·博纳富瓦（Yves Bonnefoy）、

---

[1] 伊萨克·迪内森（Isak Dinesen，1885—1962），丹麦作家。创作有著名的自传体小说《走出非洲》。

W. S. 默温和米沃什的译者罗伯特·哈斯的批评。尽管哈斯不喜欢布罗茨基对英语诗歌的处理，但是他很理解他的两难困境。他在评论布罗茨基的《言辞片段》时问道，不然要布罗茨基怎样，"听起来像洛威尔、奥登、拜伦、蒲柏？"[11]布罗茨基当然知道，他只想听起来像布罗茨基。

有时，布罗茨基的固执似乎会得到某种理解，如果不说是完全接受的话。布罗茨基去世后，诗人、翻译家迈克尔·霍夫曼（Michael Hofmann）在《泰晤士报文学增刊》上发表了一篇关于布罗茨基随笔和诗歌的颇有影响的评论。霍夫曼表示：布罗茨基的英语诗歌"更多牵涉到原作者的身份，而与翻译只有较少的关系"，布罗茨基想使自己成为"一个无政府主义的礼物，对于他所采用的语言而言。……也许，他对美国当代诗歌所持的未明说的保留态度，引起了那个集团冷淡和防御性的反应"[12]。在丹尼尔·韦斯波特的《来自深情的俄语：英语里的约瑟夫·布罗茨基》中，韦斯波特走得更远，他摒弃了布罗茨基的批评者所谓对"耳朵"的依赖：布罗茨基的翻译，他说，的确有一个音乐的完整性，"尽管它不是人们所熟悉的音乐的完整性。这些用英语翻译和写成的诗歌，彻底改变了人们对于那种语言——今天的'世界语言'——写作的文本品质的期望"。"事实上，"他写道，"翻译出一个似乎本就是用英语写作的文本，让它'读起来流畅'，不再是好的翻译的必要条件。现在人们对通过某种方式抓住外国东西的外国性似乎更有兴趣。当然，这完全是一个判断的问题，当然，改变到怎样的程度才可容忍，这个本身也在改变。布罗茨基许多语言学上的做法，都是克雷格·雷恩和其他人所反对的，但在并不遥远的将来，对于普通读者而言，布罗茨基的做法很可能变得更容易接受。"[13] 布罗茨基在一次采访中表达了同样的想法："我没有成为另一个纳博科夫或约瑟夫·康拉德的野心。我只是没有时间，没有精力，或者说没有自恋癖。但我很容易想象，另外一个像我这样的人，用两种语言写诗，英语和俄语。我认为这样的事情将来某个时候一定会发生。很可能从现在起，二十年、三十年或者四十年后，有人用双语写作，对他们来说，那是再自然不过的事情。"[14]

韦斯波特在结束他的导言时，谈到他和其他一些诗人共有的一个观点："（布罗茨基的翻译）创造了（英语和俄语）两者之间声音上的联系，只有时间才能告诉我们，这对英语诗歌和英语用法本身将会带来什么影响。所以，由卡堪奈特（Carcanet）出版公司最近出版的这本书，也许是一个定时炸弹。但是它也为非俄语人士提供了一个难得的机会，让他们在一种好像属于自己的语言里，阅读这位最伟大的俄罗斯诗人的作品。"[15] 德里克·沃尔科特表达了同样的观点。他很欣赏布罗茨基的英语以及他本人的翻译；他对这位俄罗斯友人感到很亲近。韦斯波特也引述了布罗茨基的另一位朋友、翻译家艾伦·迈尔斯（Alan Myers）的说法："他觉得自己的韵律比母语作者的更有创新精神，母语者的耳朵可能会在熟悉的日常中变得迟钝。"[16] 布罗茨基去世后，马克·斯特兰德在哥伦比亚大学的一个晚间研讨会上说，布罗茨基的美国诗歌在语言上引发了一次革新。他扩大了英语韵律的可能性，创造性地运用了自己发音上的独特性：这些韵律"令人愉悦"。关于布罗茨基的英语诗《歌》，他笑着说："太他妈的精彩了。"当一个人在一种语言中长大时，对于这种语言的态度常常是循规蹈矩，"约瑟夫则有更多的选择"[17]。

米沃什对布罗茨基在英语上的自我满足非常不满。他在和我的一次谈话中说："我目睹过很多次，布罗茨基是如何用英语朗读他的诗歌的。根本不是那回事儿。他用英语朗读的时候，是用吟唱俄语诗歌的方式，而语言的规则却完全不一样。……我认为，布罗茨基用英语写诗是一个错误。他本应坚持运用自己的语言"。在那次谈话的另一部分中，米沃什宣称一个人只能运用自己童年的语言写诗，而布罗茨基在他生命的最后阶段，"是'雌雄同体'……我更喜欢他其他的诗"[18]。米沃什也没有试图对布罗茨基隐瞒他的这个意见；1984年12月26日，在写给这位俄罗斯诗人的一封信的末尾，他这样劝告布罗茨基："在我们参加国际特赦组织的那个晚会后，我本想和你长谈，关于你朗读诗歌时的俄罗斯方式以及你的'美国'方式。在我看来，它们应该区分开来。如果我们注定要过一种双重生活，那就随它去吧。致以温暖的问候，切斯瓦夫。"几周后，布罗茨基回复道："关于我的'美国式'朗读的建议，我接受了。我不知道那天晚上我是怎么想的：也许我想表现得比那首诗本身更残暴一些。'啊，古老的怨言'，贝克特在他的一部戏剧中说。全心拥抱你。约瑟夫。"[19]

在他的回复中，布罗茨基通常避免与米沃什产生争议，但是他并不同意米沃什的观点。在卡托维兹大学荣誉学位的授予庆典上（其时米沃什在酒店房间里休息），布罗茨基回答了一个问题，关于他的"音乐剧式的背诵"："今天的诗人害怕他的读者带有嘲讽的笑声，因此他便试图缓和他的诗歌并从诗歌中清除那些情感强烈的时刻。换句话说，诗人试图去适应他的听众。这是一个错误。诗人应该像坦克一样冲向他的听众，这样读者就没有退路了。诗歌是一种形而上的攻击、语言上的攻击，而不是撤退。如果一个诗人总是想着要谦虚、不要具有攻击性，他应该停止写作。"（StS，第43页）对于布罗茨基来说，一首诗是声音和内容不可分离的结合，以一种高度集中的状态和令人愉悦的节奏传达给听众。他的诗不应该像现在美国诗歌朗诵中经常出现的那样，以一种彬彬有礼的方式、在一种缺乏紧张感的气氛中去朗读。而他的一些俄罗斯同行，例如列夫·洛谢夫，则反对他语气过强的朗读方式。但是，他在美国的俄语听众却非常欣赏这一点。

柳德米拉·什滕恩回忆布罗茨基最后一次为俄语听众朗读诗歌的情景时说："布罗茨基读诗的方式有一种纯粹的魔力。他的语调、响亮的发声、他的手和躯干的动作，一切都是美好的，唤起人深深的情感。他用来呈现的方式，几乎和它的内容一样重要。"[20]

在他的一生中，对母语的依恋始终如一，这就是他用俄语发表诺贝尔奖获奖演讲的意义所在。但是，他总不能同意那些人，他们断言作者只能用一种语言写作。在他的随笔《取悦一个影子》中，他讲述了1977年，也就是他抵达美国五年后，他"在第六大道一家小店，购买了一台便携式打字机，莱泰拉22型，然后就开始了英语写作（随笔、翻译，偶尔还有诗）"（LTO，第357页）。1993年，英语已成为他的"第二天性"。"使用两种语言的能力，是人的一种常态。我不认为我是一个例外。19世纪俄国文学的伟大作家，有百分之九十的人使用法语通信，彼此之间也经常运用法语交谈，比如普希金、屠格涅夫、巴拉丁斯基。这并不妨碍他们用俄语进行创作。如果你不相信诗人的例子，我要告诉你，俄国最后一位沙皇一直使用英语写他的私人日记。"（StS，第124页）在与约翰·格莱德（John Glad）的一次谈话中，他说："认为作家必须是单语的这一观点，对单个的作家，甚至对人类思想，都是一种包含侮辱的东西。……当我用俄语写作时，我所经历的心理过程，在情感和听觉上与用英语写诗通常是一样的。"[21] 他用英语写作，只是因为他想，而且能够。

这不是一种容易获得的能力。人们学习新的语言且有时切换到新的语言，但他们只会用童年的语言祈祷或计算。而童年的语言通常是他们唯一能对诗歌做出反应的语言。米沃什说过，只有用波兰语写的诗歌，无论是原文还是被翻译的，他才能真正读懂。以赛亚·伯林的母语是俄语，关于自己的母语他也说了同样的话。在他与戴安娜·迈尔斯（Diana Myers）的谈话中——他们用俄语交谈——他宣称他懂英语诗歌，但是没有感觉；而他一生的大部分时间都是在英国度过。伯林和迈尔斯问他们自己，为什么布罗茨基在生命的最后阶段要转向英语，并认为英语为他开启了各种新的可能性。布罗茨基总想尝试一些新的事情，为自己发现新的世界。"对他来说，语言不意味某个特定和具体的语言，"戴安娜·迈尔斯说，"对于布罗茨基，英语是一个挑战……（它打开）新的视野。他想在它里面，开始第二场人生，抓住第二次机会。……在他心目中，英语与一般的、正常的存在联系在一起。……他担心他的女儿，如果她学会俄语，就会变得和我们一样……我们是不正常的，我们背负着不幸的诅咒，因为我们存在于俄语中。俄语是一种不快乐的语言。"[22] 布罗茨基从来没有这样描述过俄语，但是，在他生命的最后，英语已成为他家庭生活的语言。

不仅是"本地人"想要保护自己的诗人不受外国口音的伤害，流亡诗人群体也希望他们忠实于自己的母语。这种忠诚，是一种流亡者文学的陈词滥调。显然，留在他们本国的作家不大会受到转入另一种语言的诱惑。语言是流亡者归属其国家的手段，是他们随身携带的工具：语言是他们的历史和国家图书馆。但是，布罗茨基疏离了对母语的这种理解；他感兴趣的不是语种（languages）而是语言（Language）。在他独特的哲学体系里，时间凌驾于空间之上，而语言"以其音步停顿、暂停、抑扬格等"重构时间。他经常引用奥登的话：

> 时间……
> ……
> 崇拜语言，并宽恕
> 它赖以存在的每一个人；
> 原谅懦弱、自负，
> 将它的荣誉置于他们脚下。[23]

他对这些诗句进行了阐释，并从中建立起一种形而上学。"这是布罗茨基的特征，"乔纳森·谢尔（Jonathan Schell）写道，"他把自己思考的东西归于另一个作家的几行诗（仿佛他随之想出来的一切，不过是奥登在'崇拜'一词里所含的内容的一个展开说明），他提出的想法只是某个更宽广的思路的延续，其所包含的东西，既不以他为开始，也不以他为结束；他的另外一个特点是，他不断加以阐释，直到他得出一个新颖的，有时甚至是极端的结论。例如，如果语言比时间'伟大'，且时间'吸收神性'，那么，在某种意义上，语言就一定比上帝更伟大。在这里，语言学似乎吞噬了神学。"[24]

布罗茨基说的并不是具体的、历史的时间——"时间（不是时代）"（LTO，第363页）——也不是具体的语言，而是为时间（Time）给出尺度的语言（Language），它就是生命和死亡。他曾经做过一次演讲，题目是"作为异乡的语言"（Language as Otherland）[25]。另有一次，在与沃尔科特的谈话中，他说："在根本上，对我们每个人来说，是我们写作的语言赋予了我们现实；它的确赋予了我们以身份，否则，我们仍然会在政治的、宗教的或地理的信仰体系中，定义我们自己的类别。一个人最重要的工作是弄清自己是谁……没有什么比一个人的语言更有助于定义他自己了。"[26] "身份"和"语言"这两个词，在这里并不是按照它们习惯上的意义来使用的。是"诗歌语言"定义了布罗茨基和沃尔科特的"身份"。他们两个都相信诗歌语言优先于用以表达诗意语言的民族语言。沃尔科特是以下述方式来表述的："莎士比亚如此具有远见卓识：他知道这样一个重要事实，即诗歌的语言根本不来源于任何地理、任何种族、任何历史，或任何反讽的处境。"[27]

正如两位爱尔兰人詹姆斯·乔伊斯和萨缪尔·贝克特所证实的那样，其他许多来自帝国边界地区的作家对语言也有着类似复杂的态度。乔伊斯不朽的《芬尼根的守灵夜》是一个多语种互相交错的创造产物，跨越了所有的体裁和语言的边界。贝克特所走的是一个相反的方向：缩减而不是过剩。在他一生的一个阶段，他用法语写诗歌和戏剧，用他"外国的"，奇怪、简单、完全非母语的法语来写作。当他回到英语里时，其语言也以类似的方式而显得"奇怪"。让-米歇尔·雷伊（Jean-Michel Rey）说，贝克特让法国人对他们的语言有了新的理解，因为在使用这种语言的时候，他的脑海里总是存在着英语，这两种语言不断地相互渗透。评论家们认为，这两位爱尔兰作家的选择是一种对语言的异化和抵抗的象征，而正是这种语言"推开"了他们祖先的语言。但是，也许应该更恰当地说，他们的语言是开放的，但不是向英语开放，而是向雅克·德里达引用爱德华·格利桑（Edouard Glissant）的话所说的"缺乏"开放，意识到他们祖先语言的"缺乏"，一种他们已失去联系的、被击败的语言。他们使用这种语言，是对失去的回声的追寻，一种永远无法实现的追寻[29]。

用一种胜利者的语言写作——一种帝国的语言，或者一种作者在其中被同化的、多数者的语言写作——得以进入一种鲜活的文化、更大的读者群体、那些被击败的语言所不能提供的种种可能性。但是，获胜的语言是通过碾压所有其他语言的可能性而崛起的，这既丰富了它的使用者，但也使他们陷入了困境。他们必须得到"授权"使用多数者的语言，而这种授权总是不确定的。他们不仅"缺乏"他们祖先的语言，他们也"缺乏"聆听身处其中的语言的"耳朵"。布罗茨基，甚至沃尔科特都"缺乏"倾听英语的耳朵。[30] 但俄国人也批评布罗茨基，因为他大杂烩式地使用本国语言，他的俄语带有英语影响和犹太人发音。米沃什，他用一种地方性的波兰语写作，则受到一些出生于波兰中心地区的波兰人的批评，尤其是年轻的波兰人，他们自豪于自己当代的耳朵，不习惯于二战前波兰语言的多样性。布罗茨基和米沃什双重地、三重地被连根拔起，这种分离充分体现在他们的语言中。然而，正是语言本身构成了他们的安身之地，他们的故土！

相传奥维德在他生命的最后阶段，使用他的流放地黑海边的语言写诗。布罗茨基可说是这一传统的继承人，尽管他的流放不像罗马诗人那样具有戏剧性。另一方面，对米沃什来说，可以说他延续了但丁的传统，直到生命的尽头但丁都在用自己的"方言"写作。在米沃什最后的文本《双语种》（"Bilingualism"）里，他宣称："抵制用其他语言写作诗歌应被视为一种美德。玛丽娜·茨维塔耶娃直到去世都是一位彻底的俄罗斯诗人（但茨维塔耶娃也用法语写诗），而崇拜诗歌的约瑟夫·布罗茨基在他最后的诗中却倾向于英语，并且没取得多大成功。……我们出生在地球的一个具体地点，我们必须保持对这一地点的忠诚，不必遵循外国的时尚。"如果米沃什在他的这段话中没有加入一种刺耳的音符，那他也就不是米沃什了。在《双语种》一文的最后，他引用了波兰流亡诗人波格丹·切伊科夫斯基（Bogdan Czaykowski）的两首诗作为结尾。根据米沃什的看法，这两首诗"描述一个人对他所归属之出生地语言的抵抗。所引之诗表现了一种冲突，一方面是对人类大家庭的归属，另一方面是对某个给定的语言的特殊性负有的义务。这是一个再多思考也无法解决的两难困境"。切伊科夫斯基的第一首诗叫《诗歌的反叛》（"Bunt wierszem"），开头这样写道：

> 我出生在那里。
>
> 我并没有选择那个地方。
>
> 我更愿出生在草地上。
>
> 青草生长在任何地方。
>
> （SL，第89页）

在20世纪50年代初，冷战最为激烈的时期，米沃什移居到国外，他最担心的是自己的创造力枯竭，而他在随笔和访谈中也一再提到这种恐惧。[31] 他的文章《不》，写于 1951 年，意在公开与当时的波兰决裂，开头第一句话就是："我现在要讲述的很可能是一个自杀的故事。"在文章就要结束的地方，他阐明了这一点："自杀，文学生涯的终结（对一个诗人而言，失去祖国还会有别的意义吗？）"[32] 那时他确信，正如他在与雷娜塔·柯钦斯卡的谈话中提到的那样，为了写作，诗人必须留在自己的国家（PŚ，第 76 页）。四十五年后，他仍然会问自己，在"外国人中间"，他怎么能一直保持住自己波兰诗人的身份[33]。这是他一生的奇迹之一，尽管移居国外始终是他痛苦和危险的根源。在他的诺贝尔奖获奖演说中，他说："所有流亡诗人，他们只能在回忆中重返自己的城市和地方，他们的守护神永远是但丁。但是，佛罗伦萨的数目却在怎样地增加啊！"[34] 虽然说从 1989 年起他不再使用这种戏剧性的语言，但他还是会不断地回到生活在国外的人的身份这个问题上。他问他的朋友康斯坦蒂·耶伦斯基（Konstanty Jelenski），如果他"说一口流利的英语、法语和意大利语，并脱离波兰移民圈"，那么他的国籍是什么？三年前，他令人信服地安慰过布罗茨基，说诗人对移居国外的恐惧是一种迷信，三年后，他却以这样的方式，谈到流亡诗人的命运：

"将流亡作为一种命运去接受，就像接受一种无法治愈的疾病，有助于我们看穿关于自我的幻觉。

　　　　　　　　　　　　　　　　米沃什与布罗茨基

"他很清楚自己的使命，人们都曾等着他开口说话，但他却被禁止说话。现在他在生活的地方，可以自由地说话，却没有人听，而且，他已忘记他必须说的话。"（TB，第13页）

这个想法可以追溯至米沃什创作最重要的一个源头——亚当·密茨凯维奇的著作，他在《先人祭》第三部的"序幕"部分写道：

> 一名流放的歌手，被判走进
> 异乡充满敌意的人群
> 对他们来说我的歌只是粗野肤浅的声音
>
> ……
>
> 我虽活着，但对我的祖国却成了亡灵，
> 我所思考的将活在我的灵魂里，
> 像钻石覆盖着煤炭的外壳。[35]

孤独的流亡诗人的神话，一再重现于米沃什的作品中，因为"（作家对家乡的爱和尊重）是唯一真正值得寻求的爱和尊重"（TB，第18页）。但是，即使没有流亡，米沃什也觉得自己是被污名化的孤独者，被诅咒的诗人。这是很自然的：在波兰文化中，诗人不可能是健康的、合群的、勤勉的。然而，米沃什不断质疑这种陈词滥调。正如他的《关于流亡的笔记》（*Notes on Exile*）所证明的，它不是一种抱怨，也不是对残酷命运的屈服，尽管在开头，他引用密茨凯维奇的话："他没有找到幸福，因为在他的祖国没有幸福。"米沃什明白一个诗人为了克服"流亡第一阶段那种无法摆脱的绝望"都需要什么，关于这一点他的所思所写，让人想起他写给布罗茨基的第一封信。这种绝望"更多地来自个人的缺陷，而不是外部的环境"（布罗茨基也许是对的，他认为米沃什的信与其说是一种安慰，不如说是一种挑战），而一个作家需要"新的眼光、新的思想、新的距离"。"他必须将他的所来之地与新到之地（写作的地方）重叠起来，这样，'围绕他的两个中心和两个空间彼此纠缠'，或者——这是一个快乐的解决方案——这二者互相结合。"说诗人的语言会在流亡中枯萎，这并不正确。"母语的新的方面，以及母语的新的调性，会被重新发现，因为在新环境的语言背景下，它们会显得格外突出。因此，在某些领域（街头习语、俚语）的收窄，会因为其他领域（词汇纯净度、节奏表现力、句法平衡）的扩大而有所弥补。"他还可以改变自己写作的语言，"改变，通过直接采用居住国的语言写作，或者，（通过使用）以新的读者群能够理解和接受的方式运用母语写作。但是这样，他就不再是流亡者了"。在任何情况下，"他都必须经历一次彻底改造，否则只会使自己彻底失去创造力"（TB，第 13—19 页）。

在伯克利的最后日子，米沃什已不再是一个流亡者。"流亡"这个词本身属于冷战；铁幕倒下后，已不再适合于米沃什或布罗茨基，而是指奥维德、但丁和密茨凯维奇，这些始终无法返回的诗人。米沃什自始至终忠于自己的母语，同时逐渐被美国诗人同行所接受。他也意识到了这一点，正如他在 20 世纪 70 年代末与雷娜塔·柯钦斯卡的谈话所证实的那样。然而，他补充说，他从来没有用英语写作的计划，他觉得自己没有能力这么做，而且这样的选择对他完全没有吸引力。因此，他仍然陷于那个他以行动证伪的理论中，认为诗人与他青年时代的土壤紧密联系。他一生大部分时间是在国外度过的，但是，作为诗人，这并没有伤害到他。几十年来，他与波兰语的日常生活是隔绝的，却并没有失去与它的联系。最重要的是，尽管多年来他一直沉浸在英语中——教学、写作和翻译，但这样没有遮蔽他的缪斯的声音。恰恰相反，英语长期的陪伴丰富了他，为他打开了新的模式和传统，使他能够在波兰诗歌的"主流"之内写作的同时又进入到外国语言的领域。他有一种不寻常的能力，接受外界的影响，而对自己的东西保持坚定的忠诚。他取其所需，一滴多余的东西也不要。

不仅是米沃什的作品被译成英语，米沃什也一直将其他作品译成波兰语和英语。对文化——任何一种文化——的本质而言，很难低估翻译的意义：翻译是世界聚集和汇合的地方。可以说，米沃什通过他的翻译表达他的崇敬。他在很年轻时就开始了翻译，后来只要条件允许就一直继续翻译。他把他对翻译的激情称为"译者的忠诚"。雷娜塔·柯钦斯卡写道："如果用写作的页码衡量一个人一生的著作，作为翻译家的米沃什，将超过作为诗人的米沃什。"（PŚ1，第 365页）对他来说，翻译意味着开放、对话的立场、好奇心、不断丰富的技巧和想象力。这是一个学习的过程，是对多种语言和历史时期的诗歌的认真研究，是一种细读。在波兰文学史上，没有另外一位诗人，在波兰文学和世界诗歌两方面同时具有如此深厚的功底。他喜欢翻译，并在我们已经引用过的关于安娜·斯维尔的诗中，把翻译形容得很美，"沉浸于 / 波兰语的喃喃细语，与沉思中"（NCP，第 598 页）。他所翻译的作家范围很广，在他的同时代人中，只有斯坦尼斯瓦夫·巴兰恰克超过了他。米沃什对《圣经》的翻译，是波兰语言历史上的一个特殊事件，其重要性怎么估计都不为过。"当我们伸手去拿《圣经》文本时，"他在接受一次采访时说，"我们接触到的是全部诗歌的最根本技法。"[36] 为了翻译，他学习了希伯来语，并将从这种语言进行的翻译工作当作一种努力，用来净化在波兰的土地上曾经犯下的种族灭绝的罪行。[37]

还在加利福尼亚时，他就着手《圣经》的翻译工作，当

米沃什与布罗茨基

时他的流亡生涯似乎注定要持续到生命尽头。虽然目标是译成波兰语，但对译成英文他也有强烈的兴趣。1946年至1950年在美国期间，他还是一名波兰政府的外交官，认为自己的英语水平还不够。在此期间他已将塔杜施·鲁热维奇的部分诗歌译成英语，后来翻译了兹比格涅夫·赫贝特的一些诗歌。多年之中，他都没有翻译自己的诗，因为在他看来，他那些诗是不可译的。正如我们在他的诺贝尔奖演讲中所知道的，米沃什认为波兰文学整体上是不可译的，但这从未阻止他试图克服这样一个障碍，他总觉得自己对"波兰诗歌的资产"负有责任。在20世纪60年代，他开始翻译更多波兰诗人的作品，并于1965年出版了《战后波兰诗歌选集》（*Post-war Polish Poetry*）。许多美国诗人将与这本书的相遇当作他们诗歌历程中最重要的时刻之一。这本书开启了克莱尔·卡瓦纳所说的"东欧诗歌对英美诗歌的入侵"。在一篇题为《切斯瓦夫·米沃什的美国化》的文章里，她阐述了米沃什的翻译对英语诗歌的影响，包括对沃尔科特、希尼和美国诗人罗伯特·哈斯、罗伯特·平斯基、爱德华·赫希、马克·斯特兰德、罗珊娜·沃伦（Rosanna Warren）、乔纳森·艾伦（Jonathan Aaron）和卡洛琳·福歇（Carolyn Forche）等诗人的影响[38]。这里列举的还只是那些意识到这种影响并公开表达过感激之情的诗人。还有多少诗人是在我们不知道甚至他们自己也无意识的情况下受到影响的呢？

在某个时刻，米沃什感到有必要开始翻译自己的诗歌。就像布罗茨基一样，当他遇到不喜欢的译本时，这种情况就发生了。他很快就发现，他喜欢的唯一译本是他自己的，尽管它们并不完美。例如，他翻译了自己的组诗《世界》。"几个译者都已经尝试过了，"他在给切伊科夫斯基（1975 年 5月 29 日）的一封信中写道，"罗伯特·哈斯和罗伯特·平斯基出版了一个不错的译本……（但是）我选择了自己翻译的一个版本，没有那么有野心，但是更准确。"（NCP，第 749 页）在他的英语版诗歌中，米沃什想要听到的是原文"有节奏的语调"，也就是他自己的语调。[39] 很明显，由于他对自己诗歌的翻译和出版的完全掌控，他的语调、节奏和"措辞"都得到了保留，而不会因为其他译者的参与而产生必然的改变。在英语和波兰语中人们都能辨识出他的声音。

跟布罗茨基的情况一样，米沃什对他本人作品翻译的介入遭到了严厉的批评。众所周知，翻译从来都不是完美的，总可以修改，因此永远不会完成，这反过来又使原作处于一种开放状态。布罗茨基和米沃什的翻译创造了新的原作，这样，就干扰了原作和译文（或副本）之间，以及（外国）作者和评论家之间那种传统的关系。依照惯例，那些没有母语语言水平的人不被允许、不被"授权"使用那种新的语言写

　　　　　　　　　　　　　　米沃什与布罗茨基

诗，也不能用它翻译诗歌，甚至不能被允许判断某个翻译是否恰当。他们最多就是写写散文。但是，有谁比作者更有权利修改他的文本、重写他的文本，即使是用一种翻译的语言？和布罗茨基一样，米沃什也不把自己交到他的译者的手中，让译者在英语诗歌的各种风格中，给他的诗歌找到某些对等物。从理论上讲，米沃什同意，非母语人士缺乏对那种细微差别的感觉，而这种感觉只有在童年时期才能获得。我们已经知道米沃什是如何严厉批评布罗茨基的，因为后者拒绝服从英语诗歌中的开放的形式和较弱的韵律感。我们还知道他是多么不认同布罗茨基如同吟唱、如同祈祷的诗歌朗诵方式。他肯定一些美国著名诗人对布罗茨基诗歌畅达而文雅的翻译。但是，就他自己的情况而言，他所做的一切与那些禁令是有冲突的。米沃什亲自翻译自己的诗歌，总是让母语人士读给他听，但是，"译者的参与，"他在给切伊科夫斯基的信中写道，"仅限于对语法和风格做一些修订，在我限定的韵律形式（原诗的重点）范围之内。"[40] 他的这种语言实践，比那些文化上长期存在的禁令更为强大。

和布罗茨基一样，即使是最"成功"的翻译作品，如果没有反映出自己的声音，而是采用了另一位诗人或另一种传统的风格，米沃什也无法接受。英语诗歌中也没有米沃什真正认同的传统。屈从于译者的声音或另一种风格，当然是很常见的，但是，如果目标语言是翻译作品的原作者熟知的，这一点就很难做到了。对两位诗人来说，英语是他们的第二家园。渐渐地，他们越来越不能接受别人翻译的版本，并开始用英语译—写自己的诗，以自己的说话方式引入一种新的语言，他们的"口音"。他们之间的区别在于，即使波兰语和俄语诗歌都是处理最高层次的精神性问题，波兰诗人也倾向于使用安静的、不夸张的声音。这就是为什么在不违背自己诗歌精神的情况下，米沃什的作品所使用的英语似乎"更容易理解"。

在他生命的最后几年里，米沃什越来越依赖于罗伯特·哈斯所作或所修改的翻译。2001年，米沃什在评论《关于诗的论文》(*Treatise on Poetry*)时写道，哈斯对这部作品的翻译"不同寻常，是内行眼中的一部翻译杰作"。但在前面的句子中，他写道，正是他自己把整部作品翻译成格律诗，并"以这种形式，将整个诗作委托给了哈斯"[41]。据我所知，哈斯对波兰语的了解是有限的，这样米沃什对他的作品最终形式的选择就拥有更大的发言权。但是，任何情况下，翻译一首诗，就算是自己的诗，与创作一首诗之间，都存在着巨大的，也许是绝对的差异。创作产生于最初的冲动，来自缪斯的低语，来自对那低语做出反应的"耳朵"。通过教授波兰文学、撰写波兰文学史，最重要的，通过将《圣经》译成波兰语，米沃什一直在波兰语言的核心领域工作。他相信模仿 (mimesis)，长期以来他一直强烈地感到自己的语言不足以捕捉他想要与之交流的现实。第二次世界大战期间，他还在波兰时就已经翻译了艾略特的《荒原》，并准备编选一部英美诗歌选集，并放弃了他曾经非常热爱的法语诗歌。那时他开始认为，法语诗歌过于关注形式的价值，限制了内容的可能性。另一方面，英美诗歌因其"叙述性"而吸引了他，对他来说，就像布罗茨基一样，英语是极具诗意的语言。同时他也一直在寻找"更宽阔的形式"，这是他经常在各种英语诗歌典范中看到的。就诗律、主题和说教性口吻而言，他的《关于道德的论文》（"Moral Treatise"）参考了奥登的《新年贺信》（"New Year Letter"）。他的《关于诗的论文》（波兰文学中一部前无古人的作品）灵感来自卡尔·夏皮罗 [1]《论韵》（"Essay on Rime"）。选择这种论文的形式是为了反抗当时占主导地位的先锋派对形式的拒绝。米沃什对这部作品很自豪。他在 2001 年说："布罗茨基对我的尊重，很大程度上是因为他读了这篇论文后相信了我的诗歌的价值。"[42] 当米沃什承认他的这些灵感和影响来自英语诗歌时，他还宣称，他之所以写作两首论文诗（这里他借用了布罗茨基的一个表达）是为了"取悦一个影子"，亚当·密茨凯维奇的影子。[43] 布罗茨基的话，正好可以用来描述他的诗歌作品的本质。

---

[1]　卡尔·夏皮罗（Karl Shapiro, 1913—2000），美国诗人。长期担任《诗刊》
　　　编辑。1969 年获普利策诗歌奖。

克莱尔·卡瓦纳写道，W. H. 奥登和卡尔·夏皮罗教会米沃什如何反抗历史，以及如何保持抒情性与公民诗歌之间的平衡。她引用波兰文学评论家耶日·克维亚特科夫斯基（Jerzy Kwiatkowski）的话说，米沃什是波兰现代文化的"放大器"。米沃什"对论述话语和长篇论述诗的重塑"，部分得益于他阅读和翻译过的英语诗人布莱克、惠特曼、叶芝、艾略特和其他诗人的影响。卡瓦纳接着写道："一个以英语为母语的当代诗人对此可能感到惊讶，因为米沃什带给这个他所移居的国家的礼物，也已同样被看作'对论文诗的复原'，而克维亚特科夫斯基将这部分归因于对英语诗歌的阅读借鉴。"卡瓦纳引述了以英语为母语的不同诗人的看法，进而写道："由于他在 1980 年获得诺贝尔奖，出版了题为《诗的见证》的哈佛诺顿讲座（1983 年），事实上他已经不仅仅是美国的桂冠诗人，而是整个英语世界的桂冠诗人。"[44] 以英语为母语的诗人将米沃什、赫贝特、鲁热维奇和辛波斯卡的作品当作兼具个人性和公民性的诗歌典范。他们的诗歌沉浸于历史，同时又与历史保持一定的距离。由于翻译家杰出的才能和奉献，这些诗人成为影响广泛的人物。正是这样，文化才富有成效地相互交织在一起。

米沃什经常表达他对浪漫主义诗歌的反抗：对英语文化的沉浸，使他远离了统治波兰诗歌的那种自发的文学冲动。他需要论述性诗歌的榜样；他想谈论一切，从最具体的描述到最抽象的反思。布罗茨基的需求与此类似。当然，对形式的探索不是形式化的。波兰语诗歌的诗行，由于重读的恒定性而讲究音节，是模仿中世纪教会拉丁语的产物。最常见的长度是十一或十三个音节，在第五或第七个音节之后有一个停顿。米沃什使用这些和其他传统的诗行形式，通常没有押韵。但是早在战后，他第一次居留美国期间，他就把一种他所称的"小行句"（a little line）作为诗歌的基本结构，所谓"小行句"，相当于意义单元的一个行句。作为典范，米沃什经常提到沃尔特·惠特曼。他被惠特曼措辞的容量、宽阔和庄严吸引。米沃什清晰地辨认出这一切，因为那声音就源自《圣经》。米沃什将自己的愿望称为"用一首诗拥抱一切，包含一切"，这就是他的"惠特曼式诱惑"。正是这种诱惑，与他"在讲究音节的传统诗法模式之外对新模式的探索"联系在了一起，后者也是他翻译《圣经》文本的动机之一。[45]渐渐地，《圣经》体诗行成为米沃什诗歌中最常见的节奏。当他用英语朗读他的诗歌时，那《圣经》式的韵律听起来就像美国人，跟本土人士一样。对美国人来说，他的腔调有点厚重，但他的口音并不是外国人的。伦纳德·内森简要地指出了这一点："即使在翻译中，他的诗歌也是闪闪发光的……他那些在波兰语中是具有节奏感的长句，在英语中听起来也不像是翻译。"[46]

　　正如我们看到的，米沃什强调，他的流亡净化了他的语言，但并没有削弱他对"母语"的把握。他的朋友、克拉科夫文学评论家杨·布翁斯基形容他的这种语言是战前维尔纽斯知识界的一种语言，带有一种"口语"的风格，还有自己的旋律，以及相当古旧的词汇[47]。这绝对是一种外省的语言。米沃什写道："我忠实的母语……你是我的故乡；我没有任何其他的故乡。"（NCP，第245页）这语言是忠实的，因为在流亡中它一直伴随他，而他自己对语言的忠实是他与西方疏远的一个标志，他的伤痕和骄傲，就像密茨凯维奇对于他受苦受难的祖国的忠实一样[48]。布罗茨基没有说过要捍卫他的语言；他毫无困难地承认英语影响了他的俄语以及他写诗的方式。但米沃什坚决拒绝"外国的时尚"。他不喜欢他所认为的属于布罗茨基诗歌"教条主义"的那些东西，他对某些形式死板的坚持、缺乏节制，以及对诗歌作用和语言的过分高估。但最重要的是，他不喜欢布罗茨基用英语写的诗。

在米沃什的著作《个人的职责》（*Prywatne obowiqzki*）里，他宣称，那些完美吸收了一种外语的作家，如康拉德和纳博科夫，他们有"一个隐秘的污点"[49]。对习得一种外语表达了类似态度的，还有汉娜·阿伦特，她在战后一直待在美国，没有返回祖国德国。她的德国口音在英语里成为她的一个骄傲的源泉，如同德语一直是她的母语这个事实一样。在与君特·格拉斯的一次谈话中——谈话以"还剩下什么？剩下的是母语"为题——她说，那些熟练说一门外语的人，使用"一种语言，在这样的语言里，一个陈词滥调追着另一个陈词滥调，因为他在自己语言里的活力被整个切断了，如同他忘记了那种语言"。雅克·德里达，我从他那里摘取了阿伦特的这些话，他将阿伦特和伊曼努尔·列维纳斯对语言的态度并置在一起。列维纳斯是一个掌握多语种的人，如果确实能说存在这样的人的话。"这确实是一种不同的体验，"关于他，德里达写道，"对于那样一个人，写作、教书，几乎一辈子都生活在法语中，然而俄语、立陶宛语、德语，以及希伯来语也是他熟悉的语言。在他的作品中，似乎很少严肃地提及母语，也没有表现出任何对母语的自信。对于这位曾说过'语言的本质是友谊与殷勤好客'的哲人，唯一的例外是他时不时对法语表达的感激之情——这门接纳他并被他选中的，殷勤款待他的东道主语言。"德里达说，不同之处在于列维纳斯怀疑"根的神圣性……（对他而言）语言是'一种表达'，而不是（对海德格尔的弟子阿伦特而言）谱系或根基"[50]。这种并置的对比很能说明米沃什和布罗茨基之间的区别。在他的写作和对波兰语的忠诚中，米沃什确认了童年语言的根基性价值，这是一种浪漫的、密茨凯维奇式的对于根的依恋。布罗茨基则对作为东道主的语言表示感激，感激它的殷勤好客。米沃什忠于他的语言，它是一种记忆。布罗茨基寻找他自己的语言，同时保持对他的"大写"的语言（Language）的忠诚。

我认为，这两种忠诚的方向不是自由选择的结果。我们应该追溯一下两位诗人的家族历史，当然，这些历史是欧洲历史的各种压力作用下的结果。米沃什在这个世界上和在他的语言中都更为安定；即使这种语言是很久以前殖民时代强加给他的祖先的（正如他多次指出的那样），现在它也已成为他自己的语言。尤其因为这一语言跟天主教信仰紧密联系在一起，而米沃什是天主教坚定的信仰者。他生命中所有的变化都发生在这种内稳态（homeostasis）中，这是一种不乏痛苦却又美妙的、在作为完全的波兰人和不那么彻底的波兰人二者之间的张力。他的过去、他的家庭和他的历史使他更加强大。但对俄语特别单一的忠实则只会削弱布罗茨基。他跟家族的历史、祖先的语言和文化的联系被彻底切断了。对于那段历史的厌恶被写进了俄语，从"jewriej"（犹太人）这个词开始。这是用他自己的语言来描述他的一个词，一个他几乎无法强制自己发音的词。米沃什使用的语言对他的祖先没有敌意。布罗茨基的他者性则在他的母语中在场。当他用这种语言谈论自己的时候，不得不感受到这一语言在抹去和取代另一作为他者的语言时的暴力。也许留在俄语里的敌意不断提醒着他另一种"缺失的"（lacking）语言，这也就是他不断寻求的原因，寻求另外的语言以及在另外的语言中的存在方式。他背负着那个"他者的单一语言制"（monolingualism of the Other）的重担，并感到自己受到童年时代的语言，那唯一的、受珍爱的语言的束缚，这一语言将他与一种或多种被替代的、无人喜爱的其他语言隔离开来。德里达讨论过这种"欠缺"，分析了他本人对法语的完全投入，分析了自己的祖先——马格里布（Maghreb）犹太人——融入法语的过程。他说，他很想写一个文本，可以题作《20世纪的犹太人：作为客人的单一语言制》。在文本里面，他会写到同化："某种模式，有关对语言的热爱和随意挪用的模式，以及通过那种方式而产生的禁止和被禁止的言语。"布罗茨基通过转入英语，虽然只是部分地转入，使自己成为这个世界的"客人"。

可以说，这是两种不同的"语言不服从"策略。米沃什起初是一个传统意义上的流亡者，隔绝于他的读者，选择忠实于自己的母语，抵制作为"东道主"的言语。他用英语工作，但他主要的创作（写诗）却只用波兰语。布罗茨基并没有担当流亡者的角色——在一个大规模移民、全球性陆海空联系的时代，那角色的意义已被耗尽。米沃什仍然是一个流亡者，布罗茨基只是一个移民。而且他决定像所有奋发有为的移民一样，带着移民的胆识和口音，进入那种新的语言。当被问到一个人如何改变才能用一种习得的语言写诗时，布罗茨基回答说："他不必改变，他只要爱上他使用的语言就够了。"对他来说，写诗的能力独立于使用一种特定语言写作的能力。而且，正如米沃什成为流亡诗人的守护神一样，布罗茨基也应该被宣布为移民诗人的守护神——他们这样的人，不仅把脸转向他们的家乡佛罗伦萨，还能看到窗外的那棵树。而这就是他们写作带有外国口音的诗歌的原因。

尾　声

友谊是一种罕见的结合，

在其最高形式下，友谊是一种爱。

死亡不会结束友谊，而是将它变成守夜和记忆。

因为友谊是一个动词，它通过行动和纪念表达。

第九章　死亡与友谊

米沃什是一个异常勤奋的写作者，工作效率非常高。在度过漫长而成果丰硕的一生后，他去世了——作为一名作家，他活跃了七十五年之久。2004 年 8 月 27 日，在克拉科夫举行的葬礼上，拉比萨查·佩卡里奇 [1] 发言道："米沃什是一位丰富的诗人，他的生活是如此充实，他就像老族长一样带着对生命的满足离开了我们。"布罗茨基离世太早，他被病魔击倒时还处在上升期。两位诗人去世后，守灵、弥撒、纪念仪式在世界各地不断举行：克拉科夫、纽约、伯克利和维尔纽斯等地举行了纪念米沃什的仪式；在纽约、莫斯科、圣彼得堡和威尼斯以及其他地方，人们纪念布罗茨基。关于他们两人的讣告、文章和诗歌刊登在数十家报纸上。他们的死也释放出巨大的诗歌能量：诗人的死亡需要记

---

[1]　拉比萨查·佩卡里奇（Sacha Pecaric，1965—　），出生于克罗地亚的犹太教拉比。

录在诗歌中，转化为文字。到目前为止，虽然已经有许多纪念活动出现在书籍、文章和纪录片中，但哀悼的工作还远没有终止。有人说，通过死亡，我们的诗人将他们嘱托给了我们——他们的读者。这本书即是这纪念活动的一部分。

抒情挽歌是当代诗人记录自己或他人的生命流逝的基本方式之一。布罗茨基和米沃什都写过这类诗歌，并被这种体裁对自传的开放性所吸引。米哈伊尔·洛特曼写道，在布罗茨基的作品中死亡几乎是一种执迷。洛特曼列举了他许多关于死亡的诗歌，其中不仅涉及人类的死亡，还包括鸟、半人马和蝴蝶的死。[1]大卫·贝西亚（David Bethea）在其重要著作《约瑟夫·布罗茨基与流亡的创造》[2]中表达了同样的观点。布罗茨基生活在死亡的阴影下，他那颗不健全的心脏时时刻刻提醒他这一点。1981 年，布罗茨基在一篇关于茨维塔耶娃的诗歌《莱纳·马利亚·里尔克之死》的文章中，总结了他对挽诗的思考。他写道，有关"诗人之死"的诗歌提供了一个写作的时机，让作者得以表达诗人之死所带来的感受，以及与"死亡本身"相关的一般冥想。但是，"悲剧的音质总是自传性的。……任何'关于某某之死'的诗，其中都含有自画像的成分"。通过悲剧性的语调，作者总是在哀悼他自己，哀悼自己的丧失、生命的易逝和"孤独感……作家与生俱来的孤独感"。但是，诗人之死"不仅仅是一种人的丧失。最重要的是，它是这样一种语言的戏剧：语言在直面存在的根本体验时的匮乏"。葬礼上的挽歌并非因为"没有诗人的存在是不可想象的（unthinkable），而恰恰在于这样的存在是可想象的（thinkable）。而作为这种可想象性的结果，作者对于还活着的自己的态度，是更残忍的、更不妥协的"（LTO，第190、198、205页）。

布罗茨基和米沃什都写过许多关于诗人之死的诗，在他们离世后，有人给他们写挽歌也就不奇怪了。在他们的写作中，他们纪念过其他作家的生与死；现在轮到他们被人铭记和赞扬。此外，即使在米沃什生前，他也接受过庄严的庆祝。例如，他的生日曾是举行盛大庆祝活动的日子，尤其在他回到克拉科夫之后。克拉科夫是一个热爱向诗人致敬的城市，也知道如何从中享受快乐。在纪念米沃什九十大寿的文章中，同样结束流亡，回到克拉科夫的亚当·扎加耶夫斯基写道，就像卡瓦菲斯和奥登一样，他是一位"充满极大智慧、狂喜和理性的诗人"[3]。诗学家族的另一位成员，谢默斯·希尼在米沃什八十五岁时，写了《大师》一诗庆祝他的生日；而在老诗人去世后，他写了一首改编自索福克勒斯的诗献给他。这首诗的第一行说到米沃什对年轻诗人的作用：

> 他的教导使我们平静下来，他的陪伴和声音
> 就像夏日树林里的高潮时间，
> 只不过这次他转身离开了我们。[4]

希尼还为这位波兰诗人写了长篇悼文，题为《敞开的门》，其中他解释了为什么把米沃什与俄狄浦斯联系在一起[5]。米沃什是一个归来的智者——显然希尼自己也在思考作为流亡和回归的生命的循环。当他在克拉科夫拜访米沃什时，他看见他坐在客厅里，旁边是他的已故妻子卡罗尔的半身像，"由他的儿媳照顾着，或许是她对他形影不离的关心，以及他改变的形容，让我想起科洛诺斯树林里被女儿照料的老人俄狄浦斯——老国王知晓已抵达了将要死去的地方。科洛诺斯并非他的出生地，却是他的回归之地，在此他回到自己、回到这个世界、回到另一个世界；米沃什也是如此，他回到了克拉科夫"。我们的大师，他做出了选择，如何死、何处死：希尼就是这样将米沃什刻进了文学的传统。这是一个经典的纪念方式，赋予诗人之死以尊严，甚至是最高的权威。

希尼到克拉科夫参加米沃什的葬礼，并出席了随后的庄严的诗歌朗诵会。在发表于《新共和》的一篇文章中，他将米沃什与俄耳甫斯、忒瑞西阿斯和苏格拉底等古典人物联系了起来。他还看到米沃什诗歌的独特之处，它是"一个完整的人的话语"[6]。他提到米沃什的众多朋友，但我们不知道他是否认为自己也是其中之一，他的文章的基调保持距离和尊重。他纪念约瑟夫·布罗茨基之死时，是一种不同的声音，在那篇文章里他也写到了米沃什。事实上，布罗茨基经常出现在米沃什的讣文中，这显然是米沃什不断重复说"我的朋

米沃什与布罗茨基

友"的结果。希尼是布罗茨基的同代诗人，他们的友谊是平等的兄弟之间的联合。在我上一章引用过的《奥登式》一诗里，他直呼布罗茨基的名字，（含着眼泪）批评他，鞠躬致敬，怀着悲伤和对他诗歌的痴迷，特别是怀着大卫·贝西亚称之为"真诚"的情感，也就是说，他对这位英语诗人作品的喜爱。在纽约圣约翰大教堂为约瑟夫·布罗茨基举行的追思会上，希尼读了《起床号》（"Reveille"）一诗，这可能是这位被悼念的俄罗斯诗人最具奥登风格的诗。在发表在《纽约时报书评》上的一篇纪念文章中，希尼宣称："我们不得不使用过去时谈论他，感觉像是对语法本身的冒犯。"（这句话出自他为奥登和斯蒂芬·斯彭德所写的挽歌。）文章里没有将布罗茨基和经典里的人物进行比较，如俄耳甫斯或苏格拉底，只是像对亲人一样哀悼离世的朋友。他认为布罗茨基是"一个决定性的存在"，米沃什则形成了一个典范或榜样。他相信他们都是诗歌天才。米沃什是一位国王，布罗茨基是他在诗歌世界的旅伴。

这个差别是非常重要的，因为在为这两位诗人所写的纪念文章中，"朋友"和"友谊"这两个词，坚定而频繁地出现。有时我觉得，读者出于感激也会将诗人视为他们的朋友。但是作家、记者和诗人最多地使用"朋友"和"友谊"这样的词，好似朋友意味着同行业的一员、"作家同伴"。献给诗人的挽歌建立起写下它们的那些作者的谱系。这种赞美是相互的，一个被写出的作品创造了它自己的先驱，如果文学继续存在，这创造的过程肯定会不断被更新。文学见证的循环性，博尔赫斯在小说里描述过——博尔赫斯当然也是一位优秀的诗人。这种操作的一个例子，见于诗歌选集《致创造者的挽歌：一部纪念集》(*Lament for the Makers: A Memorial Anthology*)，由诗人 W. S. 默温选编，收录了二十三位诗人的作品，他说，这些诗人影响过他。他选择艾略特、奥登、詹姆斯·梅里尔和其他类似的诗人作为他的前辈。每一个人的离去，都会改变这个等级结构，改变这长长序列的位置。死去的诗人被转移至新的类别：他从竞争者变成守护者。但纪念过程是与死亡奋力搏斗的一部分，是与孤独搏斗的一部分。时间是不识字的，亚当·扎加耶夫斯基这样写过。但只要诗人记住他们的前辈，他们就不会死去。

约瑟夫·布罗茨基的死引发了大量关于他的作品出现。有些作者在本书中已经提到，他们在"诗人共和国"构成了一张密集的网。其中包括俄罗斯人列夫·洛谢夫、叶夫根尼·莱因、阿纳托利·纳伊曼、雅科夫·戈尔丁（Jakov Gordin）、柳德米拉·什滕恩、纳塔莉亚·戈尔巴涅夫斯卡娅；具有国际诗歌情谊的兄弟马克·斯特兰德、德里克·沃尔科特、谢默斯·希尼、丹尼尔·韦斯波特，以及苏珊·桑塔格和米沃什。在布罗茨基逝世四周年之际，布罗茨基从前的学生玛尔戈西亚·克拉索夫斯卡（Malgosia Krasowska）在一封电子邮件中写道："他是一位杰出的大师、诗人、读者、作家和朋友。他经常说，纪念一位诗人，就应该写诗或者读诗。"她建议在那一天读布罗茨基的诗。布罗茨基的朋友和翻译家安东尼·赫克特在纪念布罗茨基的一首诗中也传达了同样的信息："现在，他生活在我们每个人的关爱中。/ 读者们，和他的诗歌同住吧。"这首诗题为《冬天的死亡》（"A Death in Winter"），1996年末发表在《纽约客》杂志上，是一本纪念布罗茨基的微型诗选集中的一首。更多诗歌则发表在众多的期刊上。

布罗茨基对诗歌事业的献身精神、对诗人作品的推动和他在社会上的地位，都是引发悼念和颂扬的原因。在为他所写的挽歌中，他的声音、他的谈话的强度最经常被回忆起来。诗人的声音包含其作品的本质，用扎加耶夫斯基的话来说，那就是他的"精神频率"或者波长。这是他的实体存在结束后剩下的东西。"诗人真正的传记，"布罗茨基在关于沃尔科特的一篇文章中写道，"很像鸟类的传记，或说几乎是一回事——它们真正的内容在于它们的嗓音。"（LTO，第164页）在他死后出现的文本和诗歌中，他的朋友诉说着，再看不到他新写的诗歌，他的物理性的声音也沉寂了。洛谢夫和希尼都提到了这两件事。在《与海鸥对话》（"Conversation with a Seagull"）这首诗中，卡罗尔·鲁明斯（Carol Rumens）甚至引用了布罗茨基带有俄语式变调的一句话（我想这句话是虚构的）。另一位诗人格林·麦克斯韦尔（Glyn Maxwell）的《在这些灯光下》（"Under These Lights"）一诗中写道："你的声音悬在大厅的高处 / 一串元音挂在钩子的顶端。"马克·斯特兰德在他的《等等，等等》一诗中，试图捕捉并保留布罗茨基那种让他沉浸在自己谈话里的能量和速度，他那超过语速的敏捷思维，为到达更高论点而省略的句子。[7]

不只他的美国和俄罗斯的朋友写下了关于他的文章。从1996 年开始，托马斯·温茨洛瓦的许多诗歌都与布罗茨基之死有关，它们接续起他们始于 1972 年的诗歌对话。波兰诗人似乎特别受到布罗茨基之死的感染。首先是出现了许多宣言。米沃什说，只要布罗茨基还活着，他的诗人朋友们就会感到安全。维斯瓦娃·辛波斯卡回忆说，布罗茨基是唯一自豪地说出"诗人"这个词的人，"没有任何羞怯，还带有一种挑衅的自由"[8]。许多著名诗人为他写过诗，包括理夏德·克里尼茨基（Ryszard Krynicki）、朱莉娅·哈特维希、安娜·弗拉伊里奇（Anna Frajlich）和亚当·扎加耶夫斯基。在《维琴察的早晨》这首诗中，扎加耶夫斯基写到两个朋友去世的噩耗到达那一刻，两个朋友是布罗茨基与波兰电影导演克日什托夫·基耶斯洛夫斯基。关于他的俄罗斯朋友，他写道："你活过两次，和他人一样强大，在两个大陆, / 在两种语言里，在这个世界里和想象里。"[9]

应该单独留下篇幅在这里谈谈德里克·沃尔科特回忆这位俄国诗人的那些诗。沃尔科特不仅在一首优美的诗《祝福的雨》（"A Blessing Rain"）里纪念他的朋友，还特别写了献给布罗茨基的诗《意大利牧歌》（"Italian Eclogues"）。这首诗共有六个部分，是对布罗茨基的意大利诗歌的回应，采用了类似于传统文学的形式，带有田园气息和对话性质。这是与"约瑟夫"的对话，或者至少是长长的呼唤（apostrophe）。这首诗是一次意大利之旅，它追随这位俄罗斯诗人，在他身上看到了跟奥维德的相似之处，其中还提到蒙塔莱和夸西莫多，当然还有奥登。沃尔科特为布罗茨基所做的，就与希尼为米沃什所做的一样：沃尔科特将布罗茨基刻进了文学经典的景观和传统中。在威尼斯寻找他的时候，沃尔科特写道："离开渡口，你的影子，转过书的一角，站在视野的尽头，等着我。"在沃尔科特眼里，布罗茨基代表了诗歌传统本身。[10]

并没有太多同龄人纪念米沃什，因为大多数已经去世。但是，在他死后，为之痛苦的人却有很多。哀悼当然最多来自他的波兰同胞。同样，他们表达的是失去一个朋友的感情。有时候，在纪念他的讣文中，"朋友"这个词出现的语境令人惊讶。在波兰，出版商、出版社、报社和大使馆，都称他为朋友；比亚洛韦扎（Bialowieza）森林保护办公会哀悼他，称他为"森林的朋友"。在他生命的最后几年里，他签署了许多请愿书和抗议信，参加公众辩论，为众多事业操心。他在合作者和熟人之中激起深深的感激之情。在生命的最后几年里，布罗茨基的态度虽然也软化了，但还没有像米沃什那么温和、亲切、富有耐心。和米沃什一起工作是一件很愉快的事；他反应敏捷，不迂腐，直截了当。在米沃什的葬礼上，亚当·米奇尼克谈到他的魅力和伟大并不妨碍他与朋友交往过程中保持友好和简单。扎加耶夫斯基写道："我向这位朋友告别，他曾愉快地迎接朋友，喜欢高声大笑。"[11]他那深沉而独特的笑声，对于他的谈话者而言，就像生命中的维生素。这种笑声，跟人们所纪念的布罗茨基的声音、跟他那富于强度的对话一样，都是难以形容的：深沉、有爆发力，音域宏阔，极具感染力。当米沃什逐渐失去听力时，这笑声换了一个音阶，不像以前那么和谐了。但那极强的感染力仍热切地将所有听众吸引过来。它质朴地道出米沃什的生活态度，说明他认为生活是美妙的，虽然也有些可笑或滑稽。但他的笑声中没有任何讽刺、挖苦和怨恨；相反表现了他的胃口和活力。这笑声是健康的、赞许的、明智的。

托马斯·温茨洛瓦在纪念米沃什时写道："我很高兴也很骄傲能成为跟切斯瓦夫·米沃什同样的公民、同时代人。"这个公民身份意味着他们具有同样的美国护照，温茨洛瓦的证言印在一本书里，在这本书里，其他美国公民，如爱德华·赫希、伦纳德·内森、罗伯特·平斯基共同宣称，对他们而言米沃什是一位美国诗人，也是一位世界诗人。他们的主张不是否认他的政治倾向，而是承认了他的诗歌的范围和影响。他们并不觉得米沃什是一个经过翻译和改编的、异国的声音：他是他们中的一员，是自己人的声音。在写给米沃什的一首诗中，简·赫希菲尔德（Jane Hirshfield）回忆了他们对禅宗的共同兴趣。莱昂·维塞尔蒂埃（Leon Wieseltier）称他为朋友、"一个不可或缺的人"[12]。

友谊是连接两个诗人回忆的纽带。但是，这些朋友来自哪里？有些回忆是与我们的诗人关系密切的人写的；然而，依照亚里士多德的观点，友谊是一种罕见的结合，一个人只可能有几个真正的朋友。在其最高形式下，友谊是一种爱，甚至是一种与上帝的联系：米沃什的万物复位论是对我们孤独的克服，那死亡将我们抛入其中的孤独——他的复位，与其说是对我们肉身存在的复归，不如说是回归"上帝的友谊"。"即使是最简单的哀悼行为，也是一种友谊的仪式，它将死者唤回，因为死亡不会结束友谊，而是将它变成守夜和记忆。"西塞罗在他关于友谊的论述中写道，友谊使人在死后还能继续存在——它保证了我们在死后的存在，只要我们的朋友仍然活着。他写道，Mortui vivunt（死者还活着），因为朋友对他们的悲伤和尊重还在继续[13]。因为友谊是一个动词，它通过行动和纪念表达。这也正是米沃什和布罗茨基俯身面对死者时曾经做过的。

米沃什、布罗茨基，以及那些共同哀悼他们的诗人都深信，他们的使命使他们与众不同，而一个共同体又将他们联系在一起，这种兄弟般的友爱（philia），我们只能称之为友谊。这种与其他诗人的友爱之情，在米沃什的诗歌《报告》（"Report"）中有过很好的表达，说他的诗歌写作不是一个孤独的追求，而是一项事业，他在其中是"一个永不停歇的远征中的同伴"，献身于"同样一项未被命名的服务"（NCP，第590、613页）。这项服务是重要的，因为它为那些不能为自己说话的人发声，那些受难者、那些死去的人。在1948年所写的《致诗人塔杜施·鲁热维奇》一诗中，米沃什写道：拥有一位诗人的国家是幸运的，因为这个国家从此在辛劳前行中不再沉默。布罗茨基也提到过幸运：波兰很幸运地拥有三位伟大的诗人。然而，无论是米沃什，还是布罗茨基，都没有将诗歌献给任何一个国家。他们的诗歌注定是直接给予我们每个人的。而这就解释了他们的读者为什么把友谊赋予这两位诗人。

第十章　回归与死亡

布罗茨基和米沃什之间最大的差别莫过于他们离世的方式。布罗茨基是一夜之间孤独地死去。米沃什病得很重，濒临死亡的时间很漫长。在布罗茨基死后，他被暂时下葬过几次，直到最后，在俯瞰威尼斯的一个墓区之岛上找到安息之所。为米沃什送葬的队伍由最高教会当局带领，穿过克拉科夫的人群，走向安葬功勋波兰人士的地方。布罗茨基逃开了这一切，悄然离去；克拉科夫的葬礼则是米沃什的最后回归。两个人的安息之地——墓穴和坟墓——都是暂时的。圣米迦勒公墓受到不断上涨的水位的威胁，可能不久就被淹没。米沃什下葬的地下墓室被认为过于简陋，所以他的遗体要被转移到瓦维尔城堡，那里是诗人和国王的居所。米沃什的"封神升天"（apotheosis），到时可能伴随着布罗茨基坟墓实际上的沉没。

约瑟夫·布罗茨基于1996年1月28日晚在布鲁克林的

公寓去世，那年 5 月他将年满五十六岁。在与妻子薇拉、合作伙伴安·谢尔贝格及其丈夫埃里克·泽洛夫共进晚餐并交谈之后，他独自上楼去自己的书房，在那里突发心脏病摔倒。他一直在为第三次心脏手术做准备，但是他并没有急着去做，因为这是有明显风险的。当时与他有过接触的人都知道他病了，但他的死却是一个可怕的意外。希尼写道，在他的朋友们心中，他的存在代表了"某种不可摧性"，因为他谈话"大起大落"的强烈和大胆风格，"不可能停下的感觉"[1]当他感觉最糟的时候，生命的最后几年，他甚至连走路都有困难，他会吃一片药，吸更多烟，喝杯咖啡，所有时间都集中于手头的事情。听他演讲是一种特别的经历，即便是在纽约这个根本不缺聪明人的城市，他的演讲可能也是最有智慧的。

他的死讯立即引发了激烈的悲伤和怨恨。在侨居美国的俄罗斯人中间，流传着充满憎恨的谣言和指控：他的健康被忽视了，他被恶劣的医生害死了，被批评他的书评杀死了。在俄罗斯，人们表达悲伤的方式尤为强烈，尽管并非所有人都喜欢布罗茨基这个犹太流亡者。国家和文学组织的代表意识到他的伟大，认为应该采取措施让他回到俄罗斯。一群作家向叶利钦总统呼吁，要将布罗茨基的遗体运回俄罗斯，并举行国葬。他们确信（这是当时流传的谣言，当然是假的）这是布罗茨基遗嘱中的要求。叶利钦和总理维克托·切尔诺梅尔金同意了这项提议。布罗茨基去世几天后，莫斯科《消息报》宣称，圣彼得堡市的市长阿纳托利·索布恰克在叶夫根尼·叶夫图申科（Yevgeny Yevtushenko）的鼓动下，写信给布罗茨基的遗孀，提议在圣彼得堡举行葬礼。俄罗斯人普遍认为布罗茨基在死后应该回归，但是，布罗茨基在这件事上没有留下任何明确的指示。虽然他很清楚自己的健康状况，但他从来没有说过他想埋葬在哪里。他在《第五周年纪念》（CPE，第244页）中写道："我不知道什么地方会收留我的遗骨。"在一次电视采访中，他说他可以在马萨诸塞州的南哈德利安息，他在那里有一所房子——周围的自然环境会让他想起俄罗斯。他还在与斯文·伯克茨的谈话中说过，他愿意死在威尼斯。但有一件事是清楚的，他一直重申他不想回到俄罗斯。

他经常被问及回国的事，尤其在获得诺贝尔奖之后。对于这个问题，他有一个标准的回答：回归是完全不可能的，离开是不可逆的。在一次采访中，他说："我不是一个钟摆，让自己左左右右地摆动……我想我永远不会那样做。一个人只能朝一个方向移动。只有离开。远离一个地方，远离既有的思想和自我。人不可能两次踏进同一条河流。你不能两次踏上同一条人行道。它随每一拨新汽车的出现而改变……随着时间推移，你变得越来越自治，仿佛一个太空舱，向一个未知的目的地发射。在一段时间内，重力仍然是存在的，但在某一时刻，当你越过某个边界，不同的重力系统就产生了——在外部。"[2] 在《十二月在佛罗伦萨》（"December in Florence"）一诗中，他表达了同样的想法，这是在他离开俄罗斯仅仅四年之后写的诗，诗的前面是阿赫玛托娃的一句格言："他没有回到他的佛罗伦萨，/ 甚至在他死后。"这句题词与他的诗的最后一节头几句遥相呼应："有的城市你再也不会见到了。"（CPE，第 130—132 页）毫无疑问，这个城市就是圣彼得堡。他最多只想在那里出现一会儿，看一看、摸一摸，就像托马斯·温茨洛瓦的诗中一次假想的访问。叶夫根尼·莱因说，布罗茨基死后，他很想隐姓埋名地在"彼得"（这是彼得堡的昵称）度过一个晚上。但是这并没有发生；列夫·洛谢夫则将布罗茨基传记的最后一章命名为"那个没有回来的人"。

1994 年，亚历山大·索尔仁尼琴告别他佛蒙特州的寓所，乘火车从远东回到莫斯科，他在欢迎的人群中停留，倾听他们的问题和悲伤。这样的回归，即使是它的一个简化的版本，也不符合布罗茨基的诗歌生命。对于回国一事，在不断受到追问时，以及在苏联解体后收到实际邀请时，他会解释说，他不想让自己暴露在庆祝活动和各种奖项面前，不想成为一名红伶。这种拒绝与他逐渐转向英语也有关系。他仿佛想说，如果我用一个帝国交换了另一个帝国，那么民族诗人的角色就对我不再适用。他有意识地拒绝了扮演这个角色

　　　　　　　　　　　　　　　　米沃什与布罗茨基

所要求的一切。他是反讽的、反乡愁的，他并不沉迷于童年的记忆；他祛魅了自己早期的文学友谊和青年时期的挚爱。他不愿充当一个受害者的角色，也不愿扮演一个受迫害的诗人。他献身于他的手艺、他的语言，而非民族或国家。也许他受限于自己脆弱的健康状况，他担心那种劳累可能杀死他，虽然他并没有避免劳累的习惯。更可能的是，他之所以不考虑回去，是因为他与宗教隔绝了。他在文化和信仰的问题上都是自学成才，包括对《圣经》的理解。在与大卫·贝西亚的一次谈话中，他说自己成长于一个无神论的国家，在那里"接触不到基督教"[3]。宗教观点的缺乏，可能导致他对"起点与回归"的思想无感。二十三岁时才第一次阅读《圣经》让他"缺乏指导（shepherdless）"。"我实在不明白要回哪去，"他说，"我没有天堂……（或者）来世的概念"。[4] 很难讲这种出身在后来的人生中多大程度上还有改变的可能。就米沃什的情况而言，他的回归带有明显的宗教色彩。布罗茨基以一种不同的方式对待时间；他想通过语言征服时间。

时间构成了布罗茨基作品的基本主题，在他的等级结构思维中，时间比空间更重要。时间只服从于语言，也就是说，诗歌的节奏。"时间，意识到它的单调，唤起人们区别昨天和明天，"他写道，"（但是）过去和未来的共同之处是我们的想象，想象唤醒过去和未来。而我们的想象根植于我们对末世的恐惧：想到我们前无古人后无来者而生出的恐惧。"（OGR，第291—292页、第269页）在他关于茨维塔耶娃的一个文本里，他做出一个更强有力的说明："诗的'天堂'并不受限于'永恒的至福'，而且它不会受到某个武断天堂过分拥挤的威胁。不同于标准意义上的基督教天堂，被作为一种最后的实体而呈现，也就是灵魂的终结，恰恰相反，诗的天堂可以是一个高峰，而一个诗人的灵魂，与其说臻于完美，不如说处在运动的持续状态。总的来说，永生的诗学观念，更倾向于宇宙学，而不是神学……但丁的天堂比教会版本的天堂，要有趣得多。"（LTO，第203—204页）

我们理解这些说法时不能太抠字眼。布罗茨基是一位具有哲学反讽性的诗人，喜欢做出一副挑衅的派头。但是，这些话的确说出了他关于生与死的思想。他没有想到会遇见上帝或复活。诗人的灵魂体现在他的创作本身，所以将它与他的身体实存并置是没有意义的。不仅诗人的传记包含在他的作品中，他的灵魂的实在性也是如此。"诗人存在于语言中——人类主体性的基础。"亚当·波莫尔斯基总结道[5]。在布罗茨基死后，他仍然存在于语言中。这也许解释了他不太关注葬身之地的原因，正如沃尔科特所说，他的影子居留在书中。他的来生就在他的诗歌里，被那些仍然活着的人的记忆守护着，被那些想要取悦他的影子的诗人的记忆守护着，正如他想取悦于他"心爱的"奥登的影子。当然，他交托自己诗歌的读者和诗人，并不限于俄罗斯人。这也可能是他不想葬在祖国的另一个原因。

在他死后袭击纽约的严寒，让悼念者想到列宁格勒的冬天。他的棺材就放在布利克街举行葬礼的家里，这里位于纽约东村，离莫顿街不远。在迁居布鲁克林高地之前，他在莫顿街住过很多年。他最喜欢的雷吉咖啡馆就在邻近的街区。前来瞻仰遗容的悼念者裹着毛皮大衣和围巾排成长龙。他们来来往往，有的在安放棺材房间的长凳上坐下。在拜内克珍本与手稿图书馆可以找到当时的签名册，但名单并不完整，因为不是每个人都会停下来签名。他穿着棕色天鹅绒夹克躺在棺材里，双手间是一个小十字架。许多俄罗斯人来与他吻别。纽约一家俄文报纸写道，切斯瓦夫·米沃什偕妻子乘飞机从加利福尼亚赶来，亲吻了布罗茨基的前额。

3月8日，在圣约翰大教堂举行追悼会当天，严寒仍在继续。教堂举行了弥撒，还有音乐和布罗茨基诗歌的朗诵会。在忧伤的黄昏，手持细长蜡烛的人们站满了巨大的空间。朗诵诗歌的人包括乔纳森·艾伦、谢默斯·希尼、安东尼·赫克特、列夫·洛谢夫、马克·斯特兰德、叶夫根尼·莱因、德里克·沃尔科特、托马斯·温茨洛瓦、梅丽莎·格林和罗珊娜·沃伦。第一个出场的是米沃什，他是唯一朗诵自己诗歌的人，他没有读布罗茨基的或者某个他所喜爱的已故诗人的诗。最后，我们听到了布罗茨基自己的声音，飘浮在哀悼者头顶的空间。有几个人记述了这个仪式——从各种角度看都极具文学意义的事件。布罗茨基曾经与之合作的波兰文学刊物《文学笔记本》颇为关注那个类似列宁格勒冬日夜晚的氛围。米沃什记下了这一场合有多么华丽盛大。丹尼尔·韦斯波特则表达了他和他的犹太朋友们对于葬礼活动的基督教性质的困惑。对于许多纽约报纸来说，这个事件，部分属于社会新闻版，因为有三位诺贝尔奖得主出席，部分则属于文学回忆。

在一年半后即 1997 年 6 月 21 日，人数不多的一群悼念者，在威尼斯圣米迦勒岛为布罗茨基举行了最后的葬礼。当然，这一次并不寒冷。虽然威尼斯到处都是游客，但圣米迦勒公墓和举行弥撒的教堂却很凉爽，也相对冷清。米沃什也飞过来了；在下飞机时，他对罗伯特·法根说："我必须完成这件事。"圣米迦勒公墓是一个天主教墓地，但也有一部分留给信奉新教和东正教的教徒。伊戈尔·斯特拉文斯基和谢尔盖·佳吉列夫 [1] 就埋葬在那里。布罗茨基的坟墓位于新教墓区，下葬仪式由瓦勒度派（Waldensian）的一位女牧师主持。起初，预留给布罗茨基的位置，与埃兹拉·庞德及其妻子奥尔加·鲁奇（Olga Rudge）装饰华丽的坟墓很近，但后来找到了另外一个位置。布罗茨基不喜欢庞德，在他的《水印》一书里，写到庞德遗孀时也没有同情。他曾经与苏

---

[1] 谢尔盖·佳吉列夫（Sergey Diaghilev，1872—1929），俄国戏剧和艺术活动家。

珊·桑塔格在威尼斯共同拜访过她。桑塔格也是出席葬礼仪式的悼念者之一。一同出现在威尼斯葬礼的还有亚当·扎加耶夫斯基和他的妻子玛雅，以及莱因、纳伊曼、温茨洛瓦、艾伦和斯特兰德。除了美国人和俄罗斯人，来得最多的就是波兰人，包括索菲娅·卡普钦斯卡·拉塔伊扎科娃。棺材安放后，悼念人群走向教堂。随后是天主教弥撒，尽管布罗茨基没有受洗。这一点如同他在生活中的其他事情一样，仍然与众不同，与周围环境有些格格不入。弥撒过后，马克·斯特兰德、阿德里亚娜·维亚内洛和列夫·洛谢夫分别朗读了布罗茨基的几首诗。布罗茨基的家人则由他的儿子安德烈·巴斯马诺夫、四岁的女儿安娜和遗孀玛丽亚代表。晚上，"约瑟夫的朋友们"（邀请函上这样称呼我们）共进晚餐时，米沃什考虑到自己的资历，与安德烈·巴斯马诺夫交谈了很久，陪着他完成了他作为"儿子的仪式"。新坟上盖满了鲜花，而现在这里已成为一个朝拜的圣地，经常有游客在墓上留下一些祭品。我上次去那里时，看到一些圣彼得堡的地铁代币、一瓶伏特加、一个装满钢笔的盒子、一些塑料封面的手稿、俄罗斯糖果，以及置于墓碑上的小石头，就像犹太人的墓地。这些来自布罗茨基的读者：诗人、酒鬼、彼得堡居民……

米沃什在《第二空间》里有一首诗提到威尼斯葬礼，这是他在罗伯特·哈斯的帮助下自己安排并翻译成英语的最后一本诗集。威尼斯城，就像"晚期"米沃什诗歌中的任何事物一样，嵌入了他的生活：

> 我经常想起威尼斯，它时时回旋就像一个音乐主题，
> 从战前我第一次访问那里，
> 在丽多岛的海滩上看到
> 以一个德国女孩儿的身体出现的狄安娜女神，
> 直到上次，在埋葬约瑟夫·布罗茨基之后，
> 我们在莫塞尼戈宫举行宴会，这里
> 正是拜伦勋爵曾经短暂居住过的地方。

在这几行诗中，我们可以听到维瓦尔第的音乐，以及托马斯·曼、莫扎特和浪漫主义者的回声。他还进而提到了奥斯卡·米沃什，然后继续写道：

> 威尼斯像一艘巨大的死亡之船扬帆起航，
> 甲板上是一群变成幽灵的拥挤的人。
> 我在圣米迦勒向约瑟夫和埃兹拉·庞德的坟墓告别。
> 当然，这座城市已准备好接纳那未诞生的人潮，
> 对于他们而言，我们将是个谜一样的传说。[6]

正如我们所知，威尼斯是世界上最具文学气息的地方

之一，它堪称一件艺术作品，是一座后现代的城市，只专注于表达它自己。布罗茨基在威尼斯度过了流亡后的第一个冬天，之后他的大部分寒假也都在那里度过。他写过很多有关这座城市的东西，尤其令人难忘的，是威尼斯市地方议会委托他写作的一本小书《水印》。这本写于1989年的书略有些反常，是一本回忆录与旅游指南的结合。这本书的官方目标是帮助威尼斯动员起公众舆论，拯救这座正在下沉的"奇迹之城"。布罗茨基被威尼斯的水所吸引，他说，水是这样一个元素，他通过水重新组织起自我。他的威尼斯不同于每年夏天都被成群游客淹没的城市，而是一个冬日之城市，灰白而多雾，总是被水淹没，它是一个不稳定的、"临时的城市"，就像列宁格勒[7]。高水位每晚覆盖圣马可广场，不断提醒着时间的流逝。除了不稳定和水，布罗茨基还被威尼斯极限的和边缘的特性所吸引：在自然和艺术之间，存在和下沉之间，基督教和东方元素之间。威尼斯虽然无力回天，但仍然记得它的帝国历史。堤岸、纪念碑、"冻海藻"的味道，所有这些都让他想起自己的童年和青年时期。在《在意大利》这首诗中，他写道："我也曾住在一座城市，那里的飞檐/曾以雕像向云朵献殷勤……/而一个无比庞大的码头阐释着生活的目光短浅。"（CPE，第340页）

也许这就是他的回归，每年冬天重复的回归。毕竟，在《水印》里，他写到过第一次到威尼斯的旅行："感觉完全像是来到了外省，一个未知的、微不足道的地方——也许是他自己多年未归的出生地。"[8]他没有期望过任何其他意义上的回归。

威尼斯并不是意大利唯一让他感兴趣的地方。意大利的艺术和诗歌、意大利的城市和风景都曾是他诗歌的常见主题。他认为他对意大利的爱，典型地代表了俄罗斯的传统。"在过去的两个世纪里，俄罗斯艺术中全部有价值的东西，"他以独特的强调口吻写道，"都要归功于伟大的意大利文化，并显示出它明确无误的影响。在过去的（18和19）世纪，俄罗斯画家、建筑师、音乐家和作家，与意大利文化保持着不断的接触。俄罗斯文化对这些接触的依赖怎么强调也不过分。"布罗茨基担心，苏联的七十年切断了"俄罗斯美学之母"与她的孩子之间的关系。这就是为什么在他生命的最后时期，他花费不少时间要在罗马创建俄罗斯学院。上述引文出自1995年秋季他向时任罗马市长弗朗切斯科·鲁泰利（Francesco Rutelli）提交的一个计划，其中有项请求是请罗马为设想中的学院提供一栋大楼。[9]这样他做出了一个关于两种文化之间依赖性的单向度描述。实际上，意大利文学在很大程度上得益于对19世纪俄罗斯散文的法语转译。布罗茨基的去世，延缓了学院的建立，并使事情复杂化，但是，此事已经开始运作，尽管规模不如布罗茨基当初所希望的；此事也得到了布罗茨基的朋友们的捐款支持，他们有意帮助

　　　　　　　　　　　　　　　米沃什与布罗茨基

实施他的想法。

在布罗茨基看来，罗马的俄罗斯学院是他打理俄罗斯诗歌资产、偿还他对俄罗斯文学和语言的债务这一更广泛意义上的奉献的一个方面。在生命的最后几年里，他以那份资产的名义展开的活动变得更加密集了。对他而言，意大利代表一个帝国的文化，在他的作品中，罗马帝国占据了越来越中心的位置。肢体残缺的大理石躯干和破碎的半人马，让他想到在列宁格勒的青春岁月，同时也是不变的当下的象征。它们让过去的变成了当代的。他在最后一部诗集，即第四部诗集《如此等等》(*So Fourth*)中，朝着两个方向运动：一个朝向英语，或者更确切地说，朝向美国语言；另一个朝向罗马的传统。在《逆谢南多亚河：两个小品和一支合唱》("Anti-Shenandoah: Two Skits and a Chorus")、《蓝调》("Blues")、《纪念克利福德·布朗》("In Memory of Clifford Brown")以及《给我的女儿》("To My Daughter")等诗中，你可以听到美国街头的声音。在《威尼斯：丽多》("Venice: Lido")、《圣潘克拉齐奥门》("Porta San Pancrazio")或《经过富纳里大道》("Via Funari")等诗篇里，我们看到他"熟悉的"第二风景——意大利及其昔日的罗马帝国。作为帝国的意大利对他产生不断的吸引力，在他最后几篇文章里显而易见。这是另一个地方，在此，在生命的最后阶段，他找到了自己的位置。对他而言，意大利是完全开放的，无论是空间还是时间。

布罗茨基最后的文章之一是《致贺拉斯书》("Letter to Horace")。如同其姐妹篇《向马可·奥勒留致敬》("Homage to Marcus Aurelius"），这篇文章也是其博学的一个"间接"展示，布罗茨基仿佛在向读者证明，经典才是他的故乡。然而他的这种方法具有反讽意味，在某种程度上是反古典主义的。他常常自开玩笑，调侃（仅在一定程度上）自己只通过俄语翻译阅读罗马作家。这些文章，部分是对他与之争辩的古典作家作品的戏仿。正如他所理解并有力地传达给读者的，"传统"是某些诗人的作品和态度的延续，而不是对于某种具体文化的信念。《致贺拉斯书》是一封写给诗人贺拉斯的不合常理的书信，赞美的却是另一位诗人——贺拉斯的对手奥维德。像往常一样，布罗茨基在这里更多谈论的是他自己、他的诗艺，而不是其文本的表面主题。自我反讽被文学这一主题的严肃性，以及他对被误解为自比今日的奥维德的担心所削弱了。他一再否认说，奥维德从罗马的放逐，是不能与自己流亡国外所享受的奢侈相提并论的；他也永远写不出类似《变形记》的作品；与奥维德不同的是，他目睹了自己的帝国的崩溃："我目睹了我的第三罗马（Terza Roma）帝国的瓦解。我有我的虚荣。"关于自己他写道："但是虚荣也有其限定。现在限定被年龄标出，比以前更明显。但是，即使在我还是一个小崽子被踢出家门、赶至北极圈的时候，我也从来没有幻想过自己会扮演他的替身。尽管那时我的帝国看起来确实是永恒的，而且整个冬天你都可以在我们那里许多三角洲的冰面上漫步。"（OGR，第433页）他想到了奥维德写过的多瑙河上的冰，也想到了日不落大英帝国。这是文章里许多离题的闲话之一，也体现在布罗茨基穿衣风格中的亲英派作风。

在这里，帕布留斯·奥维德·纳索代表的是布罗茨基反讽的文学自画像，代表了他对文学"基因型"的描述。"奥维德教会了我几乎所有的东西"，布罗茨基宣称：

> 纳索坚持认为，在这个世界上，一物即他物……一个人发展成为一个客体，反之亦然，因为借助语法内在的逻辑，就像一个陈述语句生发出一个从句……主旨是一个载体……而这一切的源头就是墨水瓶。只要那里还有一滴黑色的液体，他就会继续下去——也就是说，世界就会继续下去……对他来说，语言是天赐之物；确切地说，它的语法是天赐之物。更确切地说，对于他，世界就是语言：一物即他物，至于哪一个更真实，这很难说……难怪他最终用当地方言创作。只要有元音和辅音存在，他就能继续写下去，无论是不是罗马帝国。说到底，外语不就是另一组同义词吗？此外，我的那些可爱的老格隆人（Geloni）也没有书面语。即使他们有，对

他这位变形天才而言，变异出一套异形字母体系，也是很自然的。

（OGR，第 452—453 页）

"我的那些可爱的老格隆人"是布罗茨基的祖先，正如他在文章开头所示。"当你开始写作时，"布罗茨基对贺拉斯说，"我们没有语言。我们甚至不是我们；我们是格隆人、格塔耶人（Getae）、普蒂尼人（Budini）等：只是我们自己未来基因库中的一些泡沫。"（OGR，第 430 页）因此，"我们"是来自塞西亚（Scythia）北部的游牧民族，也被称为极北地区（Hyperborea）的人。在接近生命的最后几年里，布罗茨基作品里的叙述者，正如他的早期诗歌《洗衣妇桥上》或《立陶宛小夜曲》，都是来自边境，来自一个帝国的外省。这里是他寻找其祖先的地方，即使他们只是以泡沫的形式存在，这里也是他寻找其文学先人奥维德流亡的地方。他真正的祖国、真正的家园，是诗人的永恒之乐土。在他的诺贝尔奖获奖演说中，他提到他的传统和他的家族。那个家族生活在一个开放的时间里，永恒的当下——贺拉斯最近一次是附身在奥登身上。他们不会死。布罗茨基坟墓上的铭文也是如此：Letum non omniafinit（死亡不能终结一切）。

米沃什得知布罗茨基死讯时非常震惊。"我失去了一位亲爱的朋友，"他说，"他对友谊异常忠诚，我觉得他给了我许多慷慨的礼物。"[10] 米沃什经常说，尽管我们不知道布罗茨基是否信教，但他肯定是一个有信仰的人、一个虔诚的人。[11] 然而，两人对宗教的态度完全不同。布罗茨基宣称，假如他真信仰上帝，那也是《旧约》中严峻的上帝；基督教对他来说是文化的一部分。米沃什是一位信奉天主教的诗人，他一生都在思考宗教，担心自己在天主教中的地位。他尊重宗教的各种教义和梵蒂冈第二次大公会议前的礼拜仪式。然而，他认为自己是一种异教徒。在写给雷娜塔·柯钦斯卡的一封信中，他写道："我是唯一具有形而上学气质的波兰作家，这让我完全不是波兰人（un-Polish）。"[12] 我们记得他纪念妻子雅尼娜的诗，诗中拒绝接受阻隔死者和生者的那道墙，只差一步就接受"万物复归论"了。米沃什本人也指出，在波兰天主教中，生者和死者之间有着异教徒般的紧密关系。他承认自己的偏离来自正统摩尼教，并将其解释为由于苦难和恶的普遍存在而产生的自然的反应。与此同时，他认为受苦是上帝计划的一部分，是"无法理解的救赎之谜"，"只有信仰赋予我们存在以意义"。这就是为什么他支持教会这一建制性的信仰，以及其注重个人救赎并对人性之恶加以限制的仪式。此外，对米沃什而言，基督教的社会存在不仅是一种伦理遗产，也是一种美学遗产。在这里，他的思想与布罗茨基的思想相遇了，后者选择将天主教传统作为其艺术的支柱之一。对他们二人来说，基督教的诗歌想象给世界强加了一种秩序，带给世界一个等级化的道德结构。对米沃什来说，这也给他带来了希望，逃离"被剥夺了继承权的土地——乌尔罗地"，也带给他返回故地的希望。

2004年8月24日，米沃什在克拉科夫去世，他比布罗茨基多活了八年。虽然和布罗茨基一样，他也没有说明希望被埋葬在哪里，但他对待死亡的方式与他的俄罗斯朋友非常不同：他为死亡做好了准备，而且他想按照自己的意愿死去，安葬方式也要符合上帝的意志和天主教会的仪式。对他来说，顺从上帝旨意与他的感激紧密相连。在他生命的最后，他的诗越来越像是祈祷。在他的《关于神学的论文》一诗结尾，他把自己托付给了那位"美丽的女士"——"出现在卢尔德[1]和法蒂玛[2]的孩子们面前"的那个人。《关于神学的论文》总结了他对宗教的思考，其主题是感恩和对真理的追求，即对那失去了绝对参照点便不存在的意义之追求。此诗还提到他与同胞信徒之间的冲突，他"怀疑他们有一种蒙羞带来的深刻损害 / 已经贯穿于这种补偿性的部落仪式"；诗中还谈到他"徘徊在异端的边缘"。远离信仰的宁静，他寻找着一种语言，用它严肃地谈论严肃的事情，因为在他的同

[1] 卢尔德（Lourdes），位于法国西南部，是罗马天主教教徒朝拜圣母的圣地。据说1858年一个叫贝娜黛塔的女孩儿在城市附近看到圣母马利亚显灵。

[2] 法蒂玛（Fatima），葡萄牙的一个小镇，有三个牧童声称在1917年5月至10月间见证了圣母显灵，即今日通称的法蒂玛圣母。

胞信徒中不存在这样的语言，而天主教的教条则"被全副武装起来对抗理性"。他则转向伟大的前辈亚当·密茨凯维奇，并就原罪和救赎的问题与他争论[13]。

在他的探索过程中，他求助于教皇，并在天主教正统中找到慰藉。2000年5月，也就是在他去世四年前，他写了《献给教皇约翰·保罗二世[1]八十大寿的颂歌》，其中写道：

> 我们，信仰微弱的人，到你这里来，
> 好让你用你的生命之榜样，守护我们
> 并把我们从关于明日和明年的
> 焦虑中解救出来。
> （NCP，第709页）

他与教皇互通书信，在米沃什死后，约翰·保罗二世以电报的形式将信件的副本发给了红衣主教弗朗齐歇克·马哈尔斯基（Macharski）。波兰教会为如何安葬、何处安葬诗人而苦恼不已，教皇的姿态意在结束教会的犹豫不决。请允许我引用米沃什信中的一段话，这是约翰·保罗二世本人认为

---

[1] 约翰·保罗二世，罗马天主教第二百六十四任教宗。波兰名卡罗尔·沃伊蒂瓦（Karol Wojtyla，1920—2005），出生于波兰，1978年被选为教宗，是第一位成为教宗的斯拉夫人，也是自1522年哈德良六世后第一位非意大利人教宗。他是史上第四个被冠上伟大（the Great）头衔的教宗。教宗方济各于2014年将他封为圣人。

重要的一节：

> 时代在改变人的观点。在我年轻的时候，一个诗人请求教皇的祝福是被认为不合适的。然而，这正是我现在所关注的，因为我在最近这些年里写诗，心存不偏离天主教正统的想法，我不知道结果到底如何。因此，我需要一句话来证实，我为实现我们共同的目标所做的努力。愿基督应许的主的复活日降临。

约翰·保罗二世的回信说：

> 你在信中说，在你的写作里你注重"不偏离天主教正统"。我相信诗人的这种态度是决定性的。从此意义上说，我很高兴能够证实你所说的"为实现我们共同的目标所做的努力"。[14]

教皇给红衣主教马哈尔斯基的电报刊登在日报上，同时发表的还有米沃什的告解神父所写的备忘录，神父宣称诗人"在接受圣礼、与上帝和教会和解之后，离开了这个世界"。告解神父向公众保证，米沃什在生命的最后几年里，定期参加了圣餐仪式，"当健康状况不允许他上教堂时，他在家中领取了圣餐（在他的妻子健在时，他们共同参拜克拉科夫的圣吉尔斯教堂）"[15]。宣言被钉在米沃什的遗体停放之所，圣保罗神父墓地的墓门上。这些宣言、新闻稿以及对他的得体的宗教行为的证明，都是由公开的反对派引发的，这些发声的少数人反对为诗人举行国家与教会的葬礼。稍后，这群少数派人士喧嚷着反对为米沃什修建克拉科夫纪念碑。最后，红衣主教马哈尔斯基在克拉科夫大教堂举行了庄严的弥撒，他还带领送葬队伍穿过城市的街道。陪伴送葬队列的，差不多是克拉科夫的全体市民，以及众多的来访者，其中几位是当天晚些时候向公众朗读米沃什诗歌的诗人。诗人米沃什最后的旅程，包括三个阶段：圣玛丽大教堂的弥撒、圣保罗神父墓地的遗体安葬仪式和圣凯瑟琳教堂的诗歌晚会。米沃什回到了克拉科夫，它不仅是他朋友们的城市，也是红衣主教沃伊蒂拉和天主教会的城市。

所以，布罗茨基和米沃什的葬礼虽然都是在天主教教堂里举行的，其性质却完全不同。布罗茨基的葬礼基本上不受教会管辖，几乎限于文学界。米沃什的葬礼却标志着他回到天主教会的怀抱。布罗茨基由他的朋友安葬，米沃什由他的国家安葬。布罗茨基躺在一个偏僻的墓地，远离他的出生地，在一个被涨潮不断侵蚀的小岛；米沃什在他的家乡，在高于城市的一个地下墓室。他自己说过，在波兰宗教的神圣与国家的神圣是统一的。他一生都在抗议这种结合，这种宗教的"民族国家化"，但在生命的终点，他却自愿接受了它。

许多"真正的"爱国者和"真正的"天主教徒，他们激烈抗议将米沃什安葬在功勋波兰人（这是成为民族诗人的第一步）的墓穴中。他必须接受并通过道德、国家和宗教的审查。"真正的"波兰人提醒人们考虑米沃什的立陶宛血统、他的非正统的宗教信仰、他的左翼历史。米沃什的诗《一个民族》（"A Nation"）在这个场合被人提起，它被看成是对波兰的诽谤性的批评。他对天主教的波兰式风格的指责也是如此：对神学缺乏兴趣，其作用仅仅在于为民族做自我辩护，以及特有的万物有灵论（animism）——纪念祖先仪式上的狂热崇拜。1999 年，他在《克拉科夫天主教》周刊上发表了一篇《致丹尼丝·[莱弗托夫]的信》，文章中包含对波兰人的直接的批评，说他们实际上"不信教"。他写道，丹尼丝，我不知道将你的天主教诗歌翻译成波兰语是否真有意义，因为在这里，"福音书的语言所起的作用，是掩盖民族的恐惧症，十字架变成了仇恨的象征"[16]。在文学方面，他也被波兰人憎恨，因为他获得诺贝尔奖而使兹比格涅夫·赫贝特失去了席位。"真正的"波兰人认为赫贝特才是"真正的"波兰民族诗人。教会当局担心其同胞们的反应，其中有些人威胁要进行抗议、揭露丑闻。

米沃什站在宗教的一边，却反对波兰教会肤浅的、习惯性的虔诚。正如他本人所理解的那样，他保持着战前波兰知识分子传统的批判性态度。因此，可以说，在他的态度里面并没有多出什么新的东西。

此外，对米沃什的这种攻击，在波兰历史上也曾有过类似的先例。亚当·密茨凯维奇就曾是这种指责和抗议的主要目标。与密茨凯维奇同时代的诗人齐普里安·诺维德，在他的《苏格拉底，你对雅典做了什么？》（"What Did You Do to Athens, Socrates?"）一诗中（正确地）预言，密茨凯维奇的坟墓将被重新打开，他的功绩将用不同的语言被人宣告。今天，备受诋毁的密茨凯维奇与波兰国王并肩躺在瓦维尔城堡里。对瓦维尔的想象也许是米沃什没有指明安葬地点的原因，他精通波兰文学史，知道自己的价值，但他不能自己要求这样的荣誉。曾经写过几本关于米沃什的书的波兰文学评论家马雷克·扎勒斯基（Marek Zaleski），公开表达过这种可能性："将米沃什埋葬在墓室里，而不是安葬在瓦维尔，在密茨凯维奇的身边，在我看来，是一个令人遗憾的错误。如果说他并没有给我们做出任何关于墓地的安排，那意味着他给了我们一个暗示、一个机会，让我们可以体面地与在波兰文化中构成一个时代的某些东西分道扬镳……在这里，我们做出了一些可悲的妥协，这表明我们不仅不能认识我们自己的渺小，也不能认识到我们的伟大。"[17]

这是扎勒斯基一篇文章的一部分，他在这篇文章中令人信服地表明，米沃什塑造了自己的生命历程，以使其呼应波兰大诗人密茨凯维奇的经历。"在一个社会的文化中，大诗人的神话意味着什么？这个神话在多大程度上能够为其成员的文学行为提供示范？"扎勒斯基在文章开头如此发问。[18]他接着列举了米沃什的传记中几个非常密茨凯维奇式的时刻。两位诗人都来自维尔纽斯周边地区，这一事实决定了他们对于"多民族波兰"这一理念的欣赏态度。其他相似之处还包括他们作品的杰出和丰富，他们自我评价的坚定和强烈，以及这些共同的传记事实：快乐无忧的童年、早年从死亡中获救的奇迹、青春时期的诗歌友谊、流亡、对母语的依恋、对西方的反叛、对俄罗斯事务的兴趣。我们或许可以加上另外一些相似之处，比如，两位诗人的妻子罹患的疾病。

虽然《关于神学的论文》一诗中，米沃什引述过密茨凯维奇的神秘愿景，但他对启蒙运动中的密茨凯维奇确实更感兴趣——理性、关注现实、爱讽刺，这与晚期痴迷于托维安斯基（Towianski）异端观点的密茨凯维奇非常不同。对早期健康而多产的密茨凯维奇的偏好，有助于米沃什继续写作，避免了移居国外后最终毁掉浪漫主义诗人的那种失败。米沃什作为民族诗人的地位似乎已被决定，他赢得了许多胜利，他的文字被铭刻在纪念碑上。在团结工会运动罢工期间，格但斯克造船厂的工人们在一座纪念碑上引用了米沃什的诗，这座纪念碑是为纪念被杀害的同事而迅速建造起来的：

　　　　你侮辱了一个普通平凡的人……

你切莫心安理得。诗人记得很清楚。

你杀死一个人，另一个人就出生。

你的一言一行都记录在案。

（NCP，第 103 页）

对他的话语如此这般的运用，意味着他属于这个国家，他的作品和生活将被铭记和仔细阅读。因此，他被当作密茨凯维奇来对待，受到崇拜和中伤。这也解释了两个阵营的产生，一派认为他确实是一位民族诗人，而另一派则选择赫贝特。他们在重复亚当·密茨凯维奇和尤利乌什·斯沃瓦茨基之间的冲突，因为在波兰没有足够的空间容纳两个、三个、四个民族诗人。1997 年，剧作家斯拉沃米尔·姆罗热克画过一幅漫画，很好地捕捉到这种空间的匮乏和历史的重复。在这幅画的上方，两个长发男人在飞行，一个跟着另一个，另外两个男人中的一个则站在右下角，评论道："斯沃瓦茨基在追赶密茨凯维奇。"[19] 这种无休止的追逐，似乎也已经铭刻在波兰文化的 DNA 中。

波兰浪漫主义诗人都没有从 19 世纪的流放中归来，而这正是米沃什对自己未来的看法。那无前例的奇迹般的回归的可能当然要归功于苏联的解体。在一篇优美的文章中，克日什托夫·齐泽夫斯基（Krzysztof Czyzewski）惊叹这种回归的特性："我遇到了回归的那个人，他克服流亡的痛苦，他带着那本拯救记忆、知识和信仰的书回来了。对我们这些'新野蛮人'来说，这是一份礼物，是锁链上的一环。"[20] 但是，在米沃什真正回来之前，他就已经回归了，可以说，就先在他的诗歌中回归了。由于他以为会死于流放中，他把自己的文件存放在了耶鲁大学的拜内克珍本与手稿图书馆，他写道：

> 在死后，在小城纽黑文他有了自己的家，
> 一栋白色建筑，在像龟壳般似的
> 半透明的大理石墙壁后面，
> 浅黄色的光线洒在一批批书架、
> 青铜肖像和半身胸像上。
> 这正是他决定住下的地方，当
> 他的骨灰再也不揭示什么。
>
> （NCP，第 523 页）

　　他比预想的活得更长，积累了更多的文件。他在 1989 年正式地访问了波兰，这要归功于他的诺贝尔奖和团结工会短暂的合法存在。波兰媒体刊登了文章庆祝他的访问。但在当时的波兰，他没有找到回家的感觉，他的回归更多指的是他的书，他的书现在不可避免地被允许出版了。1987 年，在《猎人的一年》一书中，他写道，维尔纽斯对他来说就像

亚特兰蒂斯一样，他已经无法想象自己可以生活在波兰。即使在 1989 年波兰政治经济改制之后，他起初也没有计划回去。1992 年，在罗格斯大学举行的发布会上，他声称，因为个人原因他仍在美国，并笑着补充说，他的回归将是非常困难的，因为作为一个诺贝尔奖得主在波兰将是"非常限制人的，而在加利福尼亚，在我居住的旧金山湾区，我认为，大概有不少于十六名诺贝尔奖得主，这就大大减轻了负担"。布罗茨基马上产生了联想，发现自己在新的俄罗斯不会有什么位置。[21]

在米沃什的心中，还有另一个关于回归的诗的版本，但是他并没有把它用于自己身上。1980 年，他写过一首诗，描述了一百年前的一次回归。这是关于尤利安·克拉切科（Julian Klaczko）的故事，他是一位艺术史学家、文学评论家，一个精通多国语言的人，从流放中回到了克拉科夫。这首诗的题目是《1880 年返回克拉科夫》（"Return to Krakow in 1880"），我讨论"在帝国阴影下"时已引用过这首诗。这首诗预见性地呈现了这座城市，就像米沃什后来归来时感觉到的那样：

就这样，我从那些宏伟的都城回到了
这大教堂山下狭谷中的小镇，
这里有列王的陵墓。

……

　　我的国家仍将如故，作为帝国的后院，
　　在外省的白日梦中滋养着它的屈辱。
　　早晨我挂拐杖外出散步，敲打地面。
　　（NCP，第 427 页）

　　如果说文学中真没什么是意外的，那么这首诗就构成一次回归的"纸上"的预演，一次有关回归的想象。实际的回归是渐渐发生的，没有特别的庆祝仪式。起初米沃什跟妻子只在夏天回到克拉科夫，然后增加到夏天和秋天，最后他们永久留在了克拉科夫。伯克利变得不利于生活，往返于灰熊峰的台级山路，对米沃什来说越来越具有挑战性。因此，这是一次漫长而缓慢的回归，而不是一步到位的回归。就是这样，克日什托夫·齐泽夫斯基在克拉斯诺格鲁达（Krasnogruda）遇见了米沃什，那是米沃什童年度假的地方，米沃什母亲的家族庄园。诗人还访问了立陶宛，并写了一些优美的诗篇，关于此次穿越时空的旅行。早在 1990 年，他就在《归来》（"Return"）一诗中写道："在我年老的时候，我要重访年轻时曾经漫步的地方。"（NCP，第 562 页）这首诗的诗句悠长而平静，介于祈祷和忏悔之间。1992 年的第二次访问，带来了《五十二年后的立陶宛》名下的一组短诗，以及《在谢泰伊涅》（"In Szetejnie"）这首诗。关于在立陶宛的那次暂留，他说："这样的回归几乎是不可想象的……这是非常困难和复杂的一段经历，混杂着喜悦与悲伤。记忆带回那些面孔，众多的面孔，有些人已不在人世，但我几乎还能感到他们身体的存在。"[22] 他在《我的青春之城》（"City of My Youth"）一诗中记录了同样的感受：

> 这样也许更高雅，没有人活着。活着就谈不上高雅，
> 他这样说，在多年之后
> 回到了他的青春之城。没有一个人还活着
> 那些曾经走在街道上的人。
> （NCP，第 596 页）

然而这次旅行不只有悲伤，正如在米沃什身上经常发生的那样，悲伤总能转化为快乐。这组诗的最后一首《草地》（"A Meadow"）的结尾如此写道："这芬芳的气息容留了我，一切知识不复存在。/ 蓦然间我感到我正在消失并快乐地哭泣。"（NCP，第 597 页）

米沃什和布罗茨基之间的友谊包含着什么？他们难道不是被年龄、国籍、语言、情感和命运分割，因而差异悬殊吗？米沃什为他的《约伯记》译本所写的导言中，这样形容自己："有一种负担特别难以承受，那就是过于敏锐的意识。

任何接受过波兰文学教育的人都无法摆脱诗人作为先知或吟游者的形象。我确实试着摆脱，因为感到羞愧。然而，我却很早就注意到了，通过某种特殊的方式，我已被这样标记了，如果有人怀疑我妄自尊大，我可以明确地告诉他，这样的标记并不令人愉快，而且常常被认为是一种严重的残疾。在我脑海中，有些瞬间，意识的闪光是如此明亮，以至可以称之为异常的洞察力，它们似乎来自外部，而非内部。所以不是天赋才能，而是某种敏锐的感官性知觉，不是语言的敏感，而是一种较量，跟某种攫住我们并像绝症般毁掉我们的生活的力量的较量。"[23] 米沃什认为他是一个吟游诗人，而他的作品的价值和分量难以用几句话加以概括。他是一个罕见的天才，但是他也具有精湛的技艺，具有多方面的才能，勤奋，高产，广泛的好奇心，坚定的标准，不断的超越，驾驭多种体裁的能力，伴随着幽默感的不可撼动的尊严。重复是其作品的一个特点，就像音乐主题，回旋往复，既熟悉又新鲜，却永远是新颖的。是的，我们有了一位特殊的客人。[1]

"他是立陶宛人，来自战前，来自德国占领时期，曾在巴黎逗留，移居国外；他是美国人，诺贝尔奖得主，然后生活在克拉科夫。"耶日·皮尔奇（Jerzy Pilch）写道。[24] 而在此之前很久，也就是 1975 年，斯拉沃米尔·姆罗热克认为，

---

[1]　"我们有了一位特殊的客人"，这是米沃什评价波兰女诗人安娜·斯维尔的话，作者在此借以评说米沃什。

波兰人里只有米沃什才是一位真正的作家。"在米沃什身上，我所崇敬的，是一位真正的作家，不是某个偶然事件，某个引起不安的轰动，某个文化管理部门的错误，而是一种宏伟的确定的东西，波兰、立陶宛、欧洲和世界的传统的硕果，他的心灵具有与生俱来的崇高，带有杰出基因的痕迹，没有精神和心理的障碍，这些东西我认为我是有的，它们使我不能工作，不能学习，不能看，不能记忆，不能真正地进行创造。"[25] 米沃什的作品在波兰文化中所树立的标准，是非常非常高的。

米沃什是探索存在的诗人，一个说"是"的诗人，"赞美、更新、治愈"——"充满感激因为太阳为你升起，也将为别人升起"（CNP，第 697 页）。布罗茨基则完全不同，否定和争辩是他的基本构成。他才华横溢，勤奋好学，对自己的技艺感到骄傲，顽强独立而富有成效，他自认为是一个反吟游诗人（antibard）。下面是他的自述，来自 1988 年他发表的一次演讲：

> ［作者］属于这样一类人（呵，我不能再用"一代人"这个词了，这个词意味着某种意义上的群众和整体），对他们来说，文学总是拥有上百个名称的东西；这类人的社交礼仪会使鲁滨逊·克鲁索甚至人猿泰山龇牙咧嘴；这类人在大型聚会上落入尴尬境地，在晚会上

不跳舞，倾向于为通奸寻找形而上的借口，在讨论政治问题时过分讲究细节；这类人远比其诋毁者更讨厌自己；这类人始终坚持酒精和烟草胜过海洛因或大麻——用 W. H. 奥登的话来说，就是："你在街垒中找不到他们，他们从来不向自己或他们的情人开枪。"如果这类人偶然被发现躺在流淌着自己鲜血的牢房里，或站在讲台上演讲，那并不是因为他们反抗（或者更准确地说，反对）了某种具体的不公，而是反对了整个世界的秩序。（OGR，第 99—100 页）

如何对布罗茨基进行分类？最好的尝试，我认为，可在苏珊·桑塔格在诗人死后说的那番话中找到。1996 年 10 月 29 日，在哥伦比亚大学米勒剧院的一场诗歌朗诵会上，她说，就像奥登一样，他可能不是美国人，但他绝对是一个纽约人。而我发现，"什么是纽约人"最好的定义，出现在一篇关于威廉·卡佩尔（William Kapell）的文章中，威廉·卡佩尔是一位钢琴家，三十一岁时死于一次飞机事故："他是土生土长的纽约人的典型：聪明、性急、不圆滑世故、求胜心切、风趣、过于自信、脸皮薄。他可能非常慷慨，但也可能粗鲁。他是一个有些紧张、偏执的人，而且一丝不苟。"甚至这篇文章的标题《无法被打败的人》（"The Undefeated"），也非常适合用于布罗茨基[26]。他被认为是一个"对话诗人"，然而对话毋宁说是一种较量。在与时间和平庸的不断搏斗中，他始终抱持一种逆向思维的观点，向前狂奔，逃向未来，结果是他留下的大量作品，即便懂得他工作所用的两种语言，也难以全部拥抱它们。他身后的事业将比米沃什的事业留下更多障碍，米沃什的创作之路对于波兰读者至少是非常清晰的。他们两个都是天才诗人，而且都把他们的追随者带入了世界诗歌的某些未知领域。在那里，他们将与他们所取悦的影子共享盛宴。

他们的友谊超越了一般同行之间的团结和兄弟之间的友爱。他们因为相似的生活处境而团结在一起——流亡中的诗人，生着双重的、雅努斯似的面孔，眺望过去和未来、祖国和他乡。他们也因为意识到自己天赋的伟大，以及与此天赋相关联的责任而团结在一起。也因为，他们面对诗歌的挑战的相似态度：生命是一种债务，须经工作和友谊偿还。而友谊包括对每个人的细心接纳，包括对那些无名者和孤单者的帮助，如此，他们才不会在沉默和失语中度过一生。

注　释

引子:"一封安慰信"

1. Jan T. Gross and Irena Grudzinska-Gross, "A Conversation with Tomas Venclova," *Aneks* 28 (1982): 152.

2. 本书所引约瑟夫·布罗茨基作品中所有的段落已获其文学遗产执行者的授权。布罗茨基不希望自己的信件被公开,故我只使用了其中一些片段。这封写给米沃什的信保存在耶鲁大学拜内克珍本与手稿图书馆的米沃什档案中。除非另有说明,全部文本由本书作者翻译。

3. Czeslaw Milosz, "Czy poeci moga sie lubic?" [Can Poets Like Each Other?], interview with Irena Grudzinska-Gross, *Gazeta Wyborcza,* September 5-6, 1998, 12-13.

4. Czeslaw Milosz, *Piesek przydrozny* [Roadside Dog] (Krakow.1997), 162.

5. Both quotations from Valentina Polukhina, *Brodsky through the Eyes of His Contemporaries* (London: Palgrave-Macmillan, 1992), 326.

6. "Nie moralnoscia, lecz smakiem: Rozmowa z Josifem Brodskim" [Not by Morality but by Taste: Conversation with Joseph Brodsky], interview with Grzegorz Musial, *NaGlos* 2 (1990): 205.

7. 1995 年 4 月 9 日,波士顿大学诗歌朗读会,俄语;距布罗茨基去世还有九个月。Quoted after Ludmilla Shtern, *Brodsky: A Personal Memoir* (Fort Worth,

TX: Baskerville Publishers, 2004), 360.

8. Czeslaw Milosz, ed., *A Book of Luminous Things: An International Anthology of Poetry* (New York: Harcourt Brace, 1996), 115. This poem was translated from the Russian by George Kline.

第一章 切斯瓦夫先生与约瑟夫

1. Wiktor Woroszylski wrote about it in his diary, photocopies of the quoted pages are in the possession of the author.

2. Ryszard Matuszewski, *Alfabet: Wybór z pamieci 90-latka* (Alphabet: From the Memory of a Ninety-Year-Old] (Warsaw: Iskry, 2004), *28.*

3. Tadeusz Konwicki, *Bohin* (Warsaw: Czytelnik, 1987), 154.

4. 冷战时期许多波兰人留在西方，主要定居英国、法国和美国。这些流亡者中有作家、编辑和评论家，他们在数家报纸和期刊上发表作品。

5. Aleksander Fiut, *W stronę Mlosza* [Toward Milosz] (Krakow: Wydawnictwo Literackie, 2003), 242.

6. Yuri Slczkine, *The Jewish Century* (Princeton, NJ: Princeton University Press, 2004).

7. *Reszty nie trzeba: Rozmowy z Josifem Brodskim* (Never Mind: Conversations with Joseph Brodsky], ed. Jerzy Illg (Katowice: *Ksiaznica,* 1993), 127.

8. Svetlana Boym, *The Future of Nostalgia* (New York: Basic Books, 2002).

9. See the analysis of the poem about Brodsky's *mother in* Willem G. Weststeijn, "The Thought of You Is Going Away...," in *Joseph Brodsky: The Art of a Poem,* ed. Lev Loseff and Valentina Polukhina (New York: St. Martin's Press, 1999), 177-90.

第二章 诗歌、青春和友谊

1. Joseph Brodsky, *Foreword to An Age Ago: A Selection of Nineteenth-Century Russian Poetry*, ed. Alan Myers (New York: Farrar, Straus and Giroux, 1988).

2. W. H. Auden, "Thanksgiving for Habitat," pt.9, *Collected Poems*, ed. Edward

Mendelson (New York: Random House, 1991), 707.

3. 沃尔科夫的《约瑟夫·布罗茨基谈话录》(简称 CJB) 曾引起严重争议，因为该书大部分章节没有得到布罗茨基的授权，而且出版违背了布罗茨基遗产执行人的意愿。沃尔科夫承认对材料进行了修改，不允许查阅他最初访谈的记录稿或录音。

4. Anatoly Nayman, in conversation with the author, New York, October 18, 1996.

5. 关于国家侵入最亲密的家庭关系的特殊证据，可见之于利季娅·丘可夫斯卡娅 (Lydia Chukovskaya) 被低估的小说《被遗弃的房子》(*The Deserted House* 又名 *Sofia Petrovna*)。

6. See the chapter "The Spoiler State" in Jan T. Gross, *Revolution from Abroad* (Princeton, NJ: Princeton University Press, 1988).

7. 在生命的最后几年，他在公开集会上朗读散文时总是尽快读完，好像只有诗歌才值得放慢速度。

8. Anatoly Nayman, *Rasskazy o Annie Achmatowoj* [On Anna Akhmatova] (Moscow: Khudozhestvienna Literatura,1989),72-73; from there also the fragments about the formation of their group and the words of Akhmatova about Gorbanevskaya.

9. Czeslaw Milosz, "Myslac o Brodskim:Kilka uwag"[Thinking about Brodsky: A Few Remarks], in *O Brodskim: Studia, szkice, refleksje* [On Brodsky: Studies, Essays, Reflections], ed. Piotr Fast (Katowice: Slask, 1993), 5-8.

10. Czeslaw Milosz, "Czy poeci moga sie lubic?"[Can Poets Like Each Other?], interview with Irena Grudzinska-Gross, *Gazeta Wyborcza*, September 5-6, 1998, 12-13.

11. Dmitry Bobyshev, "Achmatowskie sieroty"[Akhmatova's Orphans], trans. K. Pietrzycka-Bohosiewicz, *Zeszyty Literackie* 30 (Spring 1990): 114-19.

12. Joseph Brodsky, "Fate of a Poet," *New York Review of Books*, April 1, 1976.

13. Czeslaw Milosz, letters to Joseph Brodsky, in Brodsky Papers, Beinecke Rare Book and Manuscript Library, Yale University.

14. Jan T. Gross and Irena Grudzinska-Gross, "A Conversation with Tomas Venclova," *Aneks* 28 (1982):151.

15. Tomas Venclova, "'Divertimento litewskie' Josifa Brodskiego" [Joseph Brodsky's 'Lithuanian Divertissement'], in Tomas Venclova, *Niezniszczalny rytm: Eseje o literaturze* [Indestructible Rhythm: Essays on Literature] (Sejny: Pogranicze and Fundacja Zeszytów Literackich,2002), trans. Stanislaw Baranczak, 189-209.

16. Tomas Venclova," Lithuanian Nocturne," in *Joseph Brodsky: The Art of a Poem*, ed. Lev Loseff and Valentina Polukhina (New York: St. Martin's Press,1999), 107-49.

17. Venclova, "Niezniszczalny rytm," 253-58.

18. Anatoly Nayman, *Roman s Samovarom* (New York: Novyi Medved, 2006).

19. "Czy poeci moga sie lubić?"

20. Alina Witkowska, *Mickiewicz:Stowo i czyn* [Mickiewicz: Word and Deed] (Warsaw: PIW, 1975); see the chapter "Filomata i Gustaw."

21. Czeslaw Milosz, *Milosz's ABC's*, trans. Madeline G. Levine (New York: Farrar, Straus and Giroux, 2001), 3.

22. Madeline G.Levine, "*Abecadto i trzecia powieść Czeslawa Milosza, jak dotad nie napisana*"[ABC and the Third Novel of Milosz, So Far Unwritten], in *Poznawanie Mtosza, Cześć Druga* [Understanding Milosz, Part Two], ed. Aleksander Fiut (Kraków: Wydawnictwo Literackie, 2001),305-12. See also conversation of Elzbieta Sawicka with Czeslaw Milosz,"Ameryka poetów"[America of Poets: Elzbieta Sawicka Speaks to Czeslaw Milosz], *Plus-Minus*, May 16-17, 1998.

23. Milosz speaking during the Claremont McKenna International Czeslaw Milosz Festival: *International Czeslaw Milosz Festival*, special section of *Partisan Review* 66, no. 1(1999): 151.

24. The reply Czeslaw Milosz wrote on January 17,1959,to Thomas Merton's letter about his reading of *The Captive Mind*. See *Striving Towards Being: The Letters of Thomas Merton and Czeslaw Milosz*, ed. Robert Faggen(New York: Farrar, Straus and Giroux, 1997), 6-7, 11.

25. Czeslaw Milosz, "Nie"[No], *Kultura* (May 1951): 3-13.

26. *International Czeslaw Milosz Festival*, 50.

27. See Maria Janion, "Kroński-Miłosz," in *Do Europy tak, ale z naszymi umarlymi* [To Europe, Yes,but with Our Dead](Warsaw: Sic!2000); and Aleksander Fiut, "W objęciach Tygrysa," in *W strone Milosza* [Towards Milosz] (Kraków: Wydawnictwo Literackie,2003).

28. Czeslaw Milosz, *The Captive Mind* (New York: Vintage Books, 1981), 82.

29. This is not always well understood. See for example the review of Milosz's *Legends of Modernity*, by Timothy Snyder, *The Nation*, January 9-16, 2006, 26-30.

30. Robert Louis Stevenson, quoted in Ronald A. Sharp, *Friendship and Literature: Spirit and Form* (Durham, NC: Duke University Press, 1986), 35.

31. "Ameryka poetów"[America of Poets: Elzbieta Sawicka Speaks to Czeslaw Milosz], *Plus-Minus*, May 16-17, 199.

第三章 友谊与诗歌事业

1. Czeslaw Milosz, *Zycie na wyspach* [Living on Islands] (Kraków: Znak, 1998), 192.

2. Joanna Pyszny, "Sprawa Milosza, czyli poeta w czyscu" [L'Affaire Milosz, or the Poet in Purgatory], in *Poznanie Milosza Drugie, 1980-1998* [Understanding Milosz,1980-1998], ed. Aleksander Fiut (Kraków: Wydawnictwo Literackie, 1998), 53-81.

3. Czeslaw Milosz, *Czlowiek wsrod skorpionow* [Man among Scorpions](Kraków: Znak, 2000), 9.

4. In the introduction to the 1993 *Wilson Quarterly* issue devoted to Zbigniew Herbert's poems.

5. Nicola Chiaromonte, "Albert Camus," in *The Worm of Consciousness and Other Essays*, trans. Miriam Chiaromonte, intro. Mary McCarthy (New York: Harcourt Brace Jovanovich, 1976), quotations from pp.51, 52.

6. Conversation with Mark Strand, Rome, June 14, 1997.

7. "Introduction to Mark Strand" (1987), Brodsky Papers, Beinecke Rare Book and Manuscript Library, Yale University.

8. A copy of this unpublished poem is in the Brodsky Papers.

9. 亚当·扎加耶夫斯基写道："如果在美国存在一个诗人共和国，德里克·沃尔科特将不仅仅是其创建者之一、它的支柱、它的总统，还是部长、信使和司机，因为他乐意为朋友们做很多事情，而不只是发表演讲。" In "Derek Walcott," *Zeszyty Literackie* 41 (1993): 59.

10. *Conversations with Derek Walcott*, ed.William Baer (Jackson: University Press of Mississippi, 1996), 30.

11. Both the poem and the introduction are in the Brodsky Papers.

12. Valentina Polukhina, *Brodsky through the Eyes of his Contemporaries* (London: Palgrave-Macmillan, 1992), 314.

13. *Conversations with Derek Walcott*, 119.

14. Quoted after Clare Cavanagh, "The Unacknowledged Legislator's Dream," In *The Other Herbert*, ed. Bozena Shallcross, special issue of *Indiana Slavic Studies* 9 (1998): 97-120.

15. Seamus Heaney to Joseph Brodsky, June 20, 1983, in the Brodsky Papers.

16. Seamus Heaney, quoted in Hilton Als, "The Islander," *New Yorker*, February 9, 2004, 49.

17. Askold Melnyczuk, "Killing the Common Moth,"in *Seamus Heaney:A Celebration*, ed. Stratis Haviaras (Cambridge, MA: Harvard Review Monograph, 1996), 108-11; quotation p.108.

18. From Czeslaw Milosz,"Czy poeci moga sie lubić?"[Can Poets Like Each Other?], interview with Irena Grudzińska-Gross, *Gazeta Wyborcza*, September 5-6, 1998, 12-13; quotation p.13. 纽斯塔特国际文学奖成立于1969 年，俄克拉荷马大学赞助，每两年颁发一次。《今日世界文学》共同主办，爱沙尼亚诗人伊瓦尔·伊瓦斯克（Ivar Ivask）任该刊物主编。在此奖的获得者马尔克斯、米沃什和帕斯先后获诺贝尔文学奖后，此奖项获得了极大尊重。作为回报，心怀感激的米沃什将伊瓦斯克的"波罗的海挽歌"从英语翻译为波兰语。

19. Joseph Brodsky, "Presentation of Czeslaw Milosz to the Jury," *World Literature Today*, no.3(1978): 364.

20. Joseph Brodsky: "Poet's View: A True Child of the Century," *New York Times*,

October 10,1980.

21. Sven Birkerts, interview with Brodsky. The transcript of the interview is in the Brodsky Papers at Beinecke. The edited version was published in the *Paris Review*: "The Art of Poetry: Conversation with Joseph Brodsky," *Paris Review* 83 (Spring 1982): 83-126.

22. The draft letter is from the early 1980s, in Renata Gorczynska Papers Relating to Czeslaw Milosz, General Collection of Rare Books and Manuscrips, Beinecke Rare Book and Manuscript Library, Yale University.

23. Renata Gorczyńska, *Jestem z Wilna i inne adresy* [I am from Vilnius, and Other Addresses](Kraków: Wydawnictwo Krakowskie, 2003), 102 and 107.

24. Elibieta Sawicka, *Przystanek Europa: Rozmowy nie tylko o literaturze* [The Europe Stop: Conversations Not Only about Literature] (Warsaw: Most, 1996), 6.

25. Joseph Brodsky to Zofia Kapuscinska Ratajczakowa, August 26, 1993, in the Brodsky Papers.

26. Czeslaw Milosz, "Myslac o Brodskim: Kilka uwag"[Thinking about Brodsky:A Few Remarks], in *O Brodskim: Studia, szkice, refleksje* [On Brodsky: Studies, Essays, Reflections], ed. Piotr Fast (Katowice:Slask, 1993), 5-8. The comedy Milosz refers to is Aleksander Fredro's *The Vengeance*.

27. Ibid.

28. Jerzy Ilg, in *Tygodnik Pouszechny*, July 4, 1993; quoted after *StS*, 25-26.

29. *New York Review of Books*, August 14, 1980, 23-25.

30. 布罗茨基和阿赫玛托娃、曼德尔施塔姆、卡瓦菲斯，法国诗人阿波利奈尔、桑德拉尔、克洛岱尔、夏尔·贝矶、圣琼·佩斯、瓦雷里都出现在名单上。米沃什还收入了兹比格涅夫·赫贝特、奥斯卡·米沃什的诗歌。

31. 布罗茨基的《献给约翰·多恩的大挽歌》证明了他对玄学诗人的借鉴，这是米沃什的看法；宗教题材诗歌有《驻足荒漠》《离别》和《多明我会修士》以及《立陶宛套曲》的一节；至于古典题材诗歌，米沃什教授《奥德修斯致忒勒马科斯》和《残躯雕像》。从米沃什的笔记（见米沃什文件）可以看出，米沃什也考虑过选讲布罗茨基的无标题诗片段、《1972年》和《科德角摇篮曲》。

米沃什与布罗茨基

32. Liam McCarthy, e-mail to author, April 22, 2002.

33. "Czy poeci mogą się lubić?" 12.

34. Czeslaw Milosz, ed., *Postwar Polish Poetry*, 3rd ed.(Berkeley: University of California Press, 1983), xiii.

35. Czeslaw Milosz, "Swieto przyjaźni, rodzaj cudu"[Celebration of Friendship, Kind of Miracle], *Plus-Minus*, May 16-17, 1998.

36. *Gazeta Wyborcza*, October 30—November 1,2004.

37. Milosz, "Święto przyjaźni, rodzaj cudu."

38. "Przyszli tlumacze: Z Adamem Zagajewskim rozmawia Joanna Gromek" [Future Translators: Conversation with Joanna Gromek], *Gazeta Wyborcza*, July 10, 2003.

第四章　女人、女作家和缪斯

1. Unpublished transcript of "Robert Silvers Speaks with Czeslaw Milosz and Joseph Brodsky," New York Institute for the Humanities, September 22, 1981, Beinecke Rare Book and Manuscript Library, Yale University.

2. 所引短句出自 1962 年的一首无题诗，为组诗第一首，布罗茨基的这些爱情诗主要是给 M.B. 的。See Joseph Brodsky, *Novoye Stanci k Auguste* [New Stanzas for Augusta](Ann Arbor, MI:Ardis, 1983), 3.

3. Czeslaw Milosz, *Inne Abecadlo* [Another Alphabet](Kraków: Wydawnictwo Literackie, 1998), 90.

4. Jan Błoński and Sławomir Mrożek, *Listy, 1963-1996* [Letters], ed. Tadeusz Nyczek (Kraków:Wydawnictwo Literackie, 2004), 542.

5. Anna Swir, *Talking to My Body*, trans. Czeslaw Milosz and Leonard Nathan (Port Townsend, WA: Copper Canyon Press, 1996), 157.

6. Ibid.

7. Letter in the Beinecke Library, Renata Gorczynska Papers Related to Czeslaw Milosz, General Collection of Rare Books and Manuscripts, Beinecke Rare Book and Manuscript Library, Yale University.

8. "Hurry sickness," a note of Aleksander Perski, Hotel "Mälardal," September

8,1994. In the possession of the author.

9. Brodsky in conversation with H. Jangfeld-Jakubovitch (1993), quoted after Piotr Fast, *Spotkania z Brodskim* [Encounters with Brodsky] (Wroctaw: Wirydarz, 1996), 120, 122.

10. 温茨洛瓦统计，布罗茨基为阿赫玛托娃写过九首诗，其中四首以她的诗句作为题词；她本人还出现在其中一些诗里。Tomas Venclova, "Petersburskie spotkania: Achmatowa i Brodski" [Petersburg Encounters: Akhmatova and Brodsky], *Zeszyty Literackie* 83(2003): 168.

11. The poem can be found in Roberta Reeder, *Anna Akbmatova:Poet and Propbet* (New York:St. Martin's Press, 1994), 373.

12. Venclova, "Petersburskie spotkania," 167.

13. Isaiah Berlin, *Personal Impressions* (New York: Viking Press, 1981), 193.

14. Nadezhda Mandelstam, *Mozart and Salieri*, trans. Robert A. McLean (Ann Arbor, MI: Ardis,1973), 19-20, 23, 69.

15. Ibid., 83.

16. Anna Akhmatova, *Selected Poems*, ed. and intro. Walter Arndt (New York: Ardis/Overlook, 1976), 75. "面纱在头上掀开"，正如她在《关于但丁的话》中所说，指涉《炼狱》第 30 歌第 31—33 行诗贝雅特丽采的出现。. See Anna Akhmatova, *My Half-Century: Selected Prose*, trans. Ronald Meyer (Evanston, IL: Northwestern University Press, 1992), 266.

17. Julia Hartwig, "Najwieksze szczeście, największy ból"[The Greatest Happiness, the Greatest Pain], interview with Jaroslaw Mikotajewski, *Wysokie Obcasy*, March 26, 2005.

18. Joseph Brodsky, *Novoye Stanci k Avguste* [New Stanzas for Augusta] (AnnArbor, MI:Ardis,1983). See also Lev Loseff, *Iosif Brodskij: Opit Literaturnoy Biografi* [Joseph Brodsky: A Literary Biography] (Moscow: Molodaya Gvardia, 2006), 72-73.

19. Gerry Smith, "A Song without Music," in *Joseph Brodsky: The Art of a Poem*, ed. Lev Loseff and Valentina Polukhina (New York: St. Martin's Press, 1999), 22.

20. "Debiut," in Iosif Brodsky, *Konets Prekrasnoy Epokhi* [The End of a Beautiful

Era] (New York: Slovo/Word,2000), 100. The poem was written in 1971.

第五章 在帝国阴影下：俄罗斯

1. Czeslaw Milosz, "Looking for a Center: On the Poetry of Central Europe," *Cross Currents: A Yearbook of Central European Culture* 1 (1982):1-11; and Milan Kundera, "The Tragedy of Central Europe," *New York Review of Books*, April 26, 1984, 35-38.

2. Ludmilla Shtern, *Brodsky, A Personal Memoir* (Fort Worth, TX: Baskerville Publishers, 2004), 220.

3. 昆德拉此文发表于 1985 年 1 月 6 日的《纽约时报书评》。这是他为自己的戏剧所写的序言。戏剧改编自狄德罗的小说《宿命论者雅克和他的主人》。布罗茨基的回应发表于 1985 年 1 月 17 日。

4. "The Lisbon Conference on Literature: Central European and Russian Writers" (May 7-8,1988), ed. Ladislav Matejka, *Cross Currents: A Yearbook of Central European Culture* 9 (1990): 120-21.

5. *Intellectuals and Social Change in Central and Eastern Europe*, proceedings of a conference at Rutgers University, April 1992,ed.William Phillips, pecial issue of *Partisan Review* 59, no.4 (Fall 1992): 547.

6. 温茨洛瓦的文字记录有误。基耶德罗伊奇出生在白俄罗斯明斯克，而温茨洛瓦提到的基耶德罗伊采小镇，曾经是基耶德罗伊奇的家族所在地。

7. For the debate on the rise and fall of the concept of Central Europe, see the Ph.D. dissertation of Jessie Labov, "Reinventing Central Europe: *Cross-Currents* and the Émigré Writer in the 1980s," Department of Comparative Literature, New York University, 2003.

8. Per-Årne Bodin, "Milosz i Rosja, z perspektywy szwedzkiej"[Milosz and Russia,from a Swedish Perspective], *Teksty Drugie* 5 (1997): 9. See also Luigi Marinelli, "Miłosz et l'autre Europe," manuscript in possession of Irena Grudzinska Gross; and his "Ricerca di una patria: L'Europa familiare di Miłosz fra Seteinai e la baia di San Francisco" [Search for a Homeland: Milosz's Europe from Seteinai to San Francisco Bay], in *I Nobel letterari*

polacchi [Polish Nobels in Literature] (Milan:Mimep-Docete, 2004), 49-65.

9. 关于屈斯蒂纳对俄国的态度，参见 Irena Grudzinska Gross, *The Scar of Revolution: Custine,Tocqueville,and the Romantic Imagination* (Berkeley: University of California Press, 1991)。关于密茨凯维奇与屈斯蒂纳眼中的俄国的相似之处，具体分析见 Irena Grudzinska Gross,"Adam Mickiewicz: A European from Nowogrodek," *East European Politics and Society* 2(Spring 1995): 295-316。

10. Wojciech Karpinski, *Ksiazki zbójeckie* [Dangerous Books](Warsaw: Biblioteka Narodowa, 1996), 161.

11. Witold Gombrowicz,*Dziennik, 1961–1966* [Diaries, 1961–1966] (Paris: Instytut Literacki, 1982),152.

12. Clare Cavanagh, *Osip Mandelstam and the Modernist Creation of Tradition* (Princeton,NJ.: Princeton University Press, 1995), 297.

13. Osip Mandelstam, "Ode to Stalin," trans. Gregory Freidin, quoted after J. M. Coetzee, *Giving Offense: Essays on Censorship* (Chicago: University of Chicago Press, 1996), 107-8.

14. Czeslaw Milosz, "Komentarz do 'Ody do Stalina' Osipa Mandelsztama" [Commentary on the "Ode to Stalin" by Osip Mandelstam]. *NaGlos* 22 (August 1996): 82. Reprint,with cuts and changed title: "Bez wstydu ni miary"[Without Shame or Measure], *Gazeta Wyborcza*, November 23-24, 1996.

15. The date of the conversation was December 5, 1996.

16. 尽管诗人试图通过称上帝为沙皇来冒犯祂。See Adam Mickiewicz's *The Forefathers' Eve.*

17. James Rice, review of two books on Osip Mandelstam(*Osip Mandel'shtam i ego vremia*, comp. and preface Vadim Kreid [Kreyd] and Evgenii Necheporuk; and *Mandel'shtam i stalinskaia epokba: Ezopou iazyk w poezii Mandel'shtama 30-kh godov*, by Irina Mess-Beier [Mess-Baher]), *Slavic Review*(Summer 1998): 482.

18. J. M. Coetzee, *Giving Offense: Essays on Censorship* (Chicago: University of Chicago Press, 1996), 106, 112, 116.

19. *Washington Post*, June 4, 1972; 奥登非常喜欢这篇文章，从他给布罗茨基的信可以确认这一点 (letter in Brodsky Papers, Beinecke Rare Book and Manuscript Library, Yale University)。

20. Lev Loseff, "O lubvi Ahmatovoj k 'Narodu'"[About Akhmatova's Love of "Narod"], in *Iosif Brodskij: Un crocevia fra culture* [Joseph Brodsky: A Crossroads of Culture],ed.Alessandro Niero and Sergio Pescatori (Milan: MG Print on Demand, 2002), 159-81.

21. Valentina Polukhina, *Joseph Brodsky: A Poet for Our Time*(Cambridge: Cambridge University Press,1989), 212.

22. "Żyé w historii"[To Live in History], conversation with Jerzy Illg,in *Reszty nie trzeba: Rozmowy z Josifem Brodskim* [Never Mind: Conversations with Joseph Brodsky],ed.Jerzy Illg (Katowice:Ksiaznica, 1993),127.

23. He said this in a conversation in 1988, published in the periodical *Akiraciai.* See Tomas Venc lova, *Niezniszczalny rytm: Eseje o literaturze* [Indestructible Rhythm: Essays on Literature](Sejny: Pogranicze and Fundacja Zeszytów Literackich, 2002), 255.

24. "Po obu stronach oceanu:Adam Michnik rozmawia z Iosifem Brodskim"[On Both Sides of the Ocean: Adam Michnik Talks with Joseph Brodsky], *Gazeta Wyborcza*, January 20, 1995, 6-11.The encounter was registered by Jacek Kucharczyk, transcribed by Irena Lewandowska, and edited by Joanna Szczesna. The original tape was discarded.

25. Interview with Jane Ellen Grasser, in *Joseph Brodsky: Conversations*,ed. Cynthia L.Haven (Jackson: University Press of Mississippi, 2002), 41.

26. "Po obu stronach oceanu," 8.

27. Transcript of his statements during the debate "Whether and How History Speaks," Mount Holyoke College, October 16, 1985. 布罗茨基参加了与米沃什、彼得·维雷克的那场辩论。(Transcript in possession of the author.)

28. Polukhina, *Joseph Brodsky*, 225.

29. Maurice Bowra, *The Greek Experience* (Oxford: Oxford University Press, 1967), 132.

30. Agata Araszkiewicz, *Wypowiadam wam moje zycie: Melancholia Zuzanny*

Ginczanki [I Take My Life Away from You: Melancholy of Zuzanna Ginczanka] (Warsaw: Ośka, 2001), 106.

31. Jadwiga Szymak-Reiferowa,"*Anno Domini* Josifa Brodskiego" [*Anno Domini* of Joseph Brodsky], in *O Brodskim:Studia,szkice, refleksje* [On Brodsky: Studies, Essays, Reflections],ed. Piotr Fast (Katowice:Slask,1993), 119-32.See also Tomas Venclova, "Lithuanian Nocturne," in *Joseph Brodsky:The Art of a Poem*, ed. Lev Loseff and Valentina Polukhina (New York: St.Martin's Press, 1999), 107-49.

32. Czeslaw Milosz,"O Josifie Brodskim"[On Joseph Brodsky],in *Zycie na wyspach* [Living on Islands](Kraków: Znak, 1998), 269.

33. Czeslaw Milosz, "A Struggle against Suffocation," *New York Review of Books*, August 14, 1980, 23-24.

34. Czeslaw Milosz, *Wiersze* [Poems](Kraków: Znak, 2004), vol.4, 162.

35. Shtern, *Brodsky*,310.

36. Lev Loseff [Losiev], "O lubvi Ahmatovoj k 'Narodu," [About Akhmatova's Love of "Narod"], in *Iosif Brodskij:Un crocevia fia culture,* 159-81.

37. Sylvia Molloy, "Bilingualism, Writing, and the Feeling of Not Quire Being There," in *Lives in Translation: Bilingual Writers on Identity and Creativity*, ed. Isabelle de Courtivron (New York: Palgrave- Macmillan), 74.

38. Mikhail Lotman," On The Death of Zhukov," in *Josepb Brodityi: The Art of a Poem*, 57.

39. *Progutlki s Brodskim* [Wallks with Brodsky], flm(DVD), produced and directed by Elena Yakovich, Aleksey Chichov, and Evgeny Rein (Drugoye Kino, 2004).

第六章　约瑟夫·布罗茨基与波兰

1. Tomas Venclova in conversation with Jan T. Gross and Irena Grudzinska-Gross, *Aneks* 28(1982): 124-25. 温茨洛瓦和布罗茨基（在下文中）所列名称指宣传出版物《波兰》(*Polska*)、文学月刊《创作》(*Twórczosc*)、讽刺周刊《大头针》(*Szpilki*)、知识和艺术周刊《横截面》(*Przekroj*)，甚

至还有日报，如《华沙生活》（*Zycie Warszawy*）和波兰共产党的机关报《人民论坛报》（*Trybuna Ludu*）。

2. Brodsky, "A Talk with Joseph Brodsky," with Anna Husarska, *New Leader*, December 14, 1987, 8.

3. Brodsky, "Żyć w historii" [To Live in History],conversation with Jerzy Illg, in *Reszty nie trzeba:Rozmowy z Josifem Brodskim* [Never Mind: Conversations with Joseph Brodsky], ed. Jerzy Illg (Katowice: Ksiaznica, 1993), 122.

4. Piotr Fast, "Josif Brodski a Polska" [Joseph Brodsky and Poland], *Panorama Polska* (Edmonton, Ont.),no.37(November 1996):4, Irina Adelgeim, "'Rasshireniye rechii': Iosif Brodskij i Polsha" ["The Enlargement of Speech": Joseph Brodsky and Poland], in *Polyaki i Russkyje w glazah drug druga* [Poles and Russians in Each Other's Eyes], ed.V. A. Horev (Moscow: Idrik, 2000), 144.

5. Quoted by Husarska in her interview, and by Irina Adelgeim,"Iosif Brodskij i Polsha," 145.

6. Tomas Venclova, "Josifo Brodskio Atminimui," in *Josifas Brodskis: Vaizdas i jura*[With the View of the Seal, ed.Lilija Tulyte and Konstantas Markevicius (Vilnius:Vyturys, 1999), 355-62; p, 357. 温茨洛瓦认为立陶宛对于布罗茨基的重要性，就像格鲁吉亚之于帕斯捷尔纳克、亚美尼亚之于曼德尔施塔姆；see p. 359。

7. Fragment of "September the First," in Joseph Brodsky, *Selected Poems*, trans. and intro. George L. Kline, foreword by W. H. Auden (London: Penguin Books, 1973), 90.

8. A.V. Issatschenko, "Russian", in *The Slavic Literary Languages: Formation and Development*, ed. Alexander M. Schenker and Edward Stankiewicz (New Haven: Yale Russian and East European Publications, 1980), 126-27.

9. As reported by Nina Perlina in a conversation with the author, Bloomington, Indiana, September, 2000.

10. See the discussion of Brodsky's poem "Sofyia" in chapter 4.

11. "To nie wzięło się z powietrza: O Josifie Brodskim z Zofią Ratajczakowa rozmawia Jerzy Illg" [It Did Not Come from Nowhere: Conversation with

Zofia Ratajczakowa], in *Reszty nie trzeba:Rozmouyz Josifem Brodskim* [Never Mind: Conversations with Joseph Brodsky], ed. Jerzy Illg (Katowice: Książnica, 1993), 9.

12. These letters are in the Brodsky Papers, Beinecke Rare Book and Manuscript Library, Yale University.

13. "Po obu stronach oceanu:Adam Michnik rozmawia z Iosifem Brodskim"[On Both Sides of the Ocean:Adam Michnik Talks with Joseph Brodsky], *Gazeta Wyborcza*, January 20,1995,7. The encounter was registered by Jacek Kucharczyk, transcribed by Irena Lewandowska, and edited by Joanna Szczesna. The original tape was discarded.

14. 最后这则关于波兰语的界定来自布罗茨基 1981 年在纽约人文学院与米沃什、罗伯特·西尔弗斯的小组讨论。Unpublished transcript,"Robert Silvers Speaks with Czeslaw Milosz and Joseph Brodsky," New York Institute for the Humanities, September 22, 1981, Brodsky Papers, General Collection of Rare Books and Manuscripts, Beinecke Rare Book and Manuscript Library, Yale University, 36.

15. Asar Eppel is quoted in Anna Bikont and Joanna Szczesna, *Pamiatkowe rupiecie*[Memorabilia] (Warsaw: Prószyński, 1997), 16.

16. Quoted after Piotr Fast, in Piotr Fast, ed. *Poezja polska w Przektadach Josifa Brodskiego* (Katowice:Wydawnictwo Uniwersytetu Slaskiego, 2004), 138.

17. "Patrząc bardzo smutnym wzrokiem/w strony świata te i owe/Joseph Brodsky z NOWYM ROKIEM/Was pozdrawia/DRAWICOWE." In *StS*, 19 and 14.

18. Conversation with Zofia Ratajczakowa, 20.See also, in Nayman's book about Anna Akhmatova, her letter to Brodsky, written from Komarovo on February 15, 1965.

19. *Iosif Brodskij*, ed.Victor Kulle, bibliography of his publications in Russian (St. Petersburg: Russian National Library, 1999).

20. See conversation with Husarska in the *New Leader*.

21. As can be seen on the tape of the TV program "Z Brodskim o zmierzchu" [With Brodsky at Dusk] ed. 沃罗希尔斯基因病没有参加这次活动。他于 1996 年去世。达博罗夫斯基已经不在人世。德拉维奇于 1997 年去世。

22. Interview with Ludmita Bolotowa and Jadwiga Szymak-Reiferowa in *Przekrój*, July 4, 1993. 他提及的那份报纸一定是《纽约书评》（1983 年 3 月 17 日），而那首英文诗由斯坦尼斯瓦夫·巴兰恰克翻译成波兰语发表在 1983 年夏天的《文学笔记本》杂志上，我相信，当时两位作家都已获得自由。巴兰恰克的翻译很可能发表在波兰的地下报纸上，但我找不到有关它的证据。也许它只是一个打印的版本。关于那次电话谈话，沃罗希尔斯基在他的私人日记（由作者持有）中的描述与布罗茨基的回忆完全相同。

23. Katowice speech, English original, dated New York, May 31, 1993, Beinecke Rare Book and Manuscript Library, Yale University.

24. "Po obu stronach oceanu" 7.

25. Brodsky's introduction, called "Lettera al lettore italiano" [Letter to the Italian Reader], to Zbigniew Herbert, *Rapporto dalla città assediata*, trans. Pietro Marchesani (Milan: Adelphi, 1983).

26. Gustaw Herling-Grudzinski, *Dziennik pisany noca, 1997-1999* [Diary Written by Night, 1997-1999] (Warsaw: Czytelnik, 2000), 38.

27. Author's conversation with Anatoly Nayman, New York, November 1997.

28. 在 1964 年，安娜·阿赫玛托娃收到维斯瓦娃·辛波斯卡的三首诗。她自己翻译了其中一首，又让阿纳托利·纳伊曼翻译了两首，阿纳托利·纳伊曼当时是她的私人秘书。阿赫玛托娃署名的三首诗刊登在《波兰》1964 年 5 月号上。此信息来自纳伊曼本人。Bikont and Szczesna, *Pamiatkowe rupiecie*, 217.

29. Ludmilla Shtern, *Brodsky: A Personal Memoir* (Fort Worth, TX: Baskerville Publishers, 2004), 25.

30. Ann Kjellberg, letter to author, September 17, 2000.

31. *Conversations in Exile: Russian Writers Abroad*, ed. John Glad (Durham, NC: Duke University Press, 1993), 112-13.

32. 他在写到奥登时使用的说法。Irina Adelgeim 据此指出波兰文化对布罗茨基的影响，见 Irina Adelgeum Adelgeim, "Iosif Brodskij i Polsha," 152。

33. "Po obu stronach oceanu," 11.

34. George F. Kennan, "Russia's International Position at the Close of the War with Germany (May 1945)," in *Memoirs, 1925-1950* (Boston: Little, Brown,

1967), 534-35.

第七章 一如既往的孤独：美国

1. Ewa Bienkowska, "Lekcja wygnania: Milosz, Herling-Grudzinski" 〔The Lesson of Exile: Milosz,Herling-Grudzinskil〕, *Zeszyty Literackie* 67(1999): 101.

2. "Robert Silvers Speaks with Czeslaw Milosz and Joseph Brodsky," New York Institute for the Humanities, September 22,1981, Brodsky Papers, General Collection of Rare Books and Manuscripts, Beinecke Rare Book and Manuscript Library, Yale University.

3. Jan Blonski and Slawomir Mrozek, *Listy, 1963-1996*[Letters], edit., T. Nyczek (Kraków: Wydawnictwo Literackcie, 2004),80.

4. Czeslaw Milosz, *Aleksander Hertz* (Kraków:Judaica Foundation, Di 2000), 25, 24. 8

5. 诗人兼翻译家彼得·维雷克和布罗茨基是多年好友，布罗茨基把他的诗《柏林墙旋律》献给了维雷克。两人都在曼荷莲学院任教，有时也会共同开设诗歌课程。Daniel Weissbort, "Peter Viereck," *Modern Poetry in Translation*, no. 18 (2001): 236-40.

6. 讨论的录音誊抄稿在作者手里。

7. Czeslaw Milosz, *The Captive Mind* (New York: Vintage Books, 1981), 223.

8. 抱歉我没有提及彼得·维雷克的帮助，他讲了许多逸事，关于历史传记书籍如何影响了他们的历史观点。

9. "Intellectuals and Social Change in Central and Eastern Europe," Conference, Rutgers University, April 1992; in *Intellectuals and Social Change in Central and Eastern Europe*, ed.William Phillips, special issue of *Partisan Review* 59, no.4 (Fall 1992): 525-750; p. 552.

10. Leif Sjöberg, "An Interview with Derek Walcott," in *Conversations with Derek Walcott*, ed. William Baer (Jackson: University Press of Mississippi, 1996), 79-85.

11. Quoted in Daniel Weissbort, "Peter Viereck," 236.

12. William Logan, "The Poet of Exile", *New York Times Book Review*, April 8, 2007, 1, 8-9.

13. "The Lisbon Conference on Literature:Central European and Russian Writers" (May 7-8, 1988), ed. Ladislav Matejka, *Cross Currents: A Yearbook of Central European Culture* 9 (1990):75-124; p.115.

14. "Intellectuals and Social Change,"552.

15. M.J.Orski, "Spotkanie z Brodskim"[Encounter with Brodsky], Znak 12(1990):18; quoted in Jadwiga Szymak-Reiferowa,"*Anno Domini* Josifa Brodskiego" [*Anno Domini* of Joseph Brodsky], in *O Brodskim:Studia, szkice, refleksje* [On Brodsky:Studies, Essays, Reflections], ed.Piotr Fast (Katowice:Slask, 1993),204.

16. David Montenegro, conversation with Joseph Brodsky,in *Josepb Brodsky: Conversations*, ed.Cynthia L. Haven(Jackson:University Press of Mississippi, 2002), 13. In the *Collected Poems in English* the poem is dated 1975, not 1976.

第八章　带外国口音的诗歌

1. Czeslaw Milosz, *Ziemia Ulro* [The Land of Ulro] (Paris: Instytut Literacki, 1980), 50.

2. 关于布罗茨基与他的译者间的冲突，以及对他本人翻译的诗歌的批评反应，参阅 Bozena Karwowska, *Milosz i Brodski. Recepcja krytyczna tworczosci w krajach anglojezycznych* [Milosz and Brodsky: Critical Reception of Their Work in English-Language Countries] (Warsaw: IBL, 2000), 118-42。See especially Daniel Weissbort, *From Russian with Love: Joseph Brodsky in English* (London: Anvil Press, 2004), about which I will write more later, and the conversation of Valentina Polukhina with Derek Walcott in the already quoted *Joseph Brodsky through the Eyes of his Contemporaries* (London: Palgrave-Macmillan, 1992).

3. Stanislaw Baranczak, "Tongue-Tied Eloquence: Notes on Language, Exile, and Writing," in *Breathing under Water and Other East European Essays* (Cambridge, MA: Harvard University Press, 1990), 238.

4. See "Joseph Brodsky: An Interview with Mike Hammer and Christina Daub," in *Joseph Brodsky: Conversations*, ed. Cynthia L. Haven (Jack- son: University Press of Mississippi, 2002), 163.

5. Joseph Brodsky, *A Part of Speech* (New York: Farrar, Straus and Giroux, 1980), copyright page.

6. "Morton Street 44," interview with Joseph Brodsky, by Bozena Shallcross, in *Reszty nie trzeba: Rozmowy z Josifem Brodskim* [Never Mind: Conversations with Joseph Brodsky], ed. Jerzy Illg (Katowice: Ksianica, 1993), 166-79.

7. Weissbort. *From Russian with Love*, 31.

8. Interview with Mike Hammer and Christana Daub, 163.

9. 作者与罗伯特·法根的谈话, 洛杉矶, 2005 年 4 月。也许, 虽然这在社交礼仪上不礼貌, 却是对那名诗人作为诗人最真诚的尊重。

10. Richard Eder, *New York Times*, December 19, 2001; John Bayley, *New York Review of Books*, October 19, 2000; Sven Birkerts, *New York Times Book Review*, September 17, 2000; Craig Raine, *Financial Times*, November 16, 1996; John Simon, *New Leader*, September 9-21, 1996.

11. Robert Hass, *New Republic*, December 20, 1980.

12. Michael Hofmann, *Times Literary Supplement*, January 10,1997, 6-8.

13. Daniel Weissbort, "Something Like His Own Language:Brodsky in English," reprinted in *Iosif Brodskij:Un crocevia fra culture* [Joseph Brodsky: A Crossroads of Cultures], ed. Alessandro Niero and Sergio Pescatori (Milan: MG Print on Demand, 2002), 279.

14. *Conversations in Exile: Russian Writers Abroad*, ed. John Glad (Durham, NC: Duke University Press,1993),110.

15. Weissbort, "Something Like His Own Language," *Un crocevia fra culture*, 286.

16. Ibid., in Joseph Brodsky, *Collected Poems in English*, ed. Ann Kjellberg (Manchester, Eng.: Carcanet Press, 2001), 55.

17. 纪念之夜的活动于 1996 年 10 月 29 日在哥伦比亚大学米勒剧院举行。除了斯特兰德, 德里克·沃尔科特、苏珊·桑塔格、塔季扬娜·托尔斯塔亚也发表了讲话。

18. Czeslaw Milosz, "Czy poeci moga się lubić?" [Can Poets Like Each Other?],

interview with Irena Grudzinska-Gross, *Gazeta Wyborcza*, September 5-6, 1998, 12-13; quotation p.12.

19. Milosz Papers, Beinecke Rare Book and Manuscript Library, Yale University.

20. Ludmilla Shtern, *Brodsky:A Personal Memoir* (Fort Worth, TX: Baskerville Publishers, 2004), 359.

21. *Conversations in Exile*, ed. Glad, 109-10.

22. Isaiah Berlin, "My guljali s nim po niebiesach"[We Wandered with Him in the Skies], conversation with Diana Myers, 34, no date, Brodsky Papers, Beinecke Rare Book and Manuscript Library, Yale University.

23. Edward Mendelson, *Later Auden* (New York:Farrar,Straus and Giroux,2000),8.

24. Jonathan Schell, "Paradise," *Granta* 21(Spring 1987): 201-18; quotation p.203.

25. Mentioned in Polukhina, *Brodsky through the Eyes*, 339.

26. *The Power of Poetry: Joseph Brodsky and Derek Walcott in Discussion*, ed.Raoul Granqvist, special issue of *Moderna Språk* 1 (1995).

27. Ibid.

28. Jean-Michel Rey, "Sur Samuel Beckett," *Café Librairie* 1(1983): 63-66.

29. Jacques Derrida, *Monolingualism of the Other;or,The Prosthesis of Origin*, trans. Patrick Mensah (Stanford, CA: Stanford University Press, 1998). See the opening pages.

30. 这就是那些来自"中心"的人的说法，如牛津大学英语系终身名誉英语教授托马斯·沃顿、约翰·巴利，他们说布罗茨基"就像一只吹长笛的熊"（《纽约时报书评》，1996 年 9 月 1 日）；教授和诗人威廉姆·洛根说沃尔科特没有耳朵，一直是"一个有着分裂的忠诚和两种语言的人"。

31. Elżbieta Kislak, *Walka Jakuba z aniotem: Czeslaw Milosz wobec romantycznosci* [Jacob's Fight with the Angel: Czeslaw Milosz and Romanticism] (Warsaw: Prószyński ski, 2000); see especially the chapter on "Exile and Heritage," 157-90.

32. "Nie" [No]. *Kultura* (May 1951): 3-13.

33. Czeslaw Mlitosz, *Życie na wyspach* [Living on Islands] (Kraków: Znak, 1998), 124.

34. Czeslaw Milosz, *Nobel Lecture* (New York: Farrar, Straus and Giroux, 1980), 13.

35. Adam Mickiewicz, *Forefathers' Eve, pt.3,in Polish Romantic Drama: Three Plays in English Translation*, ed.Harold B. Segel (Ithaca,NY: Cornell University Press, 1977), 82.

36. Interview in *Tydzien Polski*, November 1-2, 1981.

37. So explained Milosz during the unpublished "Robert Silvsers Speaks with Czeslaw Milosz and Joseph Brodsky, "New York Institute for the Humanities, September 22, 1981, Brodsky Papers, General Collection of Rare Books and Manuscripts, Beinecke Rare Book and Manuscript Library, Yale University.

38. Clare Cavanagh, "The Americanization of Czeslaw Milosz," *Literary Imagination: The Review of the Association of Literary Scholars and Critics* 3(2004): 332-55; quotation p. 340.

39. This is a quotation from Milosz's letter to Bogdan Czaykowski, May 29, 1975, cited in Bożena Karwowska,*Milosz i Brodski:Recepcja krytyczna twòrczosci w krajach anglojezycznych* [Milosz and Brodsky: Critical Reception of Their Work in English-Language Countries] (Warsaw: IBL, 2000), 121. The quotation from the previous sentence is also from Karwowska, p.125.

40. Ibid.

41. Czeslaw Milosz, *Traktat poetycki z moim komentarzem* [Poetic Treatise with My Commentary] (Kraków: Wydawnictwo Literackie, 2001), 6.

42. Ibid.

43. Czeslaw Milosz, *Traktat moralny i traktat poetycki: Lekcja literatury* [Moral Treatise and Poetic Treatise: Literature Lesson],ed. Aleksander Fiut and Andrzej Franaszek (Kraków: Wydawnictwo Literackie, 1996); quotation comes from the introductory conversation with Aleksander Fiut and Andrzej Franaszek; see also chapter "Letters from America," in *Kislak,Walka Jakuba z aniotem*, 120-56.

44. Clare Cavanagh, "The Unacknowledged Legislator's Dream," in *The Other Herbert*,ed.Bozena Shallcross, special issue of Indiana Slavic Studies 9(1998): 100.

45. Czeslaw Milosz, *Ogród nauk* [The Garden of Science] (Kraków: Znak, 1998), 250.

46. Leonard Nathan, "On przynosi ratunek" [He Rescues Us], *Tygodnik Powszechny*, June 9, 1996. 我很抱歉不得不把这位美国诗人的话从波兰语译回其母语英语。

47. Jan Błoński, *Milosz jak swiat* [Milosz as a World] (Kraków:Znak, 1998),6.

48. Marek Zaleski, "Arcywzór biografi poetry" [Arch-Model of Poet's Biography], in Zamiast: O twórczosci Czeslawa Milosza [Instead: On the work of Czeslaw Milosz] (Kraków:Wydawnictwo Literackie, 2005), 259.

49. Czeslaw Milosz, *Prywatne obowiazki* [Private Duties](Paris: Instytut Literacki, 1972), 81.

50. Jacques Derrida, *Monolingualism of the Other*, 91, 90.

第九章　死亡与友谊

1. Mikhail Lotman, "On 'The Death of Zhukov'", in *Joseph Brodsky: The Art of a Poem*,ed. Lev Loseff and Valentina Polukhina (New York: St. Martin's Press, 1999), 33-57.

2. David Bethea, *Joseph Brodsky and the Creation of Exile* (Princeton, NJ: Princeton University Press, 1994), 27, 165-66.

3. Adam Zagajewski, "Milosz: Rozum i róże" [Milosz: Reason and Roses],*Gazeta Wyborcza*, June 29, 2001.

4. Seamus Heaney, "What Passed at Colonus," *New York Review of Books*, October 7, 2004.

5. Seamus Heaney, "The Door Stands Open," *New Republic*, September 13, 2004.

6. Seamus Heaney, "The Singer of Tales: On Joseph Brodsky," *New York Times Book Review*, March 3, 1996.

7. The poems by Hecht, Strand, Rumens, and Maxwell are from the *New Yorker*, November 4, 1996.

8. Milosz's declaration from *Gazeta Wyborcza*, January 30, 1996; Szymborska's from the same newspaper,December 9, 1996.

9. Adam Zagajewski, "A Morning in Vicenza," trans.Clare Cavanagh, *New*

Republic, December 27, 1999.

10. Derek Walcott, "The Italian Eclogues," *New York Review of Books*, August 8,1996.

11. *Czeslaw Milosz: In Memoriam*, ed.Joanna Gromek (Kraków:Znak, 2004), 45. 这是一本回应米沃什之死的文选集；除另有说明，本章以下引文均出自此书。

12. Leon Wieseltier, "Czeslaw Milosz, 1911-2004," *New York Times Book Review*, December 12, 2004.

13. Cicero, cited several times in Jacques Derrida, *Politiques de l'amitié* (Paris: Galilée, 1994), 9-64.

第十章　回归与死亡

1. Seamus Heaney, "The Singer of Tales: On Joseph Brodsky," *New York Times Book Review*, March 3, 1996.

2. Interview with Liubov Arkus, 1988; quoted in *Joseph Brodsky: The Art of a Poem*, ed. Lev Loseff and Valentina Polukhina (New York: St. Martin's Press, 1999), 210.

3. David Bethea, *Joseph Brodsky and the Creation of Exile* (Princeton, NJ: Princeton University Press, 1994), 163.

4. Sven Birkerts, "The Art of Poetry: Conversation with Joseph Brodsky," *Paris Review* 83 (Spring 1982): 111.

5. Adam Pomorski, "Los i wola" [Fate and Will], in *O Brodskim: Studia,szkice, refleksje* [On Brodsky:Studies, Essays, Reflections], ed. Piotr Fast (Katowice: Slask, 1993), 63.

6. Czeslaw Milosz, "Apprentice," *Second Space*, trans. Czeslaw Milosz and Robert Hass (New York: HarperCollins, 2004), 74, 78.

7. Quoted after Tomas Venclova, *Niezniszczalny rytm: Eseje o literaturze* [Indestructible Rhythm: Essays on Literature] (Sejny:Pogranicze and Fundacja Zeszytów Literackich, 2002), 239.

8. Joseph Brodsky, *Watermark* (New York: Farrar, Straus and Giroux, 1992),5,8.

9. 在他死后。这项建议发表在《纽约书评》，1996 年 3 月 21 日。

10. Czeslaw Milosz, "Stracilem przyjaciela" [I've Lost a Friend],*Gazeta Wyborcza*, January 30, 1996.

11. *Czeslaw Milosz: Conversations*, ed. Cynthia L.Haven (Jackson: University Press of Mississippi, 2006), 196.

12. Renata Gorczyńska Papers Relating to Czeslaw Milosz, General Collection of Rare Books and Manuscripts, Beinecke Rare Book and Manuscript Library, Yale University, letter from October 18, 1987; 在档案馆藏的另一封信中，米沃什写道："我与波兰性的冲突就像脓肿一样令人厌倦"（1988 年 2 月 5 日）。

13. Czeslaw Milosz, "Treatise on Theology," *Second Space*, 47-64.

14. 教皇给红衣主教弗朗齐歇克·马哈尔斯基的电报，从冈多尔福堡发出，日期为 2004 年 8 月 25 日；红衣主教亲自交给媒体发表。Quoted after *Gazeta Wyborcza*, August 27, 2004.

15. Quoted after Gazeta Wyborcza, August 27, 2004.

16. Czeslaw Milosz,"List do Denise" [Letter to Denise], in *O podrozach w czasie* [On Travels in Time](Kraków: Znak, 2004), 152-53.

17. Marek Zaleski, "Arcywzór biografii poety"[The Model Poet's Biography], in *Zamiast: O twórczosci Czeslawa Milosza* [Instead:On the Work of Czeslaw Milosz](Kraków:Wydawnictwo Literackie, 2005), 269.

18. Ibid., 249.

19. *Rzeczpospolita*, October 4-5, 1997.

20. Krzysztof Czyżewski, "Linia powrotu"[The Line of Return], *Tygadnik Powszechny*, August 22, 2004.

21. *Intellectuals and Social Change in Central and Eastern Europe*, proceedings of a conference at Rutgers University, April 1992, ed.William Phillips,special issue of *Partisan Review* 59, no.4 (Fall 1992): 553-54.

22. Elibieta Sawicka, *Przystanek Europa: Rozmowy nie tylko o literaturze* [The Europe Stop:Conversations Not Only about Literature](Warsaw: Most, 1996), 23.

23. Czeslaw Milosz, *Ksiegi bibilijne* [The Books of the Bible](Kraków: Wydawnictwo Literackie, 2003), 283-84.

24. Jerzy Pilch, "Czeslaw Milosz," *Polityka*, August 28,2004.

25. In a letter to Bloński, in Jan Bloński and Stawomir Mrozek, *Listy, 1963-1996* [Letters], ed.Tadeusz Nyczek (Kraków:Wydawnictwo Literackie, 2004), 539.

26. Michael Kimmelman, "The Undefeated," *New York Review of Books*, March 24, 2005.

参考文献

JOSEPH BRODSKY: WORKS

An Age Ago: A Selection of Nineteenth-Century Russian Poetry. Foreword and bibli-ographical notes by Joseph Brodsky. Ed. Alan Myers. New York: Farrar, Straus and Gi-roux, 1988.

Brodsky Papers. General Collection of Rare Books and Manuscripts, Beinecke Rare Book and Manuscript Library, Yale University.

Collected Poems in English. Ed. Ann Kjellberg. New York: Farrar, Straus and Giroux, 2000; Manchester, Eng.: Carcanet Press, 2001.

"Fate of a Poet." *New York Review of Books*, April 1, 1976.

Introduction to special issue devoted to Zbigniew Herbert' s poems. *Wilson Quar-terly* 1 (1993).

Konets Prekrasnoy Epokhi [The End of a Beautiful Era]. New York: Slovo/Word, 2000.

Less Than One: Selected Estays. New York: Farar, Straus and Giroux, 1986.

Letter to Leonid Brezhnev. *Washington Post*, June 4, 1972.

Lettera al italiano [Letter to the Italian Reader]. Introduction Zbigniew Herbert, *Rapporto dalla città assediata*, trans. Pietro Marchesani. Milan: Adelphi, 1983.

Nativity Poems. New York: Farrar, Straus and Giroux, 2001.

Novoye Stanci k Auguste [New Stanzas for Augusta]. Ann Arbor, MI: Ardis, 1983.

On Grief and Reason: Selected Essays. New York: Farrar, Straus and Giroux, 1995.

A Part of Speech. New York: Farrar, Straus and Giroux, 1980.

"Poet's View: A True Child of the Century." *New York Times*, October 10, 1980.

"Presentation of Czeslaw Milosz to the Jury." *World Literature Today*, no.3 (1978).

Selected Poems. trans. and intro. George L. Kline. Foreword by W. H. Auden. London: Penguin Books, 1973.

Watermark. New York: Farrar, Straus and Giroux, 1992.

"Why Kundera Is Wrong about Dostoyevsky." *New York Times Book Review*, January 17, 1985.

JOSEPH BRODSKY:INTERVIEWS

Birkerts, Sven. "The Art of Poetry: Conversation with Joseph Brodsky." *Paris Review* 83 (Spring 1982): 83-126.

"Conversation with Joseph Brodsky." In *Conversations in Exile: Russian Writers Abroad*. Ed. John Glad, 102-13.Durham, NC: Duke University Press, 1993.

Joseph Brodsky: Conversations. ed. Cynthia L.Haven. Jackson: University Press of Mississippi, 2002.

"Nie moralnoscia, lecz smakiem: Rozmowa z Josifem Brodskim" [Not by Morality but by Taste: Conversation with Joseph Brodsky]. Interview with Grzegorz Musiat. *NaGtos*2 (1990): 196-208.

"Po obu stronach oceanu: Adam Michnik rozmavia z Josifem Brodskim" [On Both Shores of the Ocean: Adam Michnik Talks with Joseph Brodsky]. *Gazeta Wyboreza*,January 20, 1995, 6-11.

Progulki s Brobkim [Walks with Brodsky] Film (DVD) produced and directed by Elena Yakovich, Aleksey Chichov, and Evgeny Rein. Drugoye Kino, 2004.

Reszty nie trzeba: Rozmowy z Josifem Brodkim [Never Mind: Conversations with Joseph Brodsky].ed.Jerzy Illg. Katowice: Ksiaznica, 1993.

"A Talk with Joseph Brodsky." With Anna Husarska. *New Leader*, December 14, 1987, 8.

"Wywiad z Josifem Brodskim" [Interview with Joseph Brodsky]. Interview with Ludmila Bolotowa and Jadwiga Szymak-Reiferowa. *Przekrój*, July 4, 1993.

"Żyć w historii"[To Live in History]. Conversation with Jerzy Ilg. In *Reszty nie trzeba:Rozmowy z Josifem Brodskim* [Never Mind:Conversations with Joseph Brodsky], ed.Jerzy Illg, 113-27. Katowice: Ksiaznica, 1993.

CZESLAW MILOSZ: WORKS

Aleksander Hertz. Kraków: Judaica Foundation, 2000.

Antologia osobista [Personal Anthology]. Kraków: Znak,1998.

A Book of Luminous Things: An International Anthology of Poetry. ed. Czestaw Mitosz. New York: Harcourt Brace,1996.

The Captive Mind. New York: Vintage Books, 1981.

Czlowiek wsród skorpionów [Man among Scorpions].Kraków: Znak, 2000.

Gdzie wschodzi stonce i kedy zapada [From the Rising of the Sun]. Paris: Instytut Literacki, 1974.

Inne Abecadlo[Another Alphabet]. Kraków: Wydawnictwo Literackie, 1998

Jakiegoz to goscia mielismy:O Annie Swirszczynskiej [What a Guest We Had: About Anna Swirszczynska]. Krakow: Znak, 1996.

"Komentarz do 'Ody do Stalina' Osipa Mandelsztama"[Commentary on the "Ode to Stalin" by Osip Mandelstam]. *NaGlos* 22(August 1996): 77-83. Reprint, with cuts and changed title: "Bez wstydu ni miary" [Without Shame or Measure].*Gazeta Wyborcza*, November 23-24, 1996.

Ksiegi bibilijne [The Books of the Bible]. Kraków: Wydawnictwo Literackie, 2003.

Letters of Czeslaw Milosz to Joseph Brodsky. *Zeszyty literackie* 65 (1999). ed. and trans., with a note by Irena Grudzinska-Gross.

"Looking for a Center: On the Poetry of Central Europe." *Cross Currents: A Yearbook of Central European Culture* 1(1982):1-11. Milosz Papers, General Collection of Rare Books and Manuscripts, Beinecke Rare Book and Manuscript Library, Yale University.

Milosz's ABC's. trans. Madeline G.Levine. New York: Farrar, Straus and Gi-roux, 2001.

"Myslac o Brodskim: Kilka uwag" [Thinking about Brodsky: A Few Remarks]. In *O Brodskim: Studia, szkice, refleksje* [On Brodsky: Studies, Essays, Reflections], ed. Piotr Fast, 5-8. Katowice: Slask, 1993.

Native Realm: A Search for Self-Definition. Berkeley: University of California Press,1981.

New and Collected Poems. New York: Ecco, 2001.

"Nie"[No]. *Kultura* (May 1951): 3-13.

Nobel Lecture. New York: Farrar, Straus and Giroux, 1980.

"O Josifie Brodskim" [On Joseph Brodsky]. In *Zycie na wyspach* [Living on Islands], 266-77. Kraków: Znak, 1998.

O podrózach w czasie [On Travels in Time]. Kraków: Znak, 2004.

Ogród nauk [The Garden of Sciences]. Kraków: Znak, 1998.

Piesek przydrożny [Roadside Dog]. Kraków: Znak, 1997.

"Poeta i Panstwo" [The Poet and the State]. *Rzeczpospolita,* December 7-8, 1996.

Postwar Polish Poetry. ed. Czeslaw Mitosz.3rd ed. Berkeley: University of California Press, 1983.

Prywatne obowiazki [Private Duties]. Paris: Instytut Literacki, 1972.

Second Space. Trans. Czestaw Mitosz and Robert Hass. New York: Harper Collins,2004.

Spizarnia literacka [Literary Bounty]. Kraków: Wydawnictwo Literackie, 2004.

Striving Towards Being: The Letters of Thomas Merton and Czeslaw Milosz. ed. Robert Faggen. New York: Farrar, Straus and Giroux,1997.

"A Struggle against Suffocation." *New York Review of Books*, August 14, 1980, 23-24.

"Swieto prayjazni, rodzaj cudu" [Celebration of Friendship, Kind of Miracle]. *Plus-Minus*, May 16-17, 1998.

To Begin Where I Am: Selected Essays. ed. and intro. Bogdana Carpenter and Madeline G. Levine. New York: Farrar, Straus and Giroux, 2001.

Traktat moralny i traktat poetycke:Lekcja literatury [Moral Treatise and Poetic Treatise: Literature Lesson]. ed. Aleksander Fiut and Andrzej Franaszek. Kraków: Wydawnictwo Literackie, 1996.

Traktat poetycki z moim komentarzem [Poetic Treatise with My Commentary].

Kraków: Wydawnictwo Literackie, 2001.

Visions from San Francisco Bay. trans. Richard Lourie. New York: Farrar, Straus and Giroux, 1975.

Wiersze [Poems]. Kraków: Znak, 2004.

The Witness of Poetry. Cambridge, MA: Harvard University Press, 1983.

Wyprawa w dwudziestolecie [Foray into the 1920s].Kraków: Wydawnictwo Literackie, 1999.

A Year of the Hunter. trans. Madeline G. Levine. New York: Farrar, Straus and Giroux, 1994.

Ziemia Ulro [The Land of Ulro]. Paris: Instytut Literacki, 1980.

Zycie na wyspach [Living on Islands]. Kraków: Znak, 1998.

CZESEAW MIEOSZ:INTERVIEWS

"Ameryka poetów" [America of Poets: Elibieta Sawicka Speaks to Czeslaw Milosz]. *Plus-Minus*, May 16-17, 1998.

Czeslaw Milosz: Conversations. ed. Cynthia L. Haven. Jackson: University Press of Mississippi, 2006.

"Czy poeci moga sie lubie?"[Can Poets Like Each Other?].Interview with Irena Grudzińska-Gross.*Gazeta Wyborcza*, September 5-6, 1998, 12-13.

Ewa Czarnecka and Aleksander Fiut. *Conversations with Czeslaw Milosz.* Trans. Richard Lourie. New York: Harcourt Brace Jovanovich, 1987.

Renata Gorczynska [Ewa Czarnecka]. *Podrözny swiata: Rozmowy z Czestawem Mitoszem* [World Traveler: Conversations with Czeslaw Milosz]. 1st ed., with commentaries. New York: Bicentennial Publishing, 1983. Reprint, Kraków: Wydawnictwo Literackie, 2002.

OTHER SOURCES

Akhmatova, Anna. *My Half-Century: Selected Prose.* trans. Ronald Meyer. Evanston, IL: Northwestern University Press, 1992.

——.*Selected Poems.* Ed. and intro. Walter Arndt. New York: Ardis/Overlook, 1976.

Adelgeim, Irina. "Rasshireniye rechii': Iosif Brodskij i Polsha" ["The Enlargement of Speech": Joseph Brodsky and Poland]. In *Polyaki i Russkyje w glazah drug druga* [Poles and Russians in Each Other's Eyes], ed. V. A. Horev, 144-53. Moscow: Idrik, 2000.

Als, Hilton. "The Islander." *New Yorker*, February 9, 2004, 43-51.

Araszkiewicz, Agata. *Wypowiadam wam moje zycie: Melancholia Zuzanny Ginczanki* [I Take My Life Away from You: Melancholy of Zuzanna Ginczanka]. Warsaw: Oska, 2001.

Auden, W. H. *Collected Poems.* ed. Edward Mendelson. New York: Random House, 1991.

Baranczak, Stanislaw. *Breathing under Water and Other East European Essays.* Cambridge, MA: Harvard University Press, 1990.

——. *Poezja i duch Uogolnienia.* Kraków: Znak, 1996.

Berlin, Isaiah. "My guljali s nim po niebiesach" [We Wandered with Him in the Skies]. *Conversation with Diana Myers*, 34. No date. Brodsky Papers, General Collection of Rare Books and Manuscripts, Beinecke Rare Book and Manuscript Library, Yale University.

——. *Personal Impressions.* New York: Viking Press, 1981.

Bethea, David. *Joseph Brodsky and the Creation of Exile.* Princeton, NJ: Princeton University Press, 1994.

Bienkowska, Ewa. "Lekcja wygnania: Milosz, Herling-Grudzinski" [The Lesson of Exile: Milosz, Herling-Grudziiski]. *Zeszyty Literackie* 67 (1999): 99-105.

Bikont, Anna, and Joanna Szczesna. *Pamigtkowe rupiecie* [Memorabilia]. Warsaw: Prószyński, 1997.

Blonski, Jan. *Milosz jak swiat* [Milosz as a World]. Kraków: Znak, 1998.

Blorski, Jan, and Slawomir Mrozek. *Listy*, 1963-1996 [Letters]. ed. Tadeusz Nyczek. Kraków: Wydawnictwo Literackie, 2004.

Bobyszew, Dmitrij [Bobyshev, Dmitry]. "Achmatowskie sieroty" [Akhmatova's Orphans]. trans. K. Pietrzycka-Bohosiewicz. *Zeszyty Literackie* 30 (Spring 1990): 114-19.

Bodin, Per-Arne. "Milosz i Rosja, z perspektywy szwedzkiej" [Milosz and Russia, from a Swedish Perspective]. *Teksty Drugie* 5 (1997): 5-23.

Bowra, Maurice. *The Greek Experience.* Oxford: Oxford University Press, 1967.

Boym, Svetlana. *The Future of Nostalgia.* New York: Basic Books, 2002.

Cavanagh, Clare. "The Americanization of Czeslaw Mitosz." *Literary Imagination: The Review of the Association of Literary Scholars and Critics* 3 (2004): 332-55.

——. *Osip Mandelstam and the Modernist Creation of Tradition.* Princeton, NJ.: Princeton University Press, 1995.

——. "The Unacknowledged Legislator's Dream." In *The Other Herbert*, ed. Bozena Shallcross, special issue of *Indiana Slavic Studies* 9 (1998): 97-120.

Chiaromonte, Nicola. "Albert Camus." In *The Worm of Consciousness and Other Essays*, trans. Miriam Chiaromonte, intro. Mary McCarthy, 50-57. New York: Harcourt Brace Jovanovich, 1976.

Coetzee, J. M. *Giving Offense: Essays on Censorship.* Chicago: University of Chicago Press, 1996.

Conversations in Exile: Russian Writers Abroad. ed. John Glad. Durham, NC: Duke University Press, 1993.

Conversations with Derek Walcott. ed. William Baer. Jackson: University Press of Mississippi, 1996.

Czeslaw Milosz: In Memoriam. ed. Joanna Gromek. Kraków: Znak, 2004.

Czyzewski, Krzysztof. "Linia powrotu" [The Line of Return]. *Powszechny*, August 22, 2004.

Derrida, Jacques. *Monolingualism of the Other; or, The Prosthesis of Origin.* trans. Patrick Mensah. Stanford, CA: Stanford University Press, 1998.

——. *Politiques de l'amitié.* Paris: Galilée, 1994.

Fast, Piotr. "Josif Brodski a Polska" [Joseph Brodsky and Poland]. *Panorama Polska* (Edmonton, Ont.), no. 37 (November 1996): 4.

——. *Spotkania z Brodskim* [Encounters with Brodsky]. Wroclaw: Wirydarz, 1996.

——.,ed. *Poezja polska w Przekladach Josifa Brodskiego.* Katowice: Wydawnictwo Uniwersytetu Slaskiego, 2004, 138.

Fiut, Aleksander. *W strone Milosza* [Toward Milosz]. Kraków: Wydawnictwo Literackie, 2003.

Gombrowicz, Witold. *Dziennik, 1961-1966* [Diaries, 1961-1966]. Paris: Instytut Literacki, 1982.

Gorczynska, Renata. *Jestem z Wilna i inne adresy* [I am from Vilnius, and Other Addresses]. Kraków: Wydawnictwo Krakowskie, 2003. sity Press, 1988.

Gross, Jan T. *Revolution from Abroad*. Princeton, NJ: Princeton University Press, 1998.

Gross, Jan T., and Irena Grudzinska Gross. "A Conversation with Tomas Venclova." *Aneks* 28 (1982): 123-53.

Gross, Irena Grudzinska. "Adam Mickiewicz: A European from Nowogrodek." *East European Politics and Society* 2 (Spring 1995): 295-316.

——. *The Scar of Revolution: Custine, Tocqueville, and the Romantic Imagination*. Berkeley: University of California Press, 1991.

Hartwig, Julia. "Najwieksze szczescie, najwiekszy ból" [The Greatest Happiness, the Greatest Pain]. Interview with Jaroslaw Mikotajewski. *Wysokie Obcasy*, March 26, 2005, 10.

Heaney, Seamus. "The Singer of Tales: On Joseph Brodsky." *New York Times Book Review*, March 3, 1996.

——. "What Passed at Colonus." *New York Review of Books*, October 7, 2004.

Herling-Grudzinski, Gustaw. *Dziennik pisany noca,1997—1999*, [Diary Written at Night, 1997-1999].Warsaw: Czytelnik,2000.

Hertz Zygmunt. *Listy do Czeslawa Milosza,1952—1979* [Letters to Milosz].Ed.Renata Gorczynska. Paris: Instytut Literacki,1992.

Hofmann, Michael. "On Absenting Oneself: Joseph Brodsky's Modesty, Americanism, and Tenderness towards Things." *Times Literary Supplement*, January 10, 1997, 6-8.

Intellectuals and Social Change in Central and Eastern Europe. Proceedings of a conference at Rutgers University, April 1992. ed.William Phillips. Special issue of *Partisan Review* 59, no. 4 (Fall 1992): 525-750.

International Czeslaw Milosz Festival. Proceedings of festival at Claremont McKenna College. Special section of *Partisan Review* 66, no. 1(1999): 9-152.

Iosif Brodskij. ed. Victor Kulle. Bibliography of his publications in Russian. St. Petersburg: Russian National Library, 1999.

Iosif Brodskij: Un crocevia fra culture [Joseph Brodsky: A Crossroads of Cultures].

ed. Alessandro Niero and Sergio Pescatori. Milan: MG Print on Demand, 2002.

Issatschenko, A.V. "Russian." In *The Slavic Literary Languages: Formation and Development,* ed. Alexander M.Schenker and Edward Stankiewicz,126-27.New Haven: Yale Russian and East European Publications, 1980.

Janion, Maria. *Do Europy tak, ale z naszymi umarlymi* [To Europe, Yes, but with Our Dead]. Warsaw: Sic! 2000.

Josifas Brodskis: Vaizdas i jura [With the View of the Sea]. ed. Lilija Tulyte and Konstantas Markevicius.Vilnius:Vyturys, 1999.

Karpiński, Wojciech. *Ksiazki zbojeckie* [Dangerous Books]. Warsaw: Biblioteka Narodowa, 1996.

Karwowska, Bożena. *Milosz i Brodski: Recepcja krytyczna twòrczosci w krajach anglojezycznych* [Miłosz and Brodsky: Critical Reception of Their Work in English-Language Countries].Warsaw: IBL, 2000.

Kennan, George F. *Memoirs, 1925-1950.* Boston: Little, Brown, 1967.

Kimmelman, Michael. "The Undefeated." *New York Review of Books,* March 24, 2005.

Kislak, Elzbieta. *Walka Jakuba z aniolem: Czeslaw Milosz wobec romantycznosci* [Jacob's Fight with the Angel: Czeslaw Milosz and Romanticism]. Warsaw: Prószyński, 2000.

Konwicki, Tadeusz. *Bohin.* Warsaw: Czytelnik, 1987.

Kundera, Milan. "The Tragedy of Central Europe." *New York Review of Books*, April 26, 1984, 35-38.

——."An Introduction to a Variation." *New York Times Book Review*, January 6, 1985, 1.

Labov, Jessie. "Reinventing Central Europe: *Cross-Currents* and the Émigré Writer in the 1980s." Ph.D. diss., Department of Comparative Literature, New York University, 2003.

Levine, Madeline G. "*Abecadlo* i trzecia powiesc Czeslawa Milosza, jak dotad nie napisana" [ABC and the Third Novel of Mitosz, So Far Unwritten]. In *Poznawanie Milosza, Czesc Druga* [Understanding Milosz, Part Two], ed. Aleksander Fiut, 305-12. Kraków: Wydawnictwo Literackie, 2001.

"Lisbon Conference on Literature: Central European and Russian Writers." About conference on May 7-8, 1988. ed. Ladislav Matejka. *Cross Currents: A Yearbook of Central European Culture* 9 (1990): 75-124.

Logan, William. "The Poet of Exile." *New York Times Book Review*, April 8, 2007, 1, 8-9.

Loseff, Lev. *Iosif Brodskij: Opit Literaturnoy Biografi* [Joseph Brodsky: A Literary Biography]. Moscow: Molodaja Gvardia, 2006.

——.[Losiev, Lev]. "O lubvi Ahmatovoj k 'Narodu'" [About Akhmatova's Love of "Narod"]. In I*osif Brodskij: Un crocevia fra culture* [Joseph Brodsky: A Crossroads of Cultures], ed. Alessandro Niero and Sergio Pescatori, 159-81. Milan: MG Print on Demand, 2002.

Lotman, Mikhail. "On 'The Death of Zhukov." In *Joseph Brodsky: The Art of a Poem*, ed. Lev Loseff and Valentina Polukhina, 33-57. New York: St. Martin's Press, 1999.

Mandelstam, Nadezhda. *Mozart and Salieri*. Trans. Robert A. McLean.Ann Arbor, MI: Ardis, 1973.

Marinelli, Luigi. "Milosz et l'autre Europe." Manuscript in possession of the author.

——."Ricerca di una patria: L'Europa familiare di Milosz fra Seteinai e la baia di San Francisco"[Search for a Homeland: Milosz's Europe from Seteinai to San Francisco Bay]. In *I Nobel letterari polacchi* [Polish Nobels in Literature], Convegno dedicato al contributo della letterature polacca alla cultura europea [proceedings from a conference dedicated to the contribution of Polish literature to European culture], 49-65. Milan:Mimep-Docete, 2005.

Matuszewski, Ryszard. *Alfabet: Wybór z pamieci 90-latka* [Alphabet: From the Memory of a Ninety-Year-Old]. Warsaw: Iskry, 2004.

Melnyczuk, Askold."Killing the Common Moth." In *Seamus Heaney: A Celebration*, ed. Stratis Haviaras, 108-11. Cambridge, MA: Harvard Review Monograph, 1996.

Mendelson, Edward. *Later Auden*. New York: Farrar, Straus and Giroux, 2000.

Mickiewicz, Adam. *Forefathers' Eve*. In *Polish Romantic Drama: Three Plays in English Translation*, ed. Harold B. Segel. Ithaca, NY: Cornell University Press, 1977.

Molloy, Sylvia. "Bilingualism, Writing, and the Feeling of Not Quite Being There." In *Lives in Translation: Bilingual Writers on Identity and Creativity,* ed. Isabelle de Courtivron, 69-77. New York: Palgrave-Macmillan, 2003.

Nathan, Leonard. "On przynosi ratunek" [He Rescues Us]. Tygodnik Powszecbny, June 9,1996.

Nayman, Anatoly [Anatolij]. *Rasskazy o Annie Achmatowoj* [On Anna Akhmatova]. Moscow: Khudozhestvienna Literatura, 1989.

——. *Remembering Anna Akhmatova*. trans. Wendy Rosslyn. intro. Joseph Brodsky. New York: Henry Holt, 1991.[Translation of Rasskazy o Annie Acbmatowoj.]

——.Roman s Samovarom. New York: Novyi Medved, 2006.

O Brodskim: Studia, szkice, refleksje [On Brodsky:Studies, Essays, Reflections].ed. Piotr Fast. Katowice: Slask, 1993.

Pilch, Jerzy. "Czeslaw Milosz." *Polityka*, August 28, 2004.

Poezja polska o przekladach Josifa Brodskiego [Polish Poetry in Joseph Brodsky's Translations]. comp. and ed. Piotr Fast. Katowice: Uniwersytet Slaski, 2004.

Polukhina, Valentina. *Joseph Brodsky: A Poet for Our Time.* Cambridge University Press, 1989.

——. *Brodsky through the Eyes of His Contemporaries.* London: Palgrave-Macmillan, 1992.

Pomorski, Adam. "Los i wola" [Fate and Will]. In *O Brodskim: Studia, szkice, refleksje* [On Brodsky: Studies, Essays, Reflections], ed. Piotr Fast, 37-78. Katowice: Slask, 1993.

The Power of Poetry: Joseph Brodsky and Derek Walcott in Discussion. ed. Raoul Granqvist. Special issue of *Moderna Språk* 1 (1995).

Pyszny, Joanna. "Sprawa Milosza, czyli poeta w czyscu" [L'Affaire Milosz, or the Poet in Purgatory]. In *Poznanie Milosza Drugie, 1980-1998* [Understanding Milosz, 1980-1998], ed. Aleksander Fiut, 53-81. Kraków: Wydawnictwo Literackie, 1998.

Reeder, Roberta. *Anna Akhmatova: Poet and Prophet.* New York: St. Martin's Press, 1994.

Renata Gorczynska Papers Relating to Czestaw Milosz. General Collection of Rare Books and Manuscripts, Beinecke Rare Book and Manuscript Library, Yale University.

Rey, Jean-Michel. "Sur Samuel Beckett." *Café Librairie* 1 (1983): 63-66.

Rice, James. Review of two books on Osip Mandelstam: Osip Mandel'shtam i ego vremia, comp. and preface Vadim Kreid [Kreyd] and Evgenii Necheporuk; and Mandel'shtam i stalinskaia epocha: Ezopov iazyk o poezii Mandel' shtama 30-kh godov, by Irina Mess-Beier[Mess-Baher]. *Slavic Review* (Summer 1998): 482-83.

"Robert Silvers Speaks with Czeslaw Milosz and Joseph Brodsky." *New York Institute for the Humanities,* September 22, 1981. Brodsky Papers, General Collection of Rare Books and Manuscripts, Beinecke Rare Book and Manuscript Library, Yale University.

Sawicka, Elzbieta. *Przystanek Europa: Rozmowy nie tylko o literaturze* [The Europe Stop: Conversations Not Only about Literature]. Warsaw: Most, 1996.

Schnell Jonathan "Paradise" *Granta* 21(Spring 1987):201-18.

Sharp, Ronald A. *Friendship and Literature: Spirit and Form.* Durham, NC: Duke University Press, 1986.

Shtern Ludmilla. *Brodsky: A Personal Memoir.* Fort Worth, TX: Baskerville Publishers,2004.

Sjoberg, Leif. "An Interview with Derek Walcott." In *Conversations with Derek Walcott,* ed. William Baer, 79-85. Jackson:University Press of Mississippi, 1996.

Slezkine, Yuri. *The Jewish Century.* Princeton, NJ: Princeton University Press, 2004.

Smith, Gerry. "A Song without Music." In *Joseph Brodsky: The Art of a Poem,* ed. Lev Loseff and Valentina Polukhina, 1-23. New York: St. Martin's Press, 1999.

Snyder, Timothy. Review of *Legends of Modernity,* by Czeslaw Milosz. *The Nation,* January 9-16, 2006, 26-30.

Swir, Anna. *Talking to My Body.* trans. Czeslaw Milosz and Leonard Nathan. Port Townsend, WA: Copper Canyon Press, 1996.

——. [Swirszczyńska, Anna]. *Budowalam barykade* [Building the Barricade]. Kraków: Wydawnictwo Literackie, 1974.

Szymak-Reiferowa, Jadwiga. "Anno Domini Josifa Brodskiego" [Anno Domini of Joseph Brodsky]. In *O Brodskim:Studia, szkice, refleksje* [On Brodsky: Studies, Essays, Reflections], ed. Piotr Fast, 119-32. Katowice: Slask, 1993.

——.*Czytajac Brodskiego* [Reading Brodsky].Kraków: Wydawnictwo Uniwersytetu Jagiellońskiego, 1998.

Tosza, Elzbieta. *Stan serca: Trzy dni z Josifem Brodskim* [The State of the Heart: Three Days with Joseph Brodsky]. Katowice: Ksiaznica, 1993.

Venclova, Tomas. "Lithuanian Nocturne." In *Joseph Brodsky: The Art of a Poem,* ed.

Lev Loseff and Valentina Polukhina, 107-49. New York: St. Martin's Press, 1999.

——. *Niezniszczalny rytm: Eseje o literaturze* [Indestructible Rhythm: Essays on Literature]. Sejny: Pogranicze and Fundacja Zeszytów Literackich,2002.

——. "Petersburskie spotkania: Achmatowa i Brodski" [Petersburg Encounters: Akhmatowa and Brodsky]. Zeszyty Literackie 83 (2003): 166-80.

Volkov, Solomon. *Conversations With Joseph Brodsky*. Trans. Marian Schwartz. New York: Free Press, 1998.

Walcott, Derek. *Collected Poems*, 1948—1984, New York Farrar, Straus and Giroux, 1986.

——."The Italian Eclogues." *Neu York Review of Books*, August 8, 1996.

Wieseltier, Leon. "Czeslaw Milosz, 1911—2004." in *New York Times Book Review*, December 12, 2004.

Weissbort, Daniel. *From Russian with Love: Joseph Brodsky in English.*London: Anvil Press, 2004.

——. "Peter Viereck." *Modern Poetry in Translation*, no. 18 (2001): 236-40.

——."Something Like His Own Language: Brodsky in English." In Joseph Brodsky, *Collected Poems in English*, ed, Ann Kjellberg. Manchester, Eng.: Carcanet Press, 2001. Reprinted in *losif Brodskij: Un crocevia fra culture* [Joseph Brodsky: A Crossroads Of Culture), ed, Alessandro Niero and Sergio Pescatori, 275—88. Milan: MG Print on Demand, 2002.

Weststeijn, Willem G. "The Thought of You Is Going Away..." In *Joseph Brodsky: The Art of a Poem*, ed. Lev Loseff and Valentina Polukhina, 177-90, New York: St. Martin's Press, 1999.

"Whether and How History Speaks." Transcript of a debate between Joseph Brodsky, Czeslaw Milosz, and Peter Viereck, Mount Holyoke college, October 16, 1985. In possession of the author.

Witkowska, Alina. *Mickiewicz: Slowa I czyn* [Mickiewicz: Word and Deed), Warsa:PIW, 1975.

Woroszylski, Wiktor. Diary. In possession of the author.

Zagajewski, Adam. "Derek Walcott."*Zeszyty Literackie* 41 (1993): 59-63.

——. "Milosz: Rozum I roze"[Milosz: Reason and Roses]. *Gazeta Wyborcza*, June

29, 2001.

——. "A Morning in Vicenza." Trans. Clare Cavanagh. *New Republic*, December 27, 1999.

——. "Przyszli tlumacze: Z Adamem Zagajewskim rozmawia Joanna Gromek" [Future Translators: Conversation with Joanna Gromek]. *Gazeta Wyborcza*, July 10, 2003

Zaleski, Marek. *Zamiast: O tworczosci Czeslawa Milosza*[Instead: On the Work of Czeslaw Milosz]. Krakow: Wydawnictwo Literackie,2005.

致　谢

　　一本关于友谊的书不可能没有许多朋友的帮助。因此，这本书是题献给安娜和斯坦尼斯瓦夫·巴兰恰克夫妇的，我很幸运能够分享他们与米沃什和布罗茨基的友谊。我还必须感谢玛丽亚·索扎尼·布罗茨基和安·谢尔贝格的支持与帮助。安·谢尔贝格在为耶鲁大学的拜内克珍本与手稿图书馆做准备时，将布罗茨基尚未发表的几份文件和草稿的复印件寄给了我。我感谢安和玛丽亚应允我引用布罗茨基的作品。同时，也要感谢诗人之子安东尼·米沃什，他也是米沃什作品的译者。

　　这本书的成形，很大程度上要归功于乔安娜·斯切什娜，她从一开始就关注着这个项目。乔纳森·谢尔和杰西·拉博夫通读了本书，我非常感谢他们的帮助。在写作的不同阶段，安娜·比康特、杨·T.格罗斯、亚当·米奇尼克和托马斯·温茨洛瓦都阅读了这本书的手稿。他们的评论非常有用。我还与玛丽亚·索扎尼·布罗茨基、安·谢尔贝格、索菲娅·拉塔伊扎科娃、阿纳托利·纳伊曼、罗伯特·法根、马克·斯特兰德、尼娜·佩里娜、柳德米拉·什滕恩、利亚姆·麦卡锡和托马斯·温茨洛瓦，就我写作的这两位诗人进行了长时间的、极具启发的对话。

我也要感谢以下诸位友好的支持：瓦茨瓦娃·格鲁津斯卡、马雷克·埃德尔曼、芭芭拉·图卢尼切克、克莱尔·卡瓦纳、亚当·扎加耶夫斯基、耶日·伊尔格、保拉和米罗斯瓦夫·萨维茨基、哈利娜和罗曼·弗里德曼、卢西娜·格伯特、埃尔兹别塔·玛蒂尼雅、彼得·科沃契佐夫斯基、克日什托夫·奇泽夫斯基、马雷克·扎列斯基、波泽娜·沙尔克罗斯、玛尔塔·彼得鲁塞维奇和迈克尔·科特。

策划编辑 ｜ 任建辉
特约编辑 ｜ 夏明浩　　王一婷

营销总监 ｜ 张　延
营销编辑 ｜ 许芸茹　　狄洋意　　韩彤彤

版权联络 ｜ rights@chihpub.com.cn
品牌合作 ｜ zy@chihpub.com.cn

春山望野（北京）文化传媒有限公司

Room 216, 2nd Floor, Building 1, Yard 31,
Guangqu Road, Chaoyang, Beijing, China